羽賀祥二編

近代日本の地域と文化

吉川弘文館

序

本書は、近代日本における地域と文化に関する諸問題を論じた論考を、第一部「学術と宗教」、第二部「地域社会と都市」という二部構成のもとでまとめたものである。それぞれの論考が取り扱っている事象は、幕末から現在まで広範囲の時代にわたっているし、第一部では、宗教・歴史・音楽・教育といった幅広い対象を論じている。また、第二部では、近世後期からアジア・太平洋戦争期の地域社会の動向、行政や都市開発の問題を取り扱う論考から構成している。

幕末維新期の日本は、王政復古から廃藩置県の間に実施された広範な領域における諸改革を通じて、大きな社会変動を生み出した。宗教社会においても、明治政府の政策は根本的な変化をもたらすことになった。「神仏分離」や「廃仏毀釈」と呼ばれる歴史的出来事がそれであった。この過程については、辻善之助の日本仏教史研究によってはじめて全体像を理解できるようになった。林淳「『神仏混淆』から『神仏習合』へ—用語の再検討—」は、辻の研究以前における「神仏混淆」および「神仏習合」に関する言葉の使用法について、島地黙雷ら明治前期の仏教指導者、小中村清矩・鷲尾順敬・喜田貞吉らのアカデミズム研究、国民道徳時代の足立栗園などの議論を再検討する中で、「神仏習合」という言葉へと収斂していく経過を究明するとともに、この用語がもつ曖昧さを合わせて指摘した。明治初期の政府が行った一連の宗教政策は「神仏分離」や僧侶の国家的教化運動への組織化、さらには仏教教団の再編成といったことを内容としていたが、それはキリスト教への思想的対抗を主要な目的としていた。李主先「一九世紀後期欧米社会の真宗認識—プロテスタンティズムとの類似性をめぐって—」は、十九世紀末の欧米における日本仏教への関心の高まりの中で、真宗がプロテスタンティズムもしくはキリスト教と類似性を有するかどうかという当時の論争を検討し、真宗が「プロテスタント仏教」として理解されていった意義を問うたものである。

いうまでもなく明治維新は欧米の学問・思想・宗教を移入し、あるいは積極的に学び、それを吸収することによって、文明社会を作りあげていく人材を養成していくための制度と方法を生みだしていった。教育の領域では、公教育の制度化と就学の督励を行っていくためには、政府の強力な政策の遂行に加えて、町村の人々の積極的な支持が不可欠だったし、それにふさわしい協力がなされていった。初等教育における施策と協力は一八八〇年代になると、町村制度の改変と就学督促の推進も相まって、軌道に乗りはじめた。他方で、この時期以降には専門的教育機関の整備もなされていったし、私立学校もようやく設立されていく時代を迎えた。

井沢修二らが中心となって一八八七年に設立された東京音楽学校は、初等教育における音楽教育を担う人材を育成することを目標としていた。淺野麻衣「旗野十一郎の東京音楽学校文学教員就任への道—思想形成過程をふまえて—」は、東京音楽学校で文学教員を務めた旗野十一郎に注目し、旗野の思想形成、活動を追いながら、押韻研究、唱歌改良運動に果たした役割を論じたものである。旗野はこれまでほとんど知られてこなかった教育者であり、淺野論文は郷里新潟の地域文人、小川弘からの影響にも触れながら、彼の思想と行動に迫っている。他方、私学教育については、高木茂樹「東海中学校における椎尾辨匡の講演活動—『共生』の思想と校風をめぐって—」が浄土教系の中学、東海中学校を取り上げ、校長として教学の確立に尽力した椎尾辨匡の教育思想をくわしく検討した。椎尾が掲げた信仰運動の理念は「共生」の思想として知られているが、高木論文は彼の宗教や教育観に加えて、生徒の学習や生活習慣にも触れつつ、校風の内容について三綱領の校訓を分析しつつ検討している。

また、山田裕輝「幕末維新期におけるイギリス史書の利用―長門温知社蔵板『英国志』を例に―」は、幕末日本に中国からもたらされたイギリス史書『大英国志』が国内に流通し、また萩藩で『英国志』という書名で翻刻、刊行された経過を追ったものである。そして幕末から明治初期に『英国志』が国内に流通し、イギリス史の知識が深まっていた様相に迫っている。

第二部「地域社会と都市」には五編の論考を収録した。近世後期の熊本藩領における在地の百姓身分をめぐる動向を取り扱ったのが、今村直樹「近世後期日本における百姓の『身上り』運動と村―熊本藩領の事例から―」である。熊本藩領では天保年間に帯刀の特権の獲得をめざす百姓の身分上昇の願望が生じたが、こうした「身上り」運動を居村との関係に焦点を合わせて論じつつ、百姓の身分上昇への願望とその契機を追究したものである。また、小正展也「日清戦後の植民地台湾領有の影響―第一回九州実業家大会を事例として―」は、日清戦争後の九州地方の実業家の動向について、第一回九州実業大会の開催とそこに提出された議案を検討したものである。小正論文は日清戦後植民地となった台湾への進出を見据え、九州各県の実業家が九州実業協会へと組織化され、具体的に植民地領有がいかなる事業を生みだそうとしたのかを論じた。

昭和戦前期の名古屋の都市政治、飛行場開設をめぐる商工会議所や新聞の主張を論じたのが、真野素行「戦間期の大都市における『市民市長』―名古屋・大岩勇夫市政を事例に―」と、大山僚介「戦前における名古屋飛行場建設の動向―民間飛行場の位置づけに着目して―」の二つの論文である。真野論文は、昭和初期に十年余にわたって名古屋市長を務めた大岩勇夫の市政運営と市会との関係を検討した。大岩は当時「市民市長」と呼ばれるほど独自性をもち、大阪の都市史研究の中で提唱されてきた「都市専門官僚支配」による市政とは異なる、特徴ある市政を展開したのだと、真野は主張した。そして大岩が国際的大都市をめざして、国際博覧会や都市基盤の整備など積極的な市政の運営を実行していったとした。また、大山論文は、満洲事変・上海事変前後における名古屋飛行場の開設問題を取り上げ、工事計画書や開設をめぐる地域の対応について、商工会議所の動向と新聞の論調から検討した。一九二〇年代以降に定期航空の本格的な開設や全国各地での飛行場建設が始まるが、そうした動向の現れの一つとして名古屋飛行場の建設過程を追うことで、地域社会における航空認識を解明した。

アジア・太平洋戦争期の内閣の機能強化の問題を生産現場への行政査察という視点からアプローチしたのが、関口哲矢「アジア・太平洋戦争期の行政査察と政治力強化」である。関口論文はとくに、一九四三年から始まる東条内閣による行政査察は、査察実務者が地方での査察現場で生産増強を促すために積極的な改善を試みたもので、それを通じて内閣の政治力強化がなされようとしたことを論じた。

最後に、羽賀祥二「尾張藩の『幕末文化』と地誌編纂」は、天保期から明治初年、尾張藩の地域文化の進展の重要な役割を果たした儒者・文人の具体的活動や、彼らの相互交流の様相を検討しつつ、彼らの蓄積した知識と研鑽の成果がどのように集約され、優れた地誌を生みだしたのかを考察した。そしてこの時期の儒者・文人の活動やその成果は、化政文化や文明開化の文化とは区別されるべき「幕末文化」の表れであると意義づけた。

本書に収録した論文は、それぞれの研究者が研究の出発点に置いた論考、あるいは兼ねてからこだわり、追究してきた問題を取り扱った論考、みずからの研究を総合していくために準備している論考など、さまざまな思いが込められたものである。編者がそれぞれの論考が持っている研究史上の価値や意義をたやすくまとめる訳にはいかないし、安易にそうしたことをすることは避けることが必要だろう。各論考に対する評価は読者に任せたいと思うし、ぜひ熟読玩味していただければ、編者として望外の幸せである。最後に、この論集に力作を寄せていただいた執筆者の方々に感謝を申し上げたい。

二〇一八年三月

羽賀祥二

目次

第二部　地域社会と都市

第一部　学術と宗教

「神仏混淆」から「神仏習合」へ

——用語の再検討——

林　淳

はじめに

神仏習合は、日本の宗教史を語るさいに使われている用語の一つである。研究史をひも解くと、神仏習合史を実証的に解明した辻善之助「本地垂迹説の起源について」（一九〇七年）が、研究史の劈頭に立つ。(1)『史学雑誌』に掲載された辻の論文によって、神仏習合は日本の宗教史、文化史の一分野として認知され、着実な研究がその上に累積されてきた。(2)しかし神仏習合という用語には、常に曖昧さがつきまとっている。かつて堀一郎は、日本の宗教史を神仏習合の複雑な展開として捉えることに疑問を呈した。

神道と仏教は複雑多岐な習合を遂げたといわれる。しかし、その習合は真にシンクレティズムとよぶものではなかった。おそらく修験道のみが中世に於いて、そして近世に至って新宗教運動のいくつかがシンクレティズムの名に値する宗教形態といえるのであって、それ以外の神仏の習合はいずれの面でもきわめてルーズな形でしか行われず、教理的にも儀礼的にも体系化の道をたどらなかった。むしろ久しく、「神たちをば、仏より避けて触れぬもの」とする峻別意識が根強く潜在しつづけたことは、単に伊勢神宮といった特殊神社のみの例とすることはできない(3)。

シンクレティズムとは、二つ以上の宗教が接触することで生じる融合現象のことをさすと考えるのが、宗教学では一般的である(4)。堀によれば、神仏習合という言葉が与える印象とは裏腹に、神仏習合はルーズな形でしか行われず、シンクレティズムにふさわしい融合はまれであり、峻別意識が根強くあった。明治政府の神仏分離がさほどの混乱なく強行されたのも、峻別意識があったからだと堀は説く。神仏分離が混乱なく行われたかどうかは疑問がのこるが、ルーズな形の神仏習合が、潜在的な峻別意識に支えられていたという堀の説は、神仏習合のイメージの見直しを迫るものであった(5)。

本章は、堀説を再検討し、神仏習合と峻別意識の対抗関係を俎上にのせるものではない。神仏習合という言葉が学術用語として熟すことなく、厳密な定義を与えられることがないままに使用されてきた経緯を、筆者は問い直したい。研究者が、仏教にも神道にも分類できないような（あるいは、仏教でも神道でもあるような）事象を見いだして、調査研究をして、神仏習合の事例として語ることは十分にありえる。しかし研究者Aと研究者Bが研究している神仏習合が、どのように関係するのか、関係しないのかという議論を展開することは、およそ不可能に近い。たとえば神宮寺、修験道儀礼、金毘羅信仰は、それぞれに神仏習合に括られる主題である。しかし、この三者に相互に歴史的な因果関係はなく、最大公約数的な共通要素を見いだすことも困難である。神仏習合は、仏教でも神道でもない（あるいは、両方に属するような）「その他」の領域の事象をさすものとして便利に使われてきた。

本章の目的は、辻「本地垂迹説の起源について」以前の神仏習合にかかわる言葉の使用法を掘り起こし、複数の候補があったにもかかわらず、最終的に神仏習合という言葉に収斂していく経過を描くことにある。この作業を通じて、神仏習合が定義しにくい理由も考察したい。

一　「神仏混淆」の用法

1　神仏分離令

慶応四年（一八六八）に出された二つの神仏分離令を検討し、つぎに「神仏混淆」という言葉の用法を確かめることから始めよう。

①今般王政復古旧弊御一洗被為在候ニ付諸国大小ノ神社ニ於テ僧形ニテ別当或ハ社僧抔ト相唱へ候輩ハ復飾被　仰出候若シ復飾ノ儀無余儀差支有之分ハ可申出候仍テ此段可相心得候事
但別当社僧ノ輩復飾ノ上ハ是迄ノ僧位僧官返上勿論ニ候官位ノ儀ハ追テ御沙汰可被為在候間当今ノ処衣服ハ浄衣ニテ勤仕可致候事
右ノ通相心得致復飾候面々ハ当局へ届出可申者也(6)（三月一七日）

②一中古以来某権現或ハ牛頭天王之類其外仏語ヲ以神号ニ相称候神社不少候何レモ其神社之由緒委細ニ書付早々可申出候事
但勅祭之神社　御宸翰　勅願等有之候向ハ是又可伺出其上ニテ御沙汰可有之候其余之社ハ裁判鎮台領主支配頭等へ可申出候事

一仏像ヲ以神体ト致候神社ハ以来相改可申候事

附本地抔ト唱ヘ仏像ヲ社前ニ掛或ハ鰐口梵鐘仏具等之類差置候分ハ早々取除キ可申事

右之通被　仰出候事[7]（三月二八日）

長年神仏分離を研究してきた村田安穂によると、この二つの法令をあわせて神仏分離令という場合と、後者の法令のみをさす場合が両方ある。[8]いずれの場合であっても、二つの法令はセットであった。どちらも神社の空間が問題視され、別当、社僧による神社への奉仕は禁止され、神社の空間から仏教的な要素を排斥するように命じている。しかし「神仏混淆」という言葉は使われていない。慶応四年閏四月四日太政官布告に「今般諸国大小之神社ニオイテ神仏混淆之儀ハ御廃止[9]」とあり、法令上「神仏混淆」の初出である。[10]それ以降には政府の法令では「神仏混淆」という言葉が使われるが、いずれも神仏分離令に関してであった。また藩県からの伺いにも「神仏混淆」という言葉は使われたが、それも神仏分離令をどのように適用したらよいのかという実務上の質問であった。たとえば明治二年（一八六九）には下妻藩公用人からは「社寺領の除地は藩で分別してよいかどうか[11]」とか、秋田藩公用人からは「神仏混淆御禁制を学ぶために家来を神祇官に派遣したい[12]」という伺いが出されていた。このように「神仏混淆」は政府からの法令か、それに関する藩県からの伺いかで使われはじめた言葉であった。

明治元年一〇月一八日に行政官から、「法華宗の三十番神に皇祖太神他の神祇が記されており、曼荼羅には天照皇太神、八幡太神の神号が書かれているが、それらは神仏混淆なので、禁止されるべきだ[13]」という沙汰が出た。神社の空間に限られた「神仏混淆」の禁止が、法華宗の曼荼羅に適用されたが、明らかにそこには飛躍がある。神祇官にいた亀井茲監、福羽美静による発案と考えられるが、政府が「神仏混淆」を拡大解釈した例であった。

政府の宗教政策は平坦なものではなく、紆余曲折をたどったことは、よく知られている。明治四年（一八七一）に平田国学派の国事犯事件が起き、矢野玄道、角田忠行の国学者は政府から追放された。この事件の後、政府の宗教政策は転換し、仏教を容認していく方針になった。翌年に設置された教導職は、神職と僧侶をともに動員し、三条の教則を説く教化者に仕立てるものであった。しかし教部省では黒田清綱、三島通庸などの薩摩閥の官僚が執行部にいて、廃仏的な神道至上主義の政策をかかげていた。羽賀祥二は、神仏各宗管長の連名薦挙による教導職任命、教導職試補以上でない僧侶の説教禁止、住職は試補以上が任命条件となったことを挙げて、教部省の施策には「仏教各宗の自立的活動を制約する側面」(14)があったことを指摘した。

2　島地黙雷の神仏混淆論

つぎに浄土真宗本願寺派僧侶の島地黙雷の神仏混淆論を取り上げる。島地は、長州出身で木戸孝允、井上馨、伊藤博文とつながり、岩倉使節団と同時期に西洋歴訪をはたし、使節団の政治家と深く交際していた(15)。島地は、西洋での知見を活かし三条の教則、大教院、教部省を独自の観点から批判し、大教院からの浄土真宗の離脱を指揮した。

大教院が置かれた増上寺には鳥居が作られて、神棚が飾られ、僧侶もまた神道的な祭式を実修するようになった。一八七三年（明治六）十月二日に島地は、参議大隈重信、参議伊藤博文宛てに「大教院分離建白書」を提出した。神仏共同の大教院の現状を痛烈に批判した内容であった。

方今芝増上寺仏殿ヲ改メテ大教院トシ、之ニ祭ルニ四神ヲ以テシ、注連ヲ飾リ、華表ヲ起シ、幣帛ヲ捧ケ、祝詞ヲ奏シ、二百余年伝灯ノ仏刹忽然変シテ一大神祠トナル……神ヲ説キ仏ヲ説キ、念仏ヲ教ヘ陀羅尼ヲ勧ム。而其威儀ハ猶神礼ヲ用ヒ、其教帰一ニ神典ニ本クト。宛然タル一大滑稽者場ニシテ……(16)

島地の目には、大教院のある増上寺は「神仏混淆」の極みに見えた。島地の論法からすれば、神仏分離令で廃止になったはずの「神仏混淆」が大教院で甦り、教部省は自家撞着に陥っている。島地は、神仏分離令を積極的に肯定し、神道と仏教とを判然とすべきだと主張した。

夫神仏判然ハ皇政維新ノ詔裁也、誰カ之ヲ遵奉セサラン。然ルニ今神官・僧侶ヲシテ同ク神殿ニ説教セシムル者ハ、知ラス混淆ノ古ニ復スト云ン歟(17)

神仏分離令は、遵奉すべき詔なのである。しかるに大教院のある増上寺の神殿の前で説教をしている神官、僧侶は、「神仏混淆」に陥ったと島地は非難した。一八七四年（明治七）年五月に島地は、左院宛てに「教部改正建議」を提出した(18)。そこでは島地は、教部省が政治と宗教を混同していると批判した。島地は、「大少属区戸長」が神道教師をしたり、神道教師が県社寺掛りになったりという例をあげて、宗教と政治が混同される実情を厳しく追及した。教部省の改正が必要だと説いた島地は、「神仏混淆各宗合糅教法ヲ玩弄シ民情ヲ離披ス唯文化ニ寸効ナキノミナラス将ニ正俗ニ大害アラントス故ニ真宗之レニ共同スルコトヲ恥チ即チ分離ノ議ヲ立ツ(19)」と述べ、浄土真宗の大教院からの分離を打ち出した。

内務省は、島地の教部改正の建言書を「教部改正ノ事ニ深ク注意イタシ居候モノ(20)」と好意的に受けとめ、教部省へまわしたが、教部省では「自己之宗教ヲ主張スルノ僻見ニ過キス」、「事実相違之廉不少(21)」という処理がなされ、教部省の示諭書でも島地への反論がなされた。示諭書では、「大教院ハ神官僧侶会同講究ノ所ナリ曽テ神仏ヲ混淆シ各宗ヲ合併セス夫レ神仏混淆ハ仏像ヲ以テ神体トシ本地垂跡ノ説ヲ唱へ甚シキハ天神地祇ヲ以テ諸仏ノ部属トス(22)」という反論がなされた。教部省は、島地の論法は神仏分離令を歪曲していると認識し、島地の建言書を批判した。仏教界やジャーナリズムで活動し、島地とも親しかった大内青巒も、神仏共同の教導職を批判した建言書を提出した。

3　大内青巒の「神仏混淆改正之議」

一八七四年（明治七）六月一七日に大内は、左院宛てに「神仏混淆改正之議」という表題の建言書を提出した[23]。そこでは大内は、教導職の現状の問題点を指摘し、制度の改正を求めた。その趣旨は、つぎの五点にまとめられている。第一に神道は決して宗教に非ざること、第二に神道をもって宗教とするは皇室の瑕瑾たるべきこと、第三に政教一致なるべからざること、第四に宗教は民の帰趨に任すべきこと、第五に神官僧侶管理のこと、の五点である。

大内によれば、仏教、キリスト教は「宗旨」「宗教」であり、「幽界冥理ヲ説キ因縁果報ヲ示シ」、「善ニ導キ悪ヲ去ラシメ[24]」る現世外的な倫理的な教えである。神道は、そのようなものではなく、皇室の祖先歴世と臣民の賢哲を祭るものであり、死後の世界を説くわけでもなく、「因縁果報」を説くわけでもない。それは、忠孝信義をもとにして君臣父子兄弟朋友の大義を明らかにする現世内的倫理である。要するに神道は現世内の道徳・倫理にかかわるが、現世外の世界にはかかわらない。神道は、「宗旨」「宗教」でもないのだから、「宗教ヲ祭祀ニ混淆スル事[25]」はあるべきでないと大内は説く。

宗教であれば、信じる者もいれば信じない者もいる。もし「天下ノ礼典」である神道が宗教として扱われるならば、信じない者も出て、信じない者には嘲笑の対象になる可能性がある。そうなれば「皇室ノ瑕瑾」「国家ノ弊害」になる恐れが生じる。それゆえに国体維持のためにも、神道を宗教からは外すべきである。

大内によれば、会沢正志斎は、「祭は政で、政は教であり、政教一致となる」という妄見を述べた。会沢のいう「教」は西洋でいうところの「モラリテイ」のことである。宗教は西洋でいう「レリージョン」のことである。「モラリテイ」は、現世修身斉家の学のことであり、国家が命じて学ぶことができることである。他方で「レリージョン」

の信仰・不信仰は外面には出ないもので、国家が制約することはできないと大内は語る。政府は宗教に干渉せずに、宗教は人民の帰趨に任せよということが、大内の提唱である。ここには、島地と同じ論法が使われている。僧侶、神職とは大教院で合同しているが、政府の管理の部署は分けるべきである。大教院では今、「烏帽直衣(子)ニシテ極楽ヲ説キ、方袍円頂ニシテ祝詞ヲ奏ス[26]」という、見るに忍びない状況が現出している。大内は、このような「神仏混淆」の状況を正すことを提案した。

この建言書については、政府の中では内務省と教部省とでは大きく評価が分かれた。内務省は、「其所論古今ヲ証拠シ将来我国宗教ヲ措置スルハ建言者所論ノ外方法モアルマシク[27]」と陳述し、大内に全面的に賛意を表し、将来の宗教政策は大内の案に沿うしかないと述べた。それに対して教部省は、この建言書は誤認によるもので「到底御採用可相成廉モ有之間敷哉[28]」と非難した。教部省は示諭書を作成し、大内の建言を批判した。それによると、宗教としての神道教と神祇祭祀とは二つの別なものであり、大内は宗教としての神道教を無視した。政法と教法とが分かれるのは当然であって、すでに神道、仏教各宗は自由に宗教活動をできる状態であり、政府が抑圧することはないと教部省は弁明した。

島地と大内との建白書は、相呼応したものであった。この時期二人は行動をともにし、大内の言葉を借りれば、「私は常に島地上人の秘書となつて多少奔走した[29]」。二人は協力しながら、大教院の「神仏混淆」状態の解消を政府に迫った。彼らの行動の背景には、危機感があった。一つの危機感は、神祇官の復活の動きが、地方の神職からの声として強まっていたことであった。神祇官の復活を願う建言書が、多く政府に出されていた。もう一つの危機感は、島地が指揮する大教院分離運動に反発する動きが仏教界で起こり、大教院は非分離の立場に立ったことであった。一八七四年(明治七)四月一九日には大教院は、分離不可の旨を教部省に上申している。そうした情勢のなかで島地、大内は、危機感をもって信教自由論を盾にして、仏教の布教の自由を確保しようとつとめた。

島地、大内の戦略は、神仏分離令の「神仏混淆」廃止を逆手にとり、神仏共同の教導職、大教院こそが「神仏混淆」だと批判した点に特徴がある。彼らの建言が説得力を有したのは、西洋の信教自由、政教分離の論理を組みこんで、議論を展開している点にある。西洋では、信教自由、政教分離がひろく認知されていることを指摘しながら、二人は教部省の施策、大教院の「神仏混淆」を撤回するように求めた。島地は、木戸孝允、伊藤博文と相談しながら行動していた。木戸、伊藤も教部省内の薩摩閥の台頭に不満をもち、信教の自由への理解を示していた(30)。内務省も島地、大内の建白書を支持していた。このような政府内での支持をよりどころにして、一八七五年（明治八）二月に島地は浄土真宗の大教院離脱を遂行した。同年五月には政府は大教院を解散した(31)。

政府が神仏分離令で廃止しようとした「神仏混淆」とは、神社の空間における仏教的な神体、仏具、社僧であった。しかし島地たちの眼には、大教院の異常な様態こそが「神仏混淆」に映った。同じ言葉を使っているが、対象にしている事象は異なった。彼らは、「神仏混淆」を元のコンテキストから切り離して戦略的に使用したというべきである。島地、大内の建言書は、神仏分離令にあった「神仏混淆→神仏判然」の方向性と、西洋近代にあった「政教一致→政教分離」という方向性を重ねあわせ、あたかも二つの異なる糸を縒りあわせるようにして、一つの論理を創作した。政府が、一八七五年（明治八）一一月に信教の自由保障の口達を出した(32)のは、島地、大内の建言書の方向性を容認したことを意味した。「神仏混淆」の内容は、教部省と島地、大内との間で解釈が割れたが、島地、大内が「皇政維新ノ詔裁」の神仏分離令の権威を盾にとり、論理を組み立て、教部省の施策の矛盾を突いた。「神仏混淆」は、法令や建白書で使われた言葉であったが、しばらくするとアカデミズムでも活用されるようになった。

二　アカデミズムの研究の展開

1　小中村清矩の講演

アカデミズムのなかの「神仏混淆」の初出について確言することは難しい。考証学者である小中村清矩の講演会「古代宗教論」（一八八八年）における活用が、「神仏混淆」を使った早い例の一つと考えられる[33]。小中村は、幕府和学講談所、神祇官、神祇省、教部省の官吏をつとめ、東京帝国大学でも教鞭をとった。官吏として政策にかかわっていた小中村は、同時代の宗教政策に無関心ではなかった。

〔神道は〕醇粋の宗教にハあらず、但し幽冥の神の威徳を仰ぎて、幸ひを願ひ、災ひを攘ふ所業ハ、仏道信仰者の、仏陀を頼むと一轍に出たる如くにして、殊に当今は神道の教導職と云ふものありて、政府にても、仏道の教導職と同じき取扱ひなれば、外国人の書せるものにも、是を宗教と見做し、又中古より維新前までは、神仏混淆と云へる事もあり、かたがた神仏二道の事蹟を並べ挙げて、其盛衰を述ぶべし[34]

神道は、純粋な宗教ではないが、幽冥界の神を仰ぎ、神に願いを捧げる点では仏教と同じであること、その上、教導職ができて僧侶と神職が同じ取扱いになったことをあげ、神道も仏教同様の宗教と見なすことができるという。小中村は、教部省の立場と同じく神道を宗教として見る立場にたった。その立場から、明治維新前まで神道と仏教の二つの宗教の「神仏混淆」の歴史をたどろうと試みる。小中村は、五つの時代区分をつぎのように提案する。第一紀は仏法渡来以前一般敬神の状、第二紀は欽明天皇以来奈良の朝までの状、第三紀は桓武天皇遷都以来安徳天皇のころまでの状、第四紀は源頼朝執政以来足利の末に至るまでの状、第五紀は徳川氏執政の世の状である。

この「古代宗教論」という講演会は、論題のイメージとは異なって日本宗教の通史になっている。小中村の関心は、神道と仏教の関係を歴史的に描くことにあった。第二紀から、山岳霊場の開基には「神仏混淆」のきざしがあったが、第三紀の天台宗、真言宗が仏教史を一変させたことが指摘される。最澄が延暦寺建立において山王七社を立てたこと、空海が高野山に寺を建立するにあたって麓に丹生の神社を鎮守としたことが、その例として挙げられている。とくに空海が神仏習合に尽力し、両部習合神道をつくったことが記されている。延喜年間以降は、別当が勢力を強くして、社領を掠め、全国の神社は衰微し、仏寺が盛んになった。仏教が勢力をもったことの弊害は、僧兵などに見られるように多く、真言宗の僧侶が、仏教経典によって『日本書紀』を解説して、両部習合神道をつくった。吉田神道は、唯一神道と自称し、両部習合神道に対抗したが、かえって習合的な面を抱える習合家であった。

小中村の講演は、神仏分離令で廃止になった「神仏混淆」には、いかなる歴史的背景があったのかを追究した研究であった。ここでは「神仏混淆」「神仏習合」「本地垂迹」がほぼ同じ意味で使われている。小中村の研究では、つぎの三点が重要である。第一に、空海、最澄の登場を画期だと見ている点。それ以前から山岳霊場では、「神仏混淆」が始まったことはあったが、諸国に広がったのは、空海、最澄の尽力による。第二に、「神仏混淆」、「神仏習合」を推進した人（空海、最澄）や組織（真言宗、天台宗）があったことに注目した点。第三に、小中村は、「神仏混淆」と「神仏習合」を併用した点。小中村の講演を検討した池田智文は、神仏が共存し同体化している状況は「神仏混淆」と、神仏同体化を理論づける行為については「神仏習合」と小中村が使い分けていたと論じた[35]。しかし小中村が自覚的に「神仏混淆」と「神仏習合」を使い分けていたであろうか。「神仏混淆」は、小中村の場合、神仏分離令に由来し、「神仏習合」の「習合」は両部習合神道から来ていると考えられる。「維新の始ニハ、官より厳命ありて、悉く混淆を改正せられたる程の事[36]」とあり、小中村には神仏分離令への当事者的な関心があって、そこから歴史を遡ることが試みられた。

神仏分離令の起草者も島地、大内も、「神仏混淆」とは、目の前に広がっている奇妙で不自然な現象であり、直ちに是正されるべきと考えた点では共通の立場に立った。小中村は、「神仏混淆」を過去に遡及し、多様に展開した歴史的な事象として記述できた。そこに小中村の講演の画期性があった。「神仏混淆」の名のもとで山岳霊場、空海、最澄、本地垂迹、鎌倉仏教、吉田神道などの日本宗教史の語りが創作されつつあった。講演論文の末尾で「局外者の事なれば、神仏二道何れに倚《よ》るともなく(37)」脳裏にあることを語ったと小中村は弁明した。主観的には局外者であった小中村は、神道の立場からの「神仏混淆」と、仏教の立場からの「神仏習合」のいずれかに傾くことなく、二つの用語を併用したことになる。「神仏混淆」だけではなく「神仏習合」を加えたところに小中村講演の研究史的な意義があった。

2　鷲尾順敬の神仏調和論

鷲尾順敬は、哲学館、東京帝国大学で仏教学を教えていた村上専精のもとで仏教史を学び、東京帝国大学史料編纂掛に勤務した研究者であった。村上、鷲尾は、仏教史の専門誌『仏教史林』『仏教史学』を編集し、研究者を集め、日本仏教史という領域を切り開いた。村上の日本仏教史は、仏教史を国別に記述して、それぞれに国民性の特色があると見るものだった。「日本仏教（史）」は、村上によってつくられた造語であった。従来は、仏教史があったとしても、インド、中国、日本という地域的に説明されたが、国名が仏教史の上に付くことはなかった。仏教史に国名を付けたのは、村上の創意による。日本仏教という用語が創作されたことによって、いかに日本仏教が、他の国の仏教とは異なるのか、その独自性はどこにあるのかという議論の立て方が可能になった。村上も鷲尾も、インド仏教、中国仏教と比較して、日本仏教の独自性を明快に語った(38)。彼らは、日本仏教の特徴として仏教史と皇室との密接な関係を重視した。

村上による日本仏教創作の意義についてオリオン・クラウタウは、二点を指摘している(39)。一つは、伝統的な各宗門の教理と歴史が日本仏教（史）に包括されていくプロセスがあり、もう一つは、仏教学が「日本」を語るアカデミズムの言説空間に入り込んでいくことを可能にした点である。村上のもとに、辻善之助のような国史学者が来たのも、「日本」を語るアカデミズムの一つとして日本仏教史が形成されたからであった。

村上、鷲尾は、ともに神仏分離、廃仏毀釈について多大な関心を寄せた。それは、後に『明治維新神佛分離史料』（一九二六～二九年）となって結実するが、その前に鷲尾は、「神仏二道の調和を論ず」（一八九六年）という先駆的な論文を書いた(40)。この論文では、「神仏の調和」「神仏調和」という言葉が使われ、「神仏混淆」「神仏習合」は用いられない。この論文の趣旨は、以下の四点に要約することができる。

（一）聖徳太子が神仏の調和を図ったことで、仏教が興隆した。外国からの思想が流入したにもかかわらず国民の思想が分裂しなかったのは、聖徳太子の徳業である。（二）聖武天皇の大仏建立の時代に行基が伊勢神宮に行き、天照大神の本地は毘盧遮那仏であるという霊夢を受けたとある。したがって本地垂迹説は、奈良時代には成立した。（三）キリスト教、イスラムでは宗教間の衝突がある。仏教においてもインド、中国では宗教対立が見られたが、日本には衝突や対立はなく、平穏円滑な宗教の調和があった。（四）日本の文化・学術・道徳は、この神仏二道の調和から生まれたものである。

この論文を見ると、「神仏の調和」がアジアの他地域の仏教にはない、日本仏教の誇るべき美点だと鷲尾は考えたことがわかる。それは、日本人の国民性からきているとも説明される。鷲尾が、「神仏混淆」という言葉を避けたのは、「混淆」にある穢れた不純なものだというイメージを嫌ったためだと考えられる。(41)それに代わってプラスの意味をあらわす「調和」という言葉が選択された。そこには神仏習合を見直し、その価値を読者に再認識させようとする意欲があった。鷲尾は、長い歴史の中で神道、仏教が平和的に調和してきた史実を提示し、そこに日本仏教の独自性があり、日本人の国民性があると訴えたが、訴えれば訴えるほど、神仏分離、廃仏毀釈がなぜ起こったのかが、うまく説明できなくなるというジレンマを抱えていた。鷲尾があとに神仏分離、廃仏毀釈についての本格的な研究を始めた理由は、このジレンマの解決にあったと思われる。

3　喜田貞吉の鷲尾説批判

喜田貞吉は、伝承、捏造された史料、託宣類などを遠ざけ、確実な史料のみによって神仏関係を描こうと心がけた。実証的な史料批判を神仏関係に適用した点で、喜田の研究は革新的であった。『反省会雑誌』に載せた喜田「神仏の調和を論ず」(一八九七年)は、前年に出た鷲尾の論文「神仏二道の調和を論ず」を批判したものであった。(42)喜田がこれを書いたのは、東京帝国大学を卒業し大学院に入学した翌年の一八九七年(明治三〇)のことであった。喜田は、その年に真言宗新義派大学林予備校教務主任に就任し、真言宗新義派機関誌『密厳教報』の編集を嘱託された。(43)若いときから仏教史に関心をもっていた喜田であったが、(44)真言宗系の教育機関に勤め、ますます仏教史に興味を抱いた可能性はあった。

喜田は、鷲尾に倣い「神仏調和」という言葉を使うが、鷲尾のように「神仏二道の調和」とはいわない。神道、仏教が調和的な関係かどうかは問題ではなく、神と仏との関係が問題なのである。鷲尾の場合、神道と仏教との平和的共存が実現してきた日本文化が称揚の対象になった。喜田は、神道と仏教とは元来相交わらないものであったが、偶然の契機で神と仏との関係が生じたと考える。神祇信仰と仏教は調和するものではなく、衝突し、交わらないものであった。それにもかかわらず神と仏との交渉が始まり、ついに神仏同体説に至るまでの経緯を、喜田は探索する。喜田の要旨をまとめると、つぎの六点になる。（一）性格が異なる神祇と仏教が調和できた理由を問う。祖先的英雄的神祇信仰（一般人の心）と仏教（渡来人、上流層のみ）との間に格差があった。（二）第一期は奈良時代で、神仏相並んで悖《もと》らず、神祇は仏教の興隆を喜ぶ。第二期は平安時代で、神仏同一体説。（三）聖武天皇の大仏鋳造時の宇佐八幡大神の託宣については、国史に所見はない。（四）聖武天皇の後に国分二寺は衰退した。（五）空海の本地垂迹説、最澄の神祇の混一は、諸国にある既設の寺院を末寺としたことで、全国に広がった。（六）つぎに挙げるように、多様なタイプの神仏関係が併存し、どれか一つが支配的になったのではない(45)。①「神祇は仏菩薩の化現なり」、②「神仏相須《あいまつ》て福祉を降《くだ》す」、③「神祇は仏教を保護す」、④「神祇は仏陀を得て其威徳を増す」、⑤「神祇は亦他の衆生と等しく仏陀に依頼す」など。

「神仏調和」の端緒が聖徳太子にあったという鷲尾説は完全に否定され、奈良時代に本地垂迹説が芽生えたことも否定された。奈良時代と平安時代では神仏関係が大幅に変化し、大きな断絶があったことが指摘される。平安時代以降、さまざまなタイプの神仏関係が生まれ、どれが優勢になることもなく併存していたという。さきにあげたなかでは、（二）、（三）が重要な指摘である。宇佐八幡大神託宣が後代につくられたことを明らかにして、本地垂迹説が奈良時代にはなかったことを論じたこととの、研究史的な意義は大きい。

喜田の論文は、鷲尾説を批判したことから、鷲尾説の擁護者からは、反論を受けることになった。聖徳太子の時代から神道、仏教の共存があったはずだという通念が、喜田によって批判されたことに、不快感を覚えた仏教的知識人は少なくなかった。近代仏教においては聖徳太子の再評価がなされ、聖徳太子は日本仏教史の元祖であるという語り方が大勢を占めていた時代であった。無々菴という人物が、喜田批判を公にした(46)。無々菴によると、仏教渡来時代の衝突は、権力の争いであって、神道と仏教の衝突ではなかった。神仏二道の調和は、聖徳太子の時代からあり、本地垂迹説も平安時代に初めて出たものではなく、奈良時代末から徐々に起こってきたものである。無々菴の批判に対して喜田は、奈良時代には本地垂迹説はなかったことを示すため、史料によって逐一反論した(47)。

喜田の論文は、伝承や託宣類で語られてきた聖徳太子や聖武天皇についての曖昧な通説を史料によって批判した点に意義があった。予定調和的な鷲尾の「神仏調和」説を批判したはずなのに、「神仏調和」という言葉を使用し続けたところに喜田論文の過渡的な性格がある。喜田の実証的な神仏習合研究は、辻善之助に継承されていく。

三　国民道徳論時代の神仏習合論

1　足立栗園の神仏習合論

足立栗園は、石田梅岩の心学を紹介し、明治後期から昭和期にかけて修養思想を普及させた人物であった。西村茂樹が創設した日本弘道会の機関誌『弘道』の編集主任をつとめ、多数の著作をものにしている。その一冊に『近世神仏習合辨』（一九〇一年）があった(48)。僧侶による神仏習合説を批判した林羅山『本朝神社考』、吉見幸和『増益弁卜抄俗解』、富永仲基『出定後語』、平田篤胤『出定笑語』を念頭に置きながら、足立は中世、近世に展開した神仏習合説を検討している。足立によると、山王一実神道、両部習合神道、法華神道などの神仏習合説が「牽強付会」「荒誕無稽」であり、「識者の嗤笑を招」いたが、にもかかわらず神仏習合説には、社会的な効用があった。

蓋し思ふに仏教か我が国家に採用せられしものは、由来宗教として社会の整理、人心の感化に至大の効力あることを認められしに外ならず。之を以て歴代の祖師高僧、王法仏法の関係を説いて止ます、而も国家依托の任務を果さんには、我か民を誘ふて、よく悪を去り善に遷らしめさるへからす、こゝに於て乎其三世因果の勧懲説を言出するに及ひ、我か社会に効力あらしめんか為め、勉めて国風民俗を顧み、之を自家の薬籠中の物として衆生済度の事に従へり、これ古来我か国か甘んして仏教に帰依せし所以にして、即ち神仏習合説の由て生せし根元なり、かく観来る時は、仏家の神仏習合の如きは、一家の方便説として尤《とが》むべき所なきか如し(49)

足立は、「国家」「国体」という言葉を用いて、国家が社会秩序形成や人心感化を目的に仏教を利用して、仏教の方も国家の付託にこたえて国民に勧懲説を説いて衆生済度を行ったことに注目する。仏教が国家のために勧懲説を説くのが本筋であって、神仏習合説は、そのための方便であったというのが足立の見解であった。足立の場合、神仏習合説の思想内容を評価しているわけではなく、神仏習合説が国民教化の要具として使われてきた過去の機能を評価した。足立の関心は、同時代の国民道徳の教化にあった。国家が直接に国民道徳を教えることができればよいが、前近代の国家はその役割を仏教に付託した。足立から見ると、近代以前においては仏教が道徳の教化を担い、神仏習合説とは僧侶による道徳教化の方便であった。足立の著書は、修養思想流行の時代を背景とした神仏習合説の機能の再評価であったと要約できる。鷲尾は、神仏二道の調和が将来の国民道徳の礎になると考えたが、足立は、道徳教化の方便としての神仏習合説の過去の実績を評価はしたが、近代で甦るべきものとは考えてはいない。近代においては日本弘道会のような修養団体が、国民道徳教化を担っていく主体だと足立は考えた。

2　辻善之助の発達史

『史学雑誌』に掲載された辻の「本地垂迹説の起源について」(一九〇七年)は、研究史上の画期となった研究である。市村其三郎は、『研究評論歴史教育』（一九三一年）の特集号で「その研究は非常な衝撃を学界に与へたのである。当時に於いても、又なお今日に於いても博士の研究に対しては賛否の両論が存するけれども、併し、大体に於いては博士の所説を認めるといふのが国史学界の大勢の如く見える(50)」と述べている。辻の論文は、厳密な史料批判にもとづき、信用できる史料のみを使って神仏習合の発達史を描き、これまで不明であった論点を確定した。主な三つの論点をあげてみる。（一）行基と本地垂迹説の関係は、後代の偽作で信頼できない。（二）最澄、空海と山王一実神道、両部習合神道との関係も、後代の偽作である。（三）本地垂迹説は平安時代末から鎌倉時代にかけて成立し、山王一実神道、両部習合神道の教理は鎌倉時代に完成した。（一）は、喜田がすでに論証した点であった。（二）、（三）は、辻の研究によって初めて論証された点であった。

なぜ辻は、画期的な論文を書くことに成功したのであろうか。実証的な歴史学の立場から厳格な史料批判がなされており、そこが高い評価の対象になった。その点では厳格な史料批判の勝利といって過言ではない。しかしそれだけでは説明できない点が多くある。論の組み立て方についても注意を向ける必要があろう。筆者の考えをつぎに三点にまとめてみよう。

第一に、神仏習合と神仏習合思想とを区別した点。辻は、史料に現れた現象を神仏習合と呼び、その背後になる思想を神仏習合思想と表現した。たとえば神宮寺や神前読経という現象の背後には、「神明は仏法の供養を受けることを願う」という思想があった。現象と思想の区別が、錯綜しがちな神仏習合の議論を整理することに役立った。辻の論文の最後には、神仏習合思想発展の跡がまとめられている。それを引用しておきたい。

神明は仏法を擁護する……神明は仏法を悦ぶ……神明は仏法によりて苦悩を脱する（神明は衆生の一である）……神明は仏法によりて悟を開く……神即菩薩となる……神は更に進んで仏となる……神は仏の化現したるもの

である(51)

このような神仏習合思想の発展の延長線上で両部習合神道、山王一実神道が作成された。神仏習合の「現象」とその背後にある「思想」を区別して論じた点に、この論文の独自性があった。

第二に、「発達」「進歩」という言葉が頻出する。幼稚で漠然とした段階から理論上の組織ができる段階へと、思想は進歩するという立場が明確である。両部習合神道、山王一実神道では、天地開闢、神々の起源、神々が仏の権化であること、本地仏との対応などが詳しく説かれ、「極めて精密なる説」と講評されて、神仏習合思想の進化の頂点に位置づけられた。神仏習合思想の進歩は、孤立したものではなく、思想界の進歩とも相応していると辻は考える。神仏習合の歴史（あるいは宗教史、文化史）は、人類の他の分野と同様に進歩する歴史であることが明示され、近代歴史学の研究対象の中に参入することができた。しかし進歩史のなかに、衆生→菩薩→仏という仏教的な階梯論が紛れこんだことは、奇妙といえば奇妙なことであった。仏教的な教理を前提にしないと、衆生→菩薩→仏の変化が進歩とは認識できない。一方で稚拙な段階から精密な理論への昇華という進歩が説明されながら、他方で仏教的な階梯論によって進歩が説明されるが、この間には論理の飛躍がある。この飛躍は、啓蒙主義的な歴史学者でありながら仏教信仰者であったという辻の歴史学の独自な学風に由来すると筆者は考える(52)。

第三に、辻の焦点は、鷲尾のように神道と仏教との関係ではなく、喜田のように神と仏との関係でもなく、仏教（仏法）と神（神明）との関係にあった。「神明が仏法を擁護する」「神明が仏法によりて悟を開く」という文言がよく使われている。そこからすると辻の関心は、仏教（仏法）と神（神明）の関係にあったということはできる。しかしそれは、辻自身の関心に左右されたことではなく、そもそも神仏習合が、仏教と神という不均等な関係から生成した現象であったことによる。多くの史料の博捜によって、神仏習合の不均等な関係が露わになったというべきであろう。

辻の以前には、「神仏混淆」「神仏習合」「神仏調和」などが使われていた。辻の論文によって「神仏習合」に収斂した。「神仏混淆」は、辻は使用しない。「神仏調和」という言葉がまれに使われるが、「神仏習合」の一側面として理解されている。辻の論文が学界のなかで評価を得ていく過程で、「神仏習合」は学術用語として定着した。さきに述べたように辻の論文には、さまざまな工夫がほどこされており、その工夫が相まって神仏習合の発達・進歩が、歴史学の対象として扱われるようになった。

3 『明治維新神佛分離史料』の刊行

一九一二年（明治四五）四月に『仏教史学』は、「明治初年廃仏毀釈」の特集号を刊行した。その中心にいたのは、鷲尾順敬であった。特集号の趣旨に「昨年八月の本誌に於いて、始《(ママ)》めて稟告して明治初年廃仏毀釈の事実談を募集し、爾来各地の会友諸君より、該事実に関する資料を寄送せられたるもの少なからず。本会は更に進んでこれが調査をなし、且つ各方面に於ける諸先輩を訪問して、実歴の見聞談を聴取したり」(53)とある。廃仏毀釈を体験した人びとのインタビューが掲載された。このようにして廃仏毀釈が、歴史研究の対象になりはじめた。

明治時代が終わるとともに、明治時代を対象化しようとする研究がさまざまな方面から起こったが、「明治仏教史」もその一つであった。鷲尾は、いちはやく明治仏教史研究を提唱した人であった(54)。一三〇〇年以上にわたる日本仏教史のなかで、明治時代は異色の時代であり、仏教の廃滅がなされたことは、史上なかったことであった。寺院が所領を喪失し、各宗派は時代状況にあわせて教育機関を経営せねばならなくなった。鷲尾によると、明治仏教史は、仏教の衰亡史でありながら、同時に興隆史でもあった。

鷲尾は、国民道徳論の枠で日本仏教史を語りなおそうとした。「伝教、弘法、親鸞、日蓮等は、我国民道徳の代表的主張者である」[55]と書いた鷲尾は、廃仏毀釈によって仏教軽視の風潮が継続している現状を憂えた。廃仏毀釈の社会的影響に惑わされることなく、仏教が果たした精神的事業を直視し、それを基盤にして新しい国民道徳が形成されるべきだと鷲尾は提言する。神仏習合も、仏教による精神的事業の一つとして再評価の対象になった。

『明治維新神佛分離史料』（一九二六～二九年）は、村上専精が提案し、辻善之助、鷲尾順敬が協力し、帝国学士院の助成を受けて大規模な調査を実施し、史料を収集した成果であった。[56]『明治維新神佛分離史料』の序辞は、村上の筆であるが、神道、儒教、仏教の三教による宗教統一の美風が続いたが、近世には破綻し、明治政府になってそれが破裂となったとある。廃仏毀釈を体験し心を傷めた村上は、日本は魔国になったと当時感じたことを回顧している。ところで村上、辻、鷲尾の三人の編者には共通点がある。三人ともに東京帝国大学に勤務する研究者で、仏教史の専門家であった。研究者であるとともに、仏教信仰者であり、それゆえに仏教界への期待と不満をつよくもっていた。彼らは、廃仏毀釈によって日本仏教の文化遺産の破壊がなされたことを憂えた。村上は、「国に異なる宗教が同時に存在しながら、其れが工合よく調和し、恰も水魚の交はりをなし来たり」[57]と日本宗教史を振り返り、それを「信仰上の美風」と表現した。その美風が、国体上の美風にもつながった。辻であれば、神仏習合は国史上、思想史上の「国民的特色」であると評価されて、廃仏毀釈は「破壊的蛮風」であったと非難されている。[58]

『明治維新神佛分離史料』の編者は、廃仏毀釈で失われかけた「信仰上の美風」「国民的特色」である神仏習合を回復して、近代社会における異なる信仰や思想の共存を前提に、仏教を中心とした国民的な人心統合を築くことを考えていた。神仏分離、廃仏毀釈を学問的に取り上げたのは、その出来事の意義を称揚するためではなく、いかに日本の伝統とは相容れない例外的な出来事であったか、本来は「神仏の調和」が長く続いたことを国民に知らしめるためであった。

おわりに

辻の論文「本地垂迹説の起源について」が刊行されてから、百十年がすでに経つ。神仏習合という言葉は、慶応四年の太政官布告の「神仏混淆」に由来し、その考え方は神仏分離令にまで遡る。法令の起草者は、神道が仏教と対等にあることを前提に、両者を判然とさせることによって神道を元来の姿に復古させることを意図した。したがって主体性の回復は、神道の側にあった。「仏神」ではなく「神仏」という優先順位に、その思いがこもっている。法令で使われていた言葉が、アカデミズムの中へ横滑りして、日本宗教史を語る用語になり、最終的に神仏習合という用語に収斂した。

「はじめに」で述べたように神仏習合を定義することは、なかなか難しい。その難しさは、用語の由来にかかわる。本章で検討したように「神仏混淆」は時を経て「神仏習合」へ代わったが、「神仏判然」も「神仏分離」へ代わった。これには、島地黙雷、大内青巒の介入が影響していると考えられる。「神仏判然」に、神道と仏教との分離のみならず、政教分離の含意を彼らが持ちこんだことによって、「神仏分離」の方が「神仏判然」よりも普及しやすかったというのが筆者の推定である。結果として神仏分離令が、近代宗教史の始点となって神道と仏教を分離させ、日本的な政教分離の形成をもたらしたと理解できるようになった。「神仏習合」「神仏分離」という用語がペアとして確定した段階で[59]、「神仏分離令によって神道と仏教の分離が果たされ、それ以前は神仏習合の時代が長く続いた」という語りが成立した。神仏習合の定義がなお難しいのは、今もわれわれがこの語りの中にいるためであろう。

辻の論文を検討し、わかったことは、神仏習合の歴史とは、神道と仏教の関係でもなく、神と仏の関係でもなく、仏教と神との関係であったという点である。世界宗教である仏教がアジアの諸地域に伝来し、土着の神々と交渉して、予想をこえたさまざまなドラマを引き起こした。神仏習合史も、日本列島で起こった仏教と土着の神々のドラマであった。主体性は、あくまで仏教の側にあった。仏教的な世界観のなかで変貌する神々のあり様を語ったのは、神職・祀官ではなく、僧侶であった。仏教圏の諸地域において、仏教的な世界観による土着の神々の取り込みと意味づけ、あるいは土着からの反発は営々と行われ、多種多様な信仰を生み出してきた。従来の神仏習合の研究は、アジアの他地域と比較可能な重厚な研究史を有しながらも、比較研究の俎上にのりにくかった。神仏習合の比較研究の必要性は提唱されているが、それを阻んでいるのは神仏習合という用語である。(60)

註

（1）辻善之助「本地垂迹説の起源について」『史学雑誌』第一八編第一、四、五、八、九、一二号、一九〇七年。
（2）神仏習合の研究史をまとめたものに、山折哲雄「古代日本における神と仏との関係」（『東北大学文学部研究年報』第二九号、一九七九年）、林淳「神仏習合研究史ノート」（『神道宗教』第一一七号、一九八四年）、曽根正人「研究史の回顧と展望」（『神々と奈良仏教』雄山閣出版、一九九五年）、伊藤聡「神仏習合の研究史」（『国文学　解釈と鑑賞』第八〇二号、一九九八年）、佐藤弘夫「『神仏習合』論形成の史的背景」（『宗教研究』第三五三号、二〇〇七年）などがある。
（3）堀一郎『聖と俗の葛藤』平凡社、一九七五年、一五四頁。
（4）「シンクレティズム」『宗教学辞典』東京大学出版会、一九七三年。
（5）堀一郎の提言を受けて、神仏隔離という概念を軸に神道史を構想したものとして、高取正男『神道の成立』（平凡社、一九七九年）がある。高取以降、神仏隔離の研究はさかんになった。
（6）神祇事務局達第一六五号（諸社へ）。
（7）太政官布告第一九六号。神仏分離令の起草者であった津和野派の亀井茲監、福羽美静については、ジョン・ブリーン「明治初年の神仏判然令と近代神道の創出」（『明治聖徳記念学会紀要』第四三号、二〇〇六年）を参照。
（8）村田安穂『神仏分離の地方的展開』吉川弘文館、一九九九年、八頁。

(9) 太政官布告第二八〇号。
(10) 文久三年(一八六三)七月に長州藩の神官たちが書いた神祇道建白書に「神仏混淆不仕様」とある(北川静「幕末長州藩における神仏分離の展開」『山口県文書館研究紀要』第七号、一九八〇年)。
(11) 公文録・明治二年・第二百二十八巻・己巳六月~辛未七月・下妻藩伺(国立公文書館デジタルアーカイブ)。
(12) 公文録・明治元年・第十六巻・戊辰一月~己巳六月・諸侯伺(佐竹右京大夫義尭)(国立公文書館デジタルアーカイブ)。
(13) 御沙汰第八六二号。
(14) 羽賀祥二『明治維新と宗教』筑摩書房、一九九四年、一九六頁。
(15) 島地黙雷に関しては、新田均『近代政教関係の基礎的研究』(大明堂、一九九七年)、川村覚昭『島地黙雷の教育思想研究―明治維新と異文化理解―』(法藏館、二〇〇四年)、村上護『島地黙雷伝――剣を帯した異端の聖』(ミネルヴァ書房、二〇一一年)、山口輝臣『島地黙雷―「政教分離」をもたらした僧侶―』(山川出版社、二〇一三年)を参照。
(16) 「大教院分離建白書」『島地黙雷全集 第一巻』本願寺出版協会、一九七三年、三四頁。
(17) 同右、三六頁。
(18) 「教部改正建議」『明治建白書集成 第三巻』筑摩書房、一九八六年、四三一~四三七頁。
(19) 同右、四三六頁。
(20) 同右、四三七頁。
(21) 同右、四三八頁。
(22) 同右、四四五頁。
(23) 「神仏混淆改正之議」『明治建白書集成 第三巻』四九四~四九七頁。
(24) 同右、四九五頁。
(25) 同右、四九五頁
(26) 同右、四九七頁。
(27) 同右、四九八頁。
(28) 同右、四九八頁。

(29)　島地黙雷古稀祝賀会編『島地黙雷老師』平和書院、一九〇九年、一四頁（国立国会図書館デジタルコレクション）。
(30)　小川原正道『大教院の研究』慶應義塾大学出版会、二〇〇四年、一五七頁。
(31)　教部省達書乙第四号。
(32)　一八七五年一一月二七日教部省口達書。
(33)　小中村清矩「古代宗教論」『東京学士会院雑誌』第十編之四、一八八八年、同「古代宗教論餘」『東京学士会院雑誌』第十編之七、一八八八年。
(34)　小中村清矩「古代宗教論」『東京学士会院雑誌』第十編之四、一八八八年、一八二～一八三頁。引用文中の亀甲括弧は筆者による補足を示す。
(35)　池田智文「仏教史学成立期における神仏習合論について」（二〇一六年日本近代仏教史研究会大会発表の配布資料）。本章で取り上げた文献については、この配布資料から多くを学んでいる。
(36)　小中村清矩「古代宗教論」『東京学士会院雑誌』第十編之四、一八八八年、二一二頁。
(37)　小中村清矩「古代宗教論餘」『東京学士会院雑誌』第十編之七、一八八八年、三六八頁。引用文中の振り仮名は筆者が付けたものである。
(38)　林淳「近代仏教と学知」『ブッダの変貌』法藏館、二〇一四年。
(39)　オリオン・クラウタウ『近代日本思想としての仏教史学』法藏館、二〇一二年、九四頁。
(40)　鷲尾順敬「神仏二道の調和を論ず（上・下）」『仏教史林』第三編二七・二八号、一八九六年。
(41)　古田紹欽は、「神仏混淆」には「仏が神明を汚し濁したという意味」があり、この認識に立つかぎり、汚し濁したものを排除することにならざるをえないと述べている（古田紹欽「王政復古のなかの仏教」『歴史公論』第九六号、一九八三年一一月）。これに対して、阪本是丸は、「混淆」にマイナスの意味はなかったことを指摘する（阪本是丸「神仏分離・廃仏毀釈の背景について」『明治聖徳記念学会紀要』第四一号、二〇〇五年）。筆者は古田説に共感する。「混淆」という言葉を使った瞬間に、「混淆から判然へ」という変化への期待値は高まる。仏教系研究者が、「神仏混淆」を避けて「神仏調和」「神仏習合」と言い直した理由はこの点にあった。
(42)　喜田貞吉「神仏の調和を論ず」『反省会雑誌』第一二年二号、一八九七年、同「神仏の調和を論ず（二）」『反省会雑誌』第一二

年三号、一八九七年、同「神仏の調和を論ず（三）」『反省会雑誌』第一二年五号、一八九七年（『反省（会）雑誌Ⅱ』永田文昌堂、二〇〇六年）。

(43) 喜田は、「白面生」というペンネームで投稿している。「神祇叢話（三則）」『密厳教報』第一九八号、一八九七年、「神祇叢話（二）」『密厳教報』第二〇〇号、一八九八年、「神祇叢話（三）」『密厳教報』第二〇三号、一八九八年。

(44) もともと寺院史、仏教史への関心があったことは、本人が証言している。『喜田貞吉著作集　第一四巻　六十年の回顧・日誌』平凡社、一九八二年、一〇六頁。

(45) 辻善之助は、喜田が提言した並存する多様なタイプの神仏関係を時間軸に沿って並べ直し、発達史を描いた。

(46) 無々菴「神仏二道の調和につきて」『仏教』第一二六号、一八九七年、同「再ひ神仏の調和につきて」『仏教』第一二八号、一八九七年。喜田と無々菴との論争について、中川修「神仏習合の価値化とその歴史」（『日本仏教史における「仏」と「神」の間』永田文昌堂、二〇〇八年）に解説がある。

(47) 喜田貞吉「神仏の調和に関する余が持論を敷衍して無々菴氏の異議に答ふ」『仏教』第一二七号、一八九七年。

(48) 足立栗園『近世神仏習合辨』警醒社書店、一九〇一年（国立国会図書館デジタルコレクション）。足立の著作については、鈴木正崇「日本の山岳信仰と修験道の研究の再構築に向けて」（二〇一七年六月一九日・二〇日カルフォルニア大学サンタバーバラ校で行われたシンポジウム「修験道を再配置する」）の配布資料から学んだ。

(49) 同右、一六〇頁。引用文中の振り仮名は筆者が付けたものである。

(50) 市村其三郎「宗教史」『研究評論歴史教育　臨時増刊号　明治以後に於ける歴史学の発達』第七巻九号、一九三二年。

(51) 辻善之助「本地垂迹説の起源について（第六回、完結）」『史学雑誌』第一八編第一二号、一九〇七年。

(52) 「日本仏教史研究の五十年」（『近代仏教』第二四号、二〇一七年）において圭室文雄は、伊東多三郎が辻の仏教史研究と浄土真宗とのつながりを示唆していたことを紹介している。辻仏教史学については、オリオン・クラウタウ『近代日本思想としての仏教史学』（法藏館、二〇一二年）に学んでいる。

(53) 『仏教史学』第二編第一号、一九一二年。この特集号には、大隈重信の聞書きが掲載されている。大隈によれば、明治維新後の政府は混乱と多忙をきわめており、政治家は宗教問題を扱う余裕すらなく、神道者、国学者が主唱してきたことを実行し鬱憤をはらした。廃仏毀釈の結果として仏教も神道も勢力を失い、欧米の文物思想のみが勢力を得たと大隈は回顧する。

(54) 鷲尾順敬「明治仏教史の研究」『仏教史学』第二編一号、一九一二年。
(55) 鷲尾順敬「国民道徳問題の趨勢及び其評論」『仏教史学』第二編一一号、一九一三年。
(56) 村上専精「序辞」『明治維新神佛分離史料　上巻』東方書院、一九二六年（引用に際しては『新編　明治維新神佛分離史料　第一巻』名著出版、一九八四年を使用した）。
(57) 『新編　明治維新神佛分離史料　第一巻』一四〜一五頁。
(58) 辻善之助「神仏分離の概観」『新編　明治維新神佛分離史料　第一巻』三四〜三五頁。
(59) 註(41)に挙げた阪本是丸論文。
(60) 近世における「混淆」「習合」の事例については、桐原健真氏からご教示を受けることができた。

幕末維新期におけるイギリス史書の利用

――長門温知社蔵板『英国志』を例に――

山田裕輝

はじめに

十九世紀の半ばは、日本人の西洋観が大きく転回した時期であった。とくにイギリスの勝利に終わったアヘン戦争は、西洋諸国の軍事力が清国を凌駕することを幕府・諸藩の統治者層に知らしめた。アヘン戦争の経過や清国の対応に関する情報収集は全国各地で行われるようになり、仙台藩儒者斎藤竹堂の『鴉片始末』（天保十四年）や、掛川藩儒者で後に昌平黌の教授となる塩谷宕陰の『阿芙蓉彙聞』（弘化四年）、丹後田辺藩士嶺田楓江の『海外新話』（嘉永二年）など、矢継ぎ早に論評の書が刊行されていった。こうしたアヘン戦争情報への関心は、同時に西洋諸国の歴史に対する関心をも大きく高めることとなった。二本松藩で教えたのち昌平黌の教授となった安積艮斎は『洋外紀略』（嘉永元年、未刊）を執筆し、前述の斎藤竹堂は『蕃史』（嘉永四年、未刊）を著した。以上のようなアヘン戦争から開国前までの儒者による西洋史編述を、小沢栄一は「洋外史」と呼び、次のような影響をもたらしたと指摘した。一つは、「海防論・国防論策が量的に激増」したこと、そしてもう一つが、「イギリスの行動を氷山の一角とする西洋諸国の動態を、広く深く探ろうとする歴史意識を深め、その結果「歴史」は現実的役割をもって、儒者たちが西洋を歴史的に考えていこうとする意欲を急激に高めていった」ことであった(1)。幕末期における西洋史の編述は、幕府・諸藩が進める海防と密接に連関するものであり、きわめて政治性を帯びた言論活動だったと言える(2)。

その中でとくに注目されたのがイギリスである。イギリスはアヘン戦争で清国を屈服させた当事国であることに加え、強力な海軍を背景として貿易や植民地経営を推進する海洋国家であった。それゆえに、幕府・諸藩は海防体制を進める上でイギリスを最も警戒すべき「仮想敵国」として意識したのである。表1（三二～三三頁）は、アヘン戦争以後から幕末期にかけての日本で著述・刊行された、イギリスの地理や歴史に言及した書物の一覧である。この一覧からイギリスを専門的に取り扱った書物のみを抽出すると、書名を斜字体にした六つの書に絞られる。すると、文久元年刊の『英国志』以外は魏源の『海国図志』か、陳逢衡の『暎咭唎紀略』の翻刻または翻訳であることがわかる。『海国図志』は、広東の総督である林則徐が著した『四州志』を魏源が増補して道光二十二年（一八四二）に刊行した書物である。日本には嘉永七年（一八五四）の舶載を契機に、官板・私板を含め多くの和刻本が流通し、佐久間象山や横井小楠、吉田松陰など幕末の著名な思想家にも大きな影響を与えた(3)。また、『暎咭唎紀略』は道光二十一年の刊行だが、その内容は前述の『海国図志』におけるイギリスの記事を取捨選択したものである(4)。このように、安政期までの日本におけるイギリス史理解は、アヘン戦争を体験した清国人の著作に大きく依拠していたことが察せられるのである。

こうした状況を大きく変えた書物が、清国上海で刊行された『大英国志』（江蘇松江上海墨海書院、一八五六年刊）と、それを日本で翻刻した『英国志』（長門温知社蔵板、文久元年〈一八六一〉刊）であった。

『大英国志』は、上海でプロテスタントの伝道に従事していたウィリアム・ミュアーヘッド（William Muirhead、慕維廉、一八二二〜一九〇〇）が、同地に印刷所をおいていた墨海書館から一八五六年に刊行したイギリス史書である。これは、イギリスのロンドンで一八五三年に刊行されたトーマス・ミルナー（Thomas Milner）のイギリス通史書『The history of England』を漢文に抄訳したもので、「イギリス史を詳細かつ本格的に紹介した初の中国語著作」である。(5)(6)それゆえ、ミュアーヘッドは思想的背景が大きく異なるイギリスの諸制度を清国の読者が理解できるよう配慮しており、とくに巻之八を中国史の体例に基づいた「志略」の巻とし、政治や法制といったイギリスの社会環境に関する説明として新たに書き加えている。

『英国志』は、このような性格を持つ『大英国志』を、萩藩江戸藩邸の蘭書会読会（長門温知社）がキリスト教に関する部分を改刻または削除し、訓点を付して刊行したものである。小沢栄一はこの『英国志』を、「はじめてまとまった、そして内容があって筋の通ったイギリス歴史が日本人に与えられた」(7)と評価し、さらに大久保利謙は、江戸時代において『英国志』は「最も大部で、その最後を飾る」(8)イギリス史書であると位置付けた。また、宮地正人は、「『英国志』は、中国史書との構成的相違点を明確に指摘した上で、史実の点にとどまらない西洋史書のあり方をはじめて読者に理解させた画期的歴史書である」(9)と評した。つまり、『英国志』ならびに『大英国志』は、幕末維新期の日本に流通したイギリス史書の中で最も学術的水準の高い書物であると同時に、新たな歴史叙述の方向性を示した書物として、史学史の上で高く評価されてきたのである。

それゆえ、『英国志』は幕末段階における西洋理解の指標としても取り上げられてきた。吉野作造とともに明治文化研究会を設立した尾佐竹猛は、「国民の憲政思想か如何にして発達し、如何にして憲法の正条を要求するに至ったか」(10)という問題意識から『英国志』に注目し、次のように言及している。

分類	内　　　容
地誌	巻二に「大貎利太泥亜」の項がある。
地誌	巻三でイギリスの軍事，産物，地理，政治，産業，貿易，都市について言及している。
史書	巻一はローマ帝国の興亡から，フランスやイギリスなどの諸国が自立する過程を，巻二ではトルコの中興から革命・ナポレオン登場期のフランスを，巻三は西洋諸国の海外進出史を描く。
史書	イギリスを含めた西洋諸国の歴史を述べた上巻，コロンブスなど人物伝や通商，キリスト教排斥について記した中巻，海防を論じた下巻で構成される。
史書	古代史は太古，新世界，革命の3部構成とし，339年から1840年までは編年体の叙述となる。
説話	巻之一の「英吉利記略」で，イギリスの由来，地位，首都ロンドンの繁栄，貿易の隆盛等を説き，巻之二から五はアヘン戦争の推移を述べる。なお，本書は出版手続きの不備を咎められ，嘉永3年に絶版処分を受けた。
地誌	巻一～四はヨーロッパ諸国の地誌を，巻五・六では山や川を中心にヨーロッパの地形について説明する。なお，巻一に「大貎里丹亜」の項がある。
地誌	原書は1841年に清国で刊行。訓点を付した荒木謇は津藩の儒者。また，本書には藤森弘庵による序が収められている。
地誌	陳逢衡『暎咭唎紀略』の抄訳本。
地誌	1843年より刊行された魏源『海国図志』の「英吉利国総記」と「英吉利所属斯葛蘭島附記」を和訳したもの。
地誌	『海国図志』の「英吉利国広述下」を和訳したもの。
史書	巻一は古代ヨーロッパの帝国史，巻二はフランス・ポルトガルなどの各王国史，巻三は各国の帝王伝，巻四は各国の名将伝，という構成を取る。とくにイギリス史では中国への侵略に紙幅を割き，警戒の必要を論じている。
地誌	『海国図志』の「英吉利国総記」，「英吉利広述上」，「英吉利国広述下」を校正し，訓点を付す。
地誌	原著は1853～54年にイギリス人宣教師のミュアーヘッドが著した世界地理書。各大陸の地誌に加え，西洋近代地理学の成果を紹介した。
地誌	原著は1856年にアメリカ人宣教師ウエイが学生の教科書として著した世界地理書。日本においても世界地理の入門書として流行した。
地誌	原書は1849年に清国の徐継畬が著した世界地理書で，地理の正確さは『海国図志』にまさる。イギリスについては巻七で言及されている。
史書	原著は1856年に上述のミュアーヘッドが著した，中国初のイギリス通史書『大英国志』。
見聞録	巻之三を「英国」とする。その構成は「史記」「政治」「海陸軍」「銭貨出納」「附録」となっており，歴史的観察を導入とする。

幕末編（吉川弘文館，1966年），498～500頁の一覧に拠り，内容は前掲小沢書ならびに開国百年記念文化

表1　アヘン戦争後におけるイギリス史関係書目

刊　行　年	書　　名	著　　　者	体　　裁
弘化2年(1845)	坤輿図識	箕作省吾	5巻3冊
弘化3年(1846)	坤輿図識補	箕作省吾	4巻4冊
嘉永元年(1848)	西洋小史	長山樗園	3巻(未刊)
嘉永元年	洋外紀略	安積艮斎	3巻(未刊)
嘉永元年	蕃史	斎藤竹堂	2巻(未刊)
嘉永2年(1849)	海外新話	嶺田楓江	5巻5冊
嘉永4～安政3年(1851～56)	八紘通誌	箕作阮甫	6巻6冊
嘉永6年(1853)	*暎咭唎紀略*	陳逢衡著／荒木謇訓点	1巻1冊
嘉永6年ヵ	*英吉利新志*	陳逢衡著／無悶子述	1巻1冊
嘉永7年(1854)	*英吉利国総記和解*	魏源著／正木篤訳	1巻1冊
嘉永7年	*英吉利広述*	魏源著／小野元済訳	2巻2冊
安政2年(1855)	遠西紀略	大槻西磐	4巻2冊
安政3年(1856)	*海国図志英吉利国部*	魏源著／塩谷宕陰・箕作阮甫校	3巻3冊
安政5～6年(1858～59)	地理全志	慕維廉(ミュアーヘッド)著／爽快楼蔵版	上下巻各5冊
万延元年(1860)	地球説略	禕理哲(ウエイ)著／箕作阮甫訓点	3巻3冊
文久元年(1861)	瀛環志略	徐継畬著／井上春洋，森荻園，三守柳圃訓点	10巻10冊
文久元年	*英国志*	慕維廉(ミュアーヘッド)著／長門温知社蔵版	8巻8冊(美濃紙判) 8巻5冊(半紙判)
慶応2年(1866)	西洋事情	福沢諭吉	3巻3冊

註　本表の作成に当たり，配列は小沢栄一『近代日本史学史の研究―十九世紀日本啓蒙史学の研究―』事業会編『鎖国時代日本人の海外知識』（乾元社，1953年）を参考とした。

一八五六年英人ビーウイリヤムが英国史を漢訳し『英国志』八巻を出版したのを長州の青木周弼、翻刻に着手し山県半蔵、手塚律蔵之を完成し、文久元年長門温知社に於て翻刻訓点を施し出版した。此書「職政志略」には説明の詳細を極めて居る。〔中略〕猶ほ詳細の説明〔「職政志略」の後に続く「行法志略」などのことを指す―筆者註。以下省略〕あるもさまでと思ひ省略に付したのである。余輩は此書あるが故に長州の立憲思想の萌芽の早かりしを論断するのでは無いが此時代に於て此出版あることは確かに一の誇りと謂つて宜しい。(11)

このように、尾佐竹は『英国志』を幕末段階における立憲制度理解の萌芽として位置付けたのである。尾佐竹を嚆矢とする憲政論の視角は、より詳細な検討により議事制度の誤訳を指摘した浅井清(12)や、薩摩藩・萩藩における議会制度理解のありように言及した小早川欣吾(13)、越前福井藩主松平春嶽（慶永）の議会構想について言及した河北展生(14)の研究へと継承されていく。近年でも、春嶽の議会構想に『大英国志』の記述が影響を与えていることを指摘した三上一夫の研究(15)があり、憲政論からの分析は厚みを増している。なお、類似する視角として、『英国志』の教育に関する記述から、幕末期における西洋教育への理解の水準を検討した岩田高明の研究(16)がある。

このように、史学史においては叙述の画期性や卓越性を、憲政論においてはその先見性を評価する、という視角で先行研究は進められてきた。一方で、『英国志』の社会的な影響力、とくに入手の動機、地方への伝播、読者への影響などの実相についてはあまり深められていないのではないか。先述した尾佐竹は、『英国志』をはじめとした清国から渡来した世界地理書・西洋史書は「金沢、福井、田石、田辺、神戸、淀、延岡、武雄、伊勢度会等の地方の学館に於て教科書として用ひられた(17)」とし、『英国志』が維新後も主に学校教育の場で活用されていたことを指摘しているが、果たしてこうした用途だけだったのだろうか。なぜ『英国志』に幕末・明治初期の人々が注目したのか、その背景を明らかにすることが必要と考える。

以上の整理を踏まえ、本章では幕末維新期に『大英国志』または『英国志』を入手し、読みこんできた人々の所論を素材とし、彼らが両書に見出した意義を明らかにする。そして、両書の知識がどのような形で活用されていたか、その様相を検討する。

一　『大英国志』から『英国志』へ

1　『大英国志』への注目

まず、『大英国志』ならびに『英国志』が日本国内で注目されていく過程を見ていきたい。

福井藩は高価な舶載書である『大英国志』を二組（上下巻で一組とする）入手・所蔵しており[18]、一組は藩校明道館に[19]、もう一組は将軍継嗣問題で隠居・謹慎中の前藩主松平春嶽の手に渡っている[20]。春嶽は手元の『大英国志』に傍点や評語を付しており、この書を熟読していた様子が窺える。

次に掲げるのは『大英国志』序文の一節であるが、春嶽はこの文章に次のような傍点を振っている（以下、史料の傍点はすべて春嶽の筆である）。

有以知所以盛衰升降者之原於上帝、上帝之手不特垂於霄壌。抑且以天時人世事、翻之覆之、俾成其明睿聖仁之旨。読者勿徒覧戦争之故興亡之迹、云爾已也。史冊所載天道之微而顕、上帝以定律治人、鑒其善悪降以罪福。天下人人能博稽載籍、感発天良、悔過遷善、斯為要理。夫国於天地、必有与立礼教是已。

この部分は、『大英国志』がキリスト教的歴史観に基づいて編纂されていることを述べた場面である。歴史における栄枯盛衰は神の意思に基づくこと、いたずらに治乱興亡の過程を追うことは本書の意図ではないこと、史書とは天道の表れを巨細にわたって所載するものであること、そして国家というものは世界のどの地域においても必ず礼教に立脚する、という部分に傍点が打たれている。それに続けて、春嶽は次のような評語を付している。

序粗英国之興衰論之、且以風教礼義作史之大法、所以為慕維廉也矣、

春嶽は、ミュアーヘッドが西洋の列強国イギリスの興廃を通史的に論じていること、そして「風教」と「礼義」が歴史叙述の根幹であると述べていることを肯定的にとらえている。こうした「風教」「礼義」への関心は、イギリスにおける国家と宗教との関係性に春嶽の目を向けさせていくことになる。『大英国志』凡例の第五条目に、春嶽は次のように傍点を付している。

英史尤重教会、国中大政、無事不与教相関、故叙述教務、不容簡略、且天下万事、皆上帝主之、作史者必首言上帝焉、

イギリスの歴史では教会のことが最も重んじられており、国の政治に教会が関与しないことはない、と述べる一節に注目した春嶽は、そこに「政教一致」との頭註を加えている。「政教一致」という言葉は、福井藩の藩政において非常に大きな意味を持つ。福井藩の藩政改革を理論面から支えた熊本藩儒者横井小楠は、福井藩に招聘される前の安政三年（一八五六）十二月二十一日に福井藩士の村田氏寿へ宛てた書簡の中で次のように述べている。

一国を挙全無宗旨之国体にて候へば何を以て人心を一致せしめ治教を施し可申哉、方今第一義之可憂所は、万弊万害何も扨置此所にて可有之候。惣じて西洋諸国之事情彼是に付て及吟味候へば、彼之天主教なるもの本より巨細之筋は知れ不申候へ共我天文之頃渡候吉支丹とは雲泥之相違にて、其宗意たる天意に本き彜倫を主とし扨教法を戒律といたし候。上は国主より下庶人に至る迄真実に其戒律を持守いたし、政教一途に行候教法と相聞申候。(21)

一国を統治するには人心を糾合することが必要であり、そのためには国の倫理的な根幹となる「宗旨」が必要であ

る、と横井は考えていた。それをすでに実現している国こそが、君主・民衆ともにキリスト教の信仰が行き届いている西洋諸国である、とみていたのである。このように、横井は政治権力による人心収攬の装置として宗教倫理を統治に組み込み、それが機能する状態を理想としており、福井藩の藩政改革でもこうした「政教一致」のあり方が目指されていくことになる。同年に福井藩士橋本左内が撰じ、藩主である春嶽の名前で出された藩校明道館設立の趣旨文「明道館之記」では、「文武相資」「政教一致」「倫理整正」「上下誠一」の四語がスローガンとして掲げられているのである。(22)

以上見てきたように、松平春嶽にとって『大英国志』は自らの改革理念である「政教一致」と方向性を同じくする書物であり、その叙述方針に春嶽は大きな共感を覚えていた。キリスト教に関する記述も含め、『大英国志』は藩の進める政治改革に示唆を与える書として受け止められていたのである。

2 萩藩による翻刻と出版

西南雄藩の一角を占める萩藩も『大英国志』に注目している。萩藩の藩政史料における『大英国志』関連の記述は、管見の限りでは安政六年（一八五九）十一月二十日に藩の蘭医青木周弼へ「右大英国志翻刻被仰付候ニ付、自身蔵板之唱ニシテ公辺江相伺、右一件之御用取計候様被仰付候事」との命が下ったのが最初である。(23)この時期までに、萩藩は何らかのルートで『大英国志』を入手し、研究を進めていたのだろう。当時、江戸では、蘭書の翻訳や新書の翻訳を行う蘭書会読会という会合が開かれていた。その創始は、青木の建言をきっかけに、桜田の藩邸で一か月に三度の蘭書の会読や新書の翻訳を行うための会合を開くよう、藩が青木に命じたことによる（安政五年三月十九日）。会合には、会主の竹田庸伯（世子毛利定広付侍医）をはじめ、坪井信友（萩藩医、蘭方医坪井信道の息子）、東条英庵（蕃書調

表2　『大英国志』『英国志』各版構成

『大英国志』	『英国志』5冊本（半紙判）	『英国志』8冊本（美濃紙判）	備　考
〔英文序〕		刻英国志序〔もりおか歴史文化館所蔵本のみ〕	
序〔漢文〕	序〔漢文〕	序〔漢文〕	
凡例	凡例	英国志目録	
女王維多利亜世系表	女王維多利亜（ヒクトリア）世系表	女王維多利亜（ヒクトリア）世系表	
大英国志目録	英国志目録	凡例	
巻之一	開国紀源，英降羅馬紀		ローマ支配下の時代
巻之二	英薩索尼（エンゲルサクシーネ）朝，大尼（テイネン）朝，薩索尼（サクシーネ）中興		アングロ＝サクソンの移住，デーン朝の成立
巻之三	英諾曼（エンゲルノルマンジ）朝		ノルマンの征服，ノルマン王朝
巻之四	北藍大日奈（プランタジネ）朝		プランタジネット朝の盛衰
巻之五	都鐸爾（チュードール）朝		テューダー朝の盛衰
巻之六	斯丟亜爾的（スチュアルト）朝		ステュアート朝の盛衰とイギリスの革命
巻之七	北侖瑞克（プリンスウェーキ）朝		ハノーバー朝の成立と発展
巻之八	職政志略，行法志略，教会志略，財賦志略，学校志略，農商志略，兵志略，地理志略		ミュアーヘッドによる加筆部分

所教授役手伝・軍艦操練所出役）、桂小五郎（有備館御用掛）が名を連ね、後には村田蔵六（蕃書調所教授役手伝・講武所教授役・宇和島藩御用）や手塚律蔵（蕃書調所教授役手伝・佐倉藩御用）も出席している(24)。このように、蘭書会読会は江戸で活躍する萩藩の著名な蘭学者を結集した蘭学研究グループであった。翌万延元年（一八六〇）四月五日には、世子毛利定広付侍講の山県半蔵と同侍医能美隆庵に蘭書会読会への出席と『英国志』の校訂に従事することが命じられており、この時点で脱稿して校訂の作業に移行していたことがわかる(25)。そして、文久元年（一八六一）夏に「長門温知社」の蔵板という名目で、美濃紙判八冊本と半紙判五冊本の『英国志』が江戸の書肆和泉屋金右衛門からそれぞれ刊行されたのである。

実際に刊行された版は、表2のように、

半紙判の五冊本と美濃紙判の八冊本の二種類が存在する。ミュアーヘッドの「序」（漢文）・「英国志目録」・「女王維多利亜（ヒクトリア）世系表」・「凡例」の順番は五冊本と八冊本で前後しているが、「巻之一」から「巻之八」の配列は両本とも同じである。(26)美濃紙判八冊本には、巻頭に山県禎（太華）が撰文した「刻英国志序」（文久元年三月）が付されている版が存在するが、管見の限りではもりおか歴史文化館の所蔵本のみである（「刻英国志序」の検討は後述）。また、奥付は付されていない版と付されている版の両方が現存しており、前者は藩版として、後者は後印本として刊行されたのだろう。(27)

上海で刊行された『大英国志』と日本で刊行された『英国志』の最大の違いは、吉田寅も指摘しているように、一部のキリスト教記述が意図的に改刻・削除されている点である。(28)たとえば、『大英国志』の凡例は計十八か条で構成されているが、『英国志』では次の二か条が削減されている（条目の数は『大英国志』での配列を示す）。

〔第五条〕

英史尤重教会、国中大政、無事不与教相関、故叙述教務、不容簡略、且天下万事、皆上帝主之、作史者必首言上帝焉、

〔第九条〕

英史所載教事、別類分門、互相消長、設科立軌、略有異同、要之崇奉一耶蘇天主、其他異端、不得而入焉、

第五条はイギリスの国政とキリスト教が不可分に結びついていること、第九条は『大英国志』におけるキリスト教史の描き方についてである。ミュアーヘッドが『大英国志』でとくに注意を払い、松平春嶽が注目した国家とキリスト教との関係性を、『英国志』では極力排除する形を取ったのである。

こうした改刻や削除は、萩藩の判断のみで行われていたわけではない。『英国志』の校正を命ぜられた山県半蔵は、

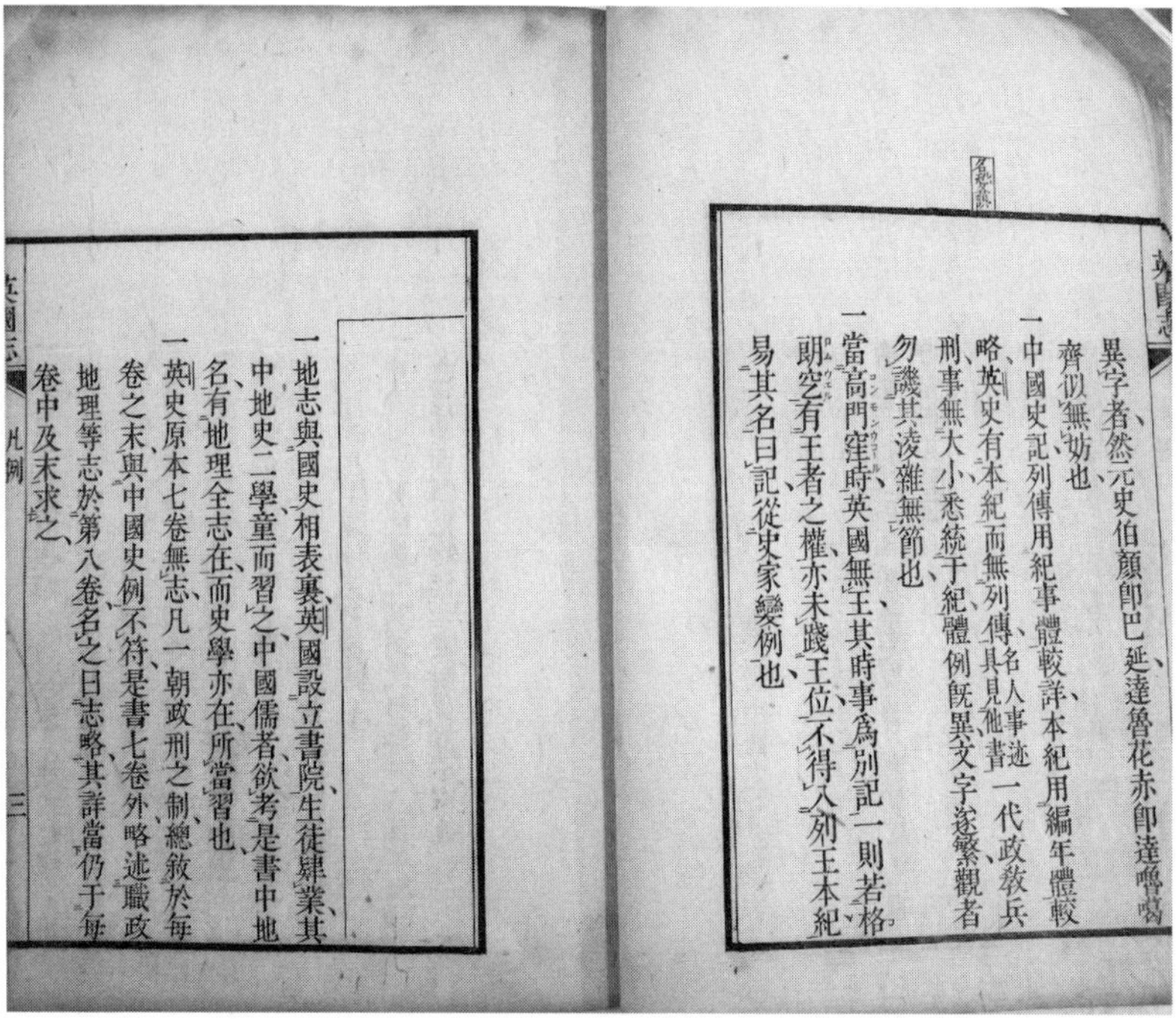
異字者、然元史伯顔即巴延達魯花赤即達嚕噶
齊、似無妨也
一中國史記列傳用紀事體較詳、本紀用編年體較
略、英史有本紀而無列傳、名人事迹具見他書、一代政教兵
刑事無大小、悉統于紀體、例既異、文字遂繁、觀者
勿譏其淩雜無節也
一當高門窪《コンモンウヱール》時、英國無王、其時事為別記一則、若格
郎空《ロムウヱル》有王者之權、亦未踐王位、不得入列王本紀
易其名曰記、從史家變例也

一地志與國史相表裏、英國設立書院、生徒肄業、其
中地史二學並習之、中國儒者欲考是書中地
名、有地理全志在、而史學亦在所當習也
一英史原本七卷無志、凡一朝政刑之制、總敘於每
卷之末、與中國史例不符、是書七卷外略述職政
地理等志於第八卷、名之曰志、略其詳、當仍于每
卷中及末求之

英國志　凡例　三

図１　『英国志』（山口大学総合図書館所蔵。『大英国志』凡例の第九条にあたる部分が抹消されている）

「英史暫く出来相成候処、又々改刻いたし候様蕃書調所より申来候事」（文久元年三月二十九日ごろ[29]）と日記に記しており、幕府の蕃書調所がたびたび検閲を行っていた様子が窺える。さらに、四月九日には次のように記されている。

此度英史改刻、黒木ニて其儘差置候分いつれも詰メ候様との事にて候らへハ改刻ニ相成甚以困り入候事ゆへ、先日已来数日を費し右校正いたし、塡字其外大体ハ改刻無之ニ而相済候様付箋等相調候、尤黒木多き処等ハ不得止改刻と決定ニて、右一応しらべ付箋等いたし候分全部とも今日古賀謹え古賀謹一郎殿当時蕃書調所頭取ナリ持参、早々御しらべ相成御差下被下候様相頼差出置候事[30]

『英国志』の校正作業では、蕃書調所からの指示を反映させるために相当の工夫と苦労が費やされていたのである。山口大学総合図書館が所蔵する『英国志』のうち、山口高等商業学校の旧蔵本は、こうした検閲による改刻の過程を物語るものといえよう[31]（図1）。

以上、『英国志』の性格とその内容について言及してきたが、そもそもなぜ萩藩は『大英国志』を私蔵のままにせず、江戸の書肆を介して刊行するという形を取ったのだろうか。その理由については、山県半蔵の養父で、萩藩の藩校明倫館の学頭を務めた山県太華の撰文「刻英国志序」（文久元年三月）が述べてくれている。太華は『英国志』刊行に直接関わったわけではないが、この「刻英国志序」が刊本に付されている版がある点から察するに、刊行に至らしめた藩の意図を少なからず反映していると考えられる。

太華は西洋諸国の動向について、「意方今西夷之来。雖二修好通商一。事如レ出二好意一。然尚レ武好レ兵。其国俗為レ然。則其威燄之熾。亦可レ不レ畏而備レ之耶」と、修好通商を装う一方で軍事を尚ぶ国であり、その勢威を畏れずして西洋諸国に備えることはできないとした上で、海防のためには西洋諸国の国情を十分に理解することが必要と論じた。そうした観点の下、『英国志』の特徴とその意義を次のように評している。

我侯得二英人所レ訳。英国志。而以為当今西洋諸夷。英吉利最為二強盛一。則宜三以先知二彼為レ務。此書雖略。其風土之開以漸。与四其国勢所三以致二強盛一。与二其政治法令一。財賦兵制之略。足三以観二其大体一。其亦不レ可レ為二知レ彼之一助一耶。宜梓而公二諸世一。乃附二之藩邸中一。温知社。使二儒生校讐一。（返り点は筆者による。以下同じ）

当今の西洋諸国の中でイギリスこそが最も「強盛」な国であり、まずイギリスを知ることで西洋諸国のあり様を摑むことができる。『英国志』は略書ではあるが、国の開闢から国力が強盛となるまでの歴史を記している上、政治・法令・財政・兵制などの略志を備えており、イギリスという国の大体を一覧することができる。

太華が注目したのは、『英国志』はイギリスが「強盛」へと至る経緯を通史的に述べていることに加え、表2でも示した巻之八の各「志略」によって法制、宗教、財政、教育、軍事、産業・貿易、地理といったイギリスの社会環境を一覧のもとに把握しうることであった。では、イギリスの歴史と社会環境を理解した先には何があるのか。それは、「刻英国志序」に「取二其可レ取。以資二民用一。利二民生一。畏二其可レ畏。以備レ之益竭二其術一」との文言があるように、イギリスから学び取るべき側面を取捨選択し、「民用」「民生」のために活用すること、そしてイギリスの脅威たる側面を十分に理解し、備えを厚くすることである、と述べている点である。

このような採長補短・利用厚生の視点から『英国志』を活用しようとする考え方は、従来の儒学的な蘭学・洋学観に基づくものといえる。しかし、『英国志』で描かれた歴史や社会環境が、国内の民政や海防を進める上で示唆となる知識として認められたことは、大きな意味を持つ。かつて園田英弘は、「西洋諸国に対する軍事力の質的差を前提とした海防論は、軍事力の背後にある自然科学や科学技術、ひいてはこれらの発達を促進させる社会環境の肯定にまで、突き進むことになる」と指摘し、最終的にはこれが「広範な国内改革へと転化する」と論じた(32)。太華は、イギリスの歴史や社会環境に対して必ずしも全面的な肯定を示しているわけではない。しかし、日本がイギリスと同様の「強盛」の国へと至るためには、その歴史と社会環境に学び、国内の改革へと援用する必要がある。『英国志』があえて公刊に付されたのは、そうした知識が軍事面にとどまらず「民用」「民生」といった民政に資するものとして世に広く共有されるべき、という意識に基づいていたからだといえるのではないか。

二　『英国志』の利用

1　幕末期の『英国志』

前節では、『大英国志』が注目され、『英国志』として刊行されるまでの過程を検討した。刊本となった『英国志』はどのような人が手に取ったのだろうか。その伝播の状況を探っていきたい。

『英国志』は、前述したように唐本や藩版を取り扱う江戸の書肆和泉屋金右衛門から出版され、全国各地へと流通していった。肥後熊本藩の藩校時習館世話役の地位にあった国友重昌が、国許の時習館助教木下韡村（犀潭）に宛てた書簡には、文久三年（一八六三）初頭に江戸で『英国志』を含む計八点の西洋関係の書物を購入したことが報告されている。(33) 各藩も同様に、刊行元の江戸で『英国志』を入手し、藩地へと送ったのだろう。幕末期ごろに藩の蔵書として『英国志』を入手したと考えられるのは、福井藩、(34) 紀州藩、(35) 岩国吉川家、(36) 松江藩(37) などが挙げられる。

また、個人の蔵書としては、岡千仞（仙台）、(38) 菅政友（水戸）、(39) 田中芳男（蕃書調所）、(40) 村上忠順（刈谷）、(41) 竹川竹斎（松阪）、(42) 春山弟彦（姫路）(43) などが挙げられる。彼らはいずれも、対外問題に関心を持つ学者や豪商であった。さらには、西本願寺学林も『英国志』を入手している。柏原祐泉によると、学林は「文久二年（一八六二）頃から『新旧両約聖書』『英国志』『聯邦志略』などによりキリスト教、西洋文化の研究をはじめ、明治元年には国学・儒学・暦学と併せて破邪学を講じ」ていたという。(44) とくに真宗は、真宗の弥陀一仏とキリスト教の唯一神信仰との外見的類似性、教団の維持を檀家組織に依存していたという経済的利害関係、西洋の自然科学知識による科学的宇宙観が仏教的宇宙観を否定したために地獄極楽思想を説く真宗の立場と大きく相違していた、という三点の問題から、積極的な排耶運動を展開していたのである。(45) 『英国志』は破邪顕正のためキリスト教の教義を把握するテキストとして収集・利用されたと考えられよう。

では、幕末期にこうした広がりを見せていた『英国志』は、どのように利用されていたのだろうか。

刊行後の閲読が確認できる最も早い例は、萩藩士高杉晋作である。高杉は、文久元年九月九日に藩主毛利敬親から文久遣欧使節団随行の内命を受けており、ヨーロッパ渡航の機会を目の前にしていた[46]。それを受けてか、高杉の日記には「〔九月〕十八日、朝萩野来談、萩野去、少読書、此節英国史読ムナリ[47]」と記されており、『英国志』とおぼしき書物が登場している。高杉はヨーロッパ渡航の事前準備として、『英国志』を読んでいたと思われる[48]。

薩摩藩士西郷吉之助（隆盛）も同様の視点から『英国志』を活用している。慶応二年（一八六六）五月二十九日に西郷が大久保一蔵（利通）にあてた手紙の追啓には、「英国志と申す書物御探し下され、弐部計り早便御下し下さるべく候。いまだ君公へは御覧遊ばされざる由に御座候間、御頼み申し上げ候[49]」とあり、藩主島津茂久（忠義）の御覧に供すための書物として『英国志』を挙げ、二部を早急に西郷の下へ送るよう依頼している。この後、駐日イギリス公使パークスが六月十六日に鹿児島を訪問し、十七日には藩主茂久とパークスとの会食が行われている[50]。西郷は、パークスとの会合を控えた藩主茂久のイギリス理解を深めるため、『英国志』の購入を大久保に要請したと察せられるのである。

萩藩士土屋矢之助（蕭海[51]）も『英国志』を読んでいた一人である。元治元年（一八六四）八月、萩藩は禁門の変（七月十九日）での敗北によって中央政局から失脚し、さらには四か国連合艦隊による報復も重なり、内外ともに大きな混乱の最中にあった。この状況を打開する方策を求めていた藩主毛利敬親は、土屋が山口の政事堂に提出していた建白を熟読したところ、大いに発明を得るところがあった。そこで敬親は土屋に対し、防長両国の「割拠」と幕府・朝廷への「恭順」について、どのような方策がよいか下問した（八月五日[52]）ところ、土屋は七日に答書を提出した。この答書の中で、土屋は四か国連合艦隊の動向を分析し、とくにイギリスの姿勢を次のように論じている。

砲撃戦争及候ハ一難事故、猶モ姫島之根据ノ地へ不絶使節ヲ使シ（此一段早キヲ為妙、我藩ノ物事後レヲ取ルニハ困リ入候）、京師変動之始末御説諭ニテ、在今日撃長州、夷人ノ為ニ無利益之状委細申聞セ、是非夷人ヲ御帰シ可被成候（此人高杉東一・井上文太・〔伊藤〕俊助ナトヨロシカラン、北条瀬兵衛・杉徳介）、此策易事ニアラストイヘトモ国ハ一人ヲ以テ興亡ヲ為候故、臨機応変使夷首肯セシムル策モ随分有之ベシ、夷人ハ黠智多故古之蘇張之術不行ナド申説ヲ起候者ハ夷ニ泥ムト申者ニテ、夷人ノ本謀不好戦ト申事ヲ不知ニ由ルナリ、英夷ノ不好戦内政ニ困リ候事ハ英国誌等ニ見ヘタリ、雖然夷人弥頑堅ニシテ幕薩ニ同意、是非我藩ヲ襲来候ト志候ハヽ、致方モ無之候得共、夷人之計ハ決テ不然、馬関ノ航海ヲ開キ、大名ヲ同盟ニ耀スニアルベシ、利ノ為ニ馬関ヲ伺ニアラス(53)

「西洋人は狡猾であり、古代中国の蘇秦と張儀のように雄弁をもって周旋することなどはないと論ずる者は、西洋人は本来戦を好まないということを知らないのだ。イギリスが戦争を好まないがため内政に苦労していたことは、『英国志』にも記されている。イギリス側の計略は防長両国への攻撃ではなく、馬関（下関）の通航を自由にし、諸大名と同盟を結ぶことにある。彼らの利益のためだけに馬関をうかがい見ているのではない」。このように、土屋はイギリスを狡猾な夷敵とばかり見るのは固定観念であると指摘し、戦を好まず、おのれの利益のみを見て動くような国ではないという見解を下している。土屋のイギリス観は、山県太華が「刻英国志序」で示したイギリスの進出に備えるという見方から離れ、「同盟」さえ視野に入れた好意的な目線をイギリスに向けるに至っている。

　こうした西洋へのまなざしを、土屋は当初から持っていたわけではない。土屋は吉田松陰や僧月性とも親交が深く、萩藩の中ではむしろ攘夷派に近い人物であった。嘉永六年（一八五三）十一月十六日、ペリー率いるアメリカ東洋艦隊の来航に際して土屋が藩政府に建白した文章には、「今時西洋諸州奪攘を事とし、戦争の事は日々実地に掛け頗る兵機にさとくして、第一大艦砲礟の精は古来末〔ママ〕曽有の独造に御座候(54)」と記されており、西洋諸国の好戦性に警鐘を鳴らしている。土屋のイギリスに対する認識が、「奪攘」から「不好戦」へと大きく転換しえたのは、『英国志』の記述に依るところが大きかったのである。

2　明治初期の『英国志』

前項では、『英国志』が諸藩や対外問題に関心を抱く学者らの所蔵となることによって全国各地に伝播し、幕末期の日本に新たなイギリス知識を広めていったことを明らかにした。明治初年においても、『英国志』は引き続き活用されている。

国立公文書館には一部の『大英国志』と四部の『英国志』が所蔵されている。『大英国志』には「翻訳局之印」が捺されており、正院翻訳局の蔵書であったことがわかる。『英国志』の方は、四部のうち三部は大蔵省が所蔵したもの(55)でいずれも五冊本である。それ以外の一部は八冊本で、当初は昌平坂学問所にあったが、一八六九年（明治二）設立の大学へと移管され、その後一八七四年（明治七）設立の浅草文庫に収められている。(56)

引き続き地方での所蔵も散見できる。北海道大学附属図書館札幌農学校文庫には二部の所蔵（いずれも五冊本）があり、一部は開拓使から札幌農学校に伝えられたもので、(57)もう一部は、開拓使が一八七一年（明治四）に官員子弟の教育のため札幌に開設した資生館を前身とする札幌学校（一八七二年に改称。その後雨竜学校と改称）(58)の蔵本であったことがわかる。(59)

岐阜大学附属図書館には五冊本の『英国志』が収められている。こちらは一八七九年（明治十二）設立の岐阜県第一中学校に蔵された後、一八九八年（明治三十一）設立の岐阜県師範学校へ移っている。(60)

他にも、奈良教育大学図書館には「寧楽書院」の印記を持つ五冊本の『英国志』が収められている。寧楽書院は、小学教員の養成を目的として一八七四年に奈良県が設置した学校である。

官僚や学者の所蔵も多い。その中でも、菊池大麓(61)や井上毅(62)といった明治期の学問と行政の中枢を担った人物も所蔵

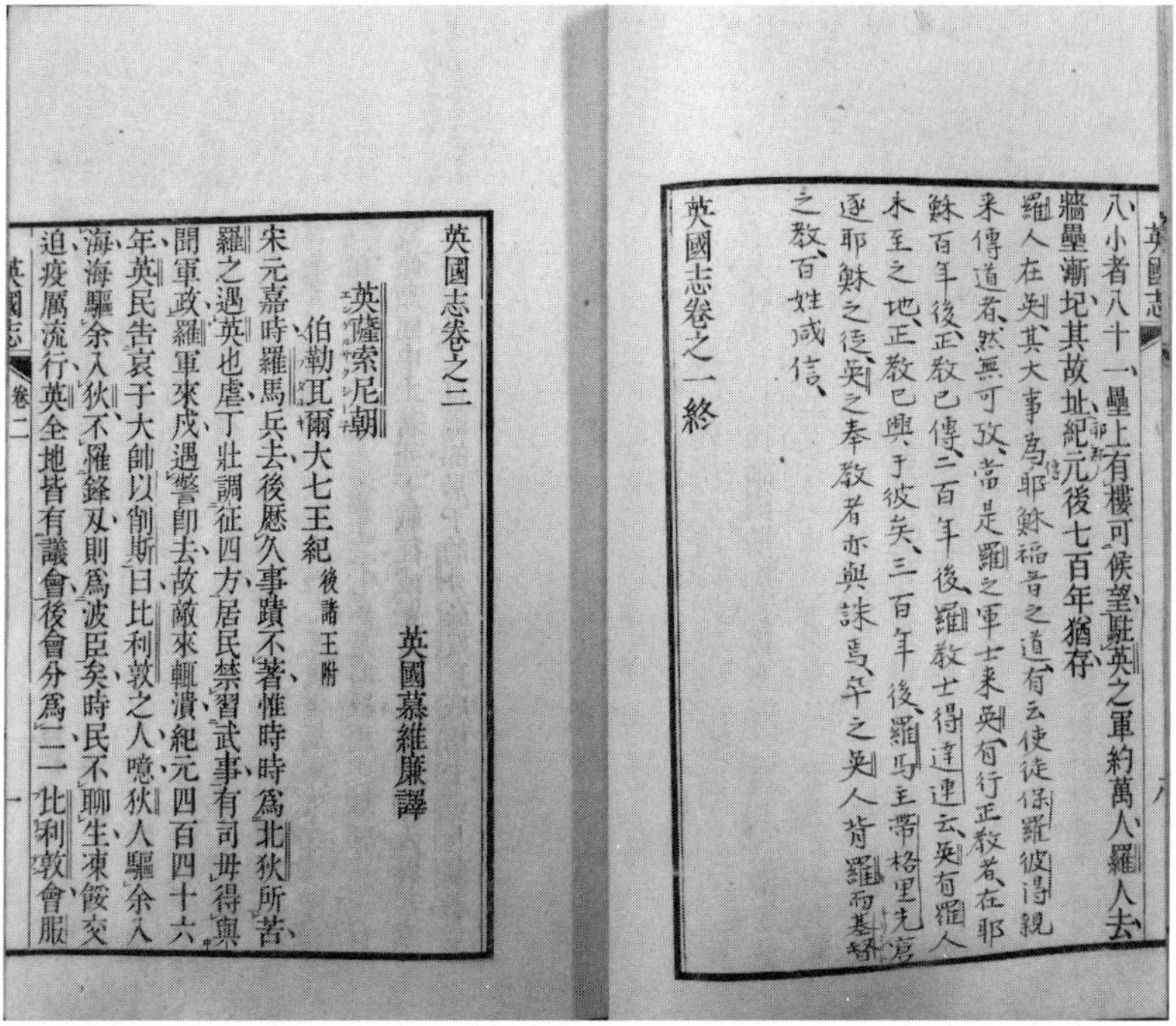
八小者八十一壘上有樓可候望駐英之軍約萬人羅人去
牆壘漸圮其故址紀元後七百年猶存
羅人在英其大事爲耶穌福音之道有云使徒保羅彼得親
來傳道者然無可攷當是羅之軍士來英有行正教者在耶
穌百年後正教已傳二百年後羅教士得達運云英有耀人
木至之地正教已興于彼矣三百年後羅馬主帶格里先宣
逐耶穌之徒英之奉教者亦與誅焉罕之英人皆羅而甚
之教百姓咸信
英國志卷之一終

英國志卷之二
英薩索尼朝
伯勒瓦爾大七王紀 後諸王附
英國慕維廉譯
宋元嘉時羅馬兵去後歷久事蹟不著惟時時爲北狄所苦
羅之過英也虐丁壯調征四方居民禁習武事有司毋得與
聞軍政羅軍來戍遇警即去故敵來輒潰紀元四百四十六
年英民告哀于大帥以佛斯曰比利敦之人噫狄人驅余入
海海驅余入狄不罹鋒刄則爲波臣矣時民不聊生凍餒交
迫疫厲流行英全地皆有議會後會分爲二一比利敦會服

図2　削除部分を復元した『英国志』（國學院大學図書館梧陰文庫所蔵）

に加えていたことは注目すべきである。とくに井上は、『大英国志』から『英国志』に改刻する過程で改刻・削除されたキリスト教関係の記述を、改めて自らの『英国志』に転記しているのである（図2）。『英国志』と『大英国志』との対照は、久米邦武も慶応の末年に行っており、(63) 彼らのキリスト教への関心の高さを物語っている。

最後に、久米邦武の事例を紹介したい。久米は一八七一年から七三年にかけて条約交渉のために欧米へ派遣された岩倉使節団に随行し、帰国後に視察報告書『特命全権公使　米欧回覧実記』（以下、『実記』と省略する）を著した。文明史観の大著たる『実記』には、『英国志』が各所で引用されているのである。

一八七二年九月十六日、休暇のため岩倉大使と久米を含む七名でスコットランド・ハイランド地方の山間部を周遊していた折、草むらの中にストーンサークルのような遺跡を見止めた。

同道していた接伴役のアレキサンドルが、これは二千年前の遺構で、先住民が太陽を礼拝したと思われる祭壇であると説明したことに対し、久米は次のような感想を付した。

大英国志ニ載ス、「英地有二奇異ノ古蹟数所一、非二民居一非二宮寝一、無二棟宇牆壁一、惟巨石堆垜、絶而不レ続、四囲如レ環、環有二数重一、塁石高一二丈不レ等、此殆古教中祭壇蹟、亦見レ于二印度波斯一」トアル是ナリ、但彼ハ其大ナルモノ、此ハ其小ナルモノナリ、国ニ史学盛ンナルハ、邈乎タル数千歳ノ前モ、亦追テ之ヲ証明スルモノアリ、些細ノ奇蹟異器モ亦愛重ス、文明ノ徳沢ナリ(64)

久米が眼前の遺跡から連想したのは、『英国志』巻一の「開国紀原」にある古代ドルイド教の遺跡に言及した一節であった。たとえ数千年の時を経たとしても、遺跡や器物の特質は「史学」によって証明しうる。そして、その成果を踏まえて遺跡や器物を愛重するという近代的な歴史学と文化財保護のあり方に、久米は「文明ノ徳沢」を見たのであった。

『英国志』の引用はもう一つある。一八七三年（明治六）五月十二日、前日にイタリア・ローマに到着していた使節団一行は、午後よりローマ市内の名勝や史蹟を観光する機会を得た。その途中、ローマ教皇の住居であるバチカン宮殿を目にした久米は、壮麗を極める建築に驚嘆しつつも、その背景について次のように述べている。

四百年前ニ羅馬「ガドレイキ」教ノ、一時全欧洲ニ被リシトキ、其威権ヲスヘ、其財賂ヲ収メテ此寺ヲ荘厳ス、奢靡淫巧ヲ窮メシ、其極ハ此甚シキニ至レリ、英国志ニ「プロテスタント」教ノ興ルヲ論シ、当時ノ教長、財ヲ貪リ色ヲ漁スト、貪財ノ字ヲ軽軽ニ看過セサルハナシ、今誰カ思ハン、二字ノ鍾成ハ、カヽル寺観ヲ成サントハ、今ニ至リテモ、各国ノ「カトレイキ」教ハ、帝王公侯ヨリ、豪家ニ至ルマテ、各其財産ヲ分チ、法皇ニ献金スル額猶夥シ、法皇ノ富モ推テ知ルヘシ、(65)

この一節は、『英国志』巻五の八頁にある、テューダー朝ヘンリー八世の時代にプロテスタントが勃興した背景を述べた部分を参照している。久米は、プロテスタントが興ったのは、当時の教長が財をむさぼり、漁色に耽ったからであるとする『英国志』の記述を念頭に、眼前の壮麗なバチカン宮殿をカトリックの「奢靡淫巧」の象徴として批判的な目を向ける。しかし、その一方で、カトリックは王侯貴族を中心にいまだに信仰を集めていることを実感し、欧米社会におけるカトリックの影響力の大きさを強く認識したのである。

このように、久米は欧米のさまざまな事物を実見し、それを理解する過程で、『英国志』で得た知識を土台として活用していたことがわかる。このときに喚起された古代ドルイド教への関心は、久米の研究動向にも影響を与えており、帰朝から約三十年が経過した一九〇二年（明治三十五）十月に「神籠石は全地球の問題」（『歴史地理』第四巻第一〇号）という論文を、翌一九〇三年にも「神籠石、石輪及び秦の古俗」（『歴史地理』第五巻第一号）を発表し、改めて『英国志』の記述を紹介している。『英国志』の記述は、久米が文明史観への確信を一層強固なものとする媒介の役割を果たしたといえよう。

おわりに

最後に、本章の内容を概括したい。

開港前後に清国から舶来した『大英国志』は、当時の日本においては初めてイギリス史を通史的に描いた史書であるとともに、法制、宗教、財政、教育、軍事、産業、貿易、地理といったイギリスの社会環境を総合的に紹介した書であった。こうした内容は、『海国図志』をはじめとした清国人による世界地理書に依拠していた国内のイギリス理解に、新たな視角を与える書物であったといえる。その視角は、松平春嶽のように国内の改革を志向する者からは好意的に受け止められていた。同じく『大英国志』に注目した萩藩は、藩の事業として『英国志』への改刻を行い、文久元年（一八六一）夏に出版をみた。萩藩をそのような行動に至らしめた背景には、山県太華が「刻英国志序」で述べたように、イギリスを「強盛」たらしめている歴史や社会環境を理解し、取捨選択の上で民政や海防に取り入れていこうとする意図があった。そして、このような知識は藩をこえて共有すべきものとして、公刊されていくことになる。

こうして世に出た『英国志』は、イギリスの歴史と社会環境を一覧しうる書として、対外関係に関心を持つ志士や学者、そして各地の教育機関を中心に、幕末から明治初期にかけて伝播していった。そして、幕末期においては土屋矢之助、明治初期においては久米邦武の事例を紹介したように、彼らを思想的な飛躍へと導く媒介として『英国志』は活用されていたのである。

註

（1）小沢栄一『近代日本史学史の研究―一九世紀日本啓蒙史学の研究―』幕末編（吉川弘文館、一九六六年）四二五～四二六頁。

（2）それゆえ、アヘン戦争情報を詳述した嶺田楓江『海外新話』（嘉永二年刊）は、出版手続きの不備を咎められ、嘉永三年（一八五〇）に絶版処分を受ける結果となった。安積らの著作が未刊に終わったのは、こうした海外情報の出版に対する幕府の統制と無関係ではなかろう。

（3）開国百年記念文化事業会編『鎖国時代日本の海外知識』（乾元社、一九五三年）、源了圓「幕末・維新期における『海国図志』の受容――佐久間象山を中心として」（『日本研究』九、一九九三年）、同「東アジア三国における『海国図志』と横井小楠」（『季刊 日本思想史』六〇、二〇〇二年）。

（4）前掲註(1)小沢書、五〇〇頁、前掲註(3)『鎖国時代日本の海外知識』一五五頁。

（5）墨海書館とは、一八四三年に上海へ移住し、同地におけるプロテスタント伝道の先駆者となったイギリス倫敦会のメドハーストとロックハートが中心となって設立した印刷所で、清国への伝道を進める上で必要な聖書の印刷を主な目的としていた。しかし、一八五〇年ごろより、墨海書館は清国知識人のキリスト教への親近感を高めるため、欧米の近代科学に関する知識を漢訳し、積極的に紹介していった。その分野は、天文学、地理学、歴史学、数学、物理学、医学、博物学、生物学など、実に多種多彩であり、上海が東アジアの「西洋情報発信地」へと発展していく原動力となった（劉建輝『魔都上海　日本知識人の「近代」体験』講談社、二〇〇〇年、七六〜八〇頁）。

（6）　吉田寅『中国プロテスタント伝道史研究』（汲古書院、一九九七年）三六四〜三六五頁。なお、この書は副題に「from the invasions of Julius Cæsar to the year A.D. 1852. With early notices of the British archipelago, summaries of the state of the people at different periods, their maritime operations, commerce, literature, and political progress. For schools and families」と記されているように、カエサルのブリタニア征服から一八五二年までにおけるイギリスの発展史を、海事・商業・文学・政治を中心に叙述したものであり、学校や家庭を主な購入層とするものであった。

（7）　前掲註（1）小沢書、五〇二頁。

（8）　前掲註（3）『鎖国時代日本の海外知識』三九九頁。

（9）　宮地正人「幕末・明治前期における歴史認識の構造」（『日本近代思想大系十三　歴史認識』岩波書店、一九九一年）五一七頁。なお、田中彰「明治前半期の歴史変革観」（同書、四八五頁）にも同様の見解が示されている。

（10）　尾佐竹猛『維新前後に於ける立憲思想』（文化生活研究会、一九二五年）「緒言」二頁。なお、原著で旧字体にて表記されている箇所は常用漢字に改めた（以下同じ）。

（11）　同右、三一〜三三頁。

（12）　浅井清『明治立憲思想史に於ける英国議会制度の影響』（巌松堂書店、一九三五年）。

（13）　小早川欣吾『明治法制叢考』（京都印書館、一九四五年）。

（14）　河北展生「松平春嶽の会議政治思想―福沢諭吉との交渉が示唆するもの―」（『史学』二四―二・三、一九五〇年）。

（15）　三上一夫『幕末維新と松平春嶽』（吉川弘文館、二〇〇四年）。

（16）　岩田高明「漢訳洋書の西洋教育情報（その2）―『聯邦志略』『英国志』の分析―」（『安田女子大学大学院文学研究科紀要　教育学専攻』九、二〇〇四年）。

（17）　尾佐竹猛『近世日本の国際観念の発達』（共立社、一九三二年）五八頁。

(18) 朝倉治彦監修『福井藩明道館書目』一（ゆまに書房、二〇〇三年）一七九頁。
(19) 福井市立図書館所蔵。「明道館図書記」の蔵書印が捺されている。
(20) 前掲註(6)吉田書、三七四頁。なお、福井市立図書館棗渓文庫に松平春嶽手沢本の複写が所蔵されている。
(21) 山崎正董『横井小楠遺稿』（日新書院、一九四二年）二四二〜二四三頁。
(22) 景岳会編『橋本景岳全集』上（畝傍書房、一九四三年）二三四頁。
(23) 『諸記録綴込』（三二部寄七、山口県文書館所蔵）安政六年十一月二十日条。
(24) 『忠正公伝』（両公伝史料一四五三、山口県文書館所蔵）。
(25) 岡原義二『青木周弼』（大空社、一九九四年）三六六頁。
(26) なお、『大英国志』には巻頭にミュアーヘッドの英文序が配されているが、『英国志』では削除されている。
(27) これについて、中野三敏は「官版や藩版、あるいは書肆の版でも献上本として作られたものなどにも奥付はないのが普通だが、私刊本・藩版などでも、その板木を書肆が買い求めたりあるいは下げ渡されたりして、後印本では書肆名入りの奥付を備える事になる場合も多い」と指摘している（中野三敏『書誌学談義　江戸の版本』岩波書店、二〇一五年、一八一頁）。
(28) 前掲註(6)吉田書、三六六頁。
(29)(30) 「日記（万延元年〜文久元年）」（宍戸璣文書〈その2〉、国立国会図書館憲政資料室所蔵）。
(31) なお、この版の中扉は「紀元千八百五十六年　英國志　江蘇松江上海墨海書院刊」となっており、『大英国志』と頒布された『英国志』を折衷したような表記となっている。
(32) 園田英弘『西洋化の構造—黒船・武士・国家—』（思文閣出版、一九九三年）九五頁。
(33) 「木下韡村日記」文久三年三月二十三日条（木野主計『井上毅研究』続群書類従完成会、一九九五年、一八〜一九頁）。
(34) 前掲註(6)吉田書、三六六頁。
(35) 三重大学附属図書館所蔵。「紀伊蘭学所」「松阪学問所」との蔵書印が捺されている。
(36) 岩国徴古館所蔵。
(37) 島根大学附属図書館所蔵。「雲藩図書」の印記がある。
(38) 東京大学総合図書館岡文庫に所収。岡千仭（一八三三〜一九一四）は幕末・明治期の漢学者。仙台藩士に生まれ、江戸の昌平坂学問所で学んだ後、大坂で私塾双松岡塾を開き尊王攘夷論を唱えた。維新後は東京府学教授、東京図書館長などを歴任し、退官後は福沢諭吉の勧めにより啓蒙活動家に転じた。

(39) 茨城大学附属図書館菅文庫に所収。菅政友（一八二四～九七）は水戸の史学者。水戸藩の医家に生まれ、早くから彰考館に挙げられて大日本史の編纂に従ったが、維新に際して辞任、転じて石上神宮の宮司、太政官修史局、東京大学に勤務し、篤実な学者として知られた。

(40) 国文学研究資料館所蔵。田中芳男（一八三八～一九一六）は幕末～明治期の博物学者。伊藤圭介に医術・本草学・蘭学を学び、伊藤に従って出府、蕃書調所に出仕する。維新後は大学南校や文部省で博覧会の開催に携わる。上野公園の設計にも携わり、博物館・動物館の建設に力を注いだ。

(41) 刈谷市中央図書館村上文庫に所収。村上忠順（一八一二～八四）は刈谷藩の国学者。刈谷藩の典医を務める傍ら、藩主土井利善に和歌や論語などを進講し、藩の政治情勢について意見を求められるなど信頼された。

(42) 竹川竹斎（一八〇九～八二）は伊勢松阪の豪商。勝海舟を支援した人物として知られる。その思想については金澤裕之の研究に詳しい（金澤裕之「竹川竹斎の海軍構想」〈『日本歴史』七七〇、二〇一二年〉）。

(43) 国立国会図書館所蔵。春山弟彦（一八三一～九九）は幕末～明治期の国学者。名は別に静方、通称は欽次郎。姫路藩士として生まれ、前田夏蔭に国学、勝海舟に兵学、内田五観に蘭学を学ぶ。藩校好古堂の教授となり、維新後は大阪師範学校や姫路中学校で言文一致をめざす国語教育にあたった。著作に「語学手引」などがある。

(44) 柏原祐泉『真宗史料集成　第十一巻　維新期の真宗』（同朋舎メディアプラン、二〇〇四年）。なお、初版は一九七五年。

(45) 柏原祐泉『真宗史仏教史の研究』Ⅲ近代篇（平楽寺書店、二〇〇〇年）三二一～三二三頁。

(46)(47) 「初番手行日誌」文久元年九月十八日条（一坂太郎編『高杉晋作史料』二、マツノ書店、二〇〇二年）六八頁。

(48) なお、遣欧使節団への随行は一人しか許されず、高杉は選に漏れることとなる（末松謙澄『修訂　防長回天史』第三編上、末松春彦、一九二一年、七二頁）。

(49) 『西郷隆盛全集』二（大和書房、一九七七年）一四八～一四九頁。

(50) 「島津家国事鞅掌史料」（『大日本維新史料稿本』KE070–0436～0442、東京大学史料編纂所所蔵）。

(51) 萩藩寄組佐世家の家臣である土屋孝包の長男として文政十二年（一八二九）に生まれる。広島に出て坂井虎山に学び、嘉永四年

（一八五一）には江戸に赴いて羽倉簡堂・塩谷宕陰・藤森弘庵らに学んだ。時事にも関心が強く、吉田松陰や僧月性とも親しかった。安政元年（一八五四）に帰国して塾を開き、桂小五郎（木戸孝允）も短期間ではあるが学んだ。文久元年（一八六一）に藩校明倫館の助教に登用され、藩政にも関与した。翌二年九月には、熊本藩を攘夷論に誘引するため熊本に派遣されている（～十月）。帰国後、世子定広の侍読となったが、禁門の変後の元治元年（一八六四）九月十日に病のため死去した（日本史籍協会編『野史台維新史料叢書八　日記二』〈東京大学出版会、一九七二年〉三二五～三二八頁）。

(52)「土屋矢之助対策」（日本史籍協会編『野史台　維新史料叢書二　論策』東京大学出版会、一九七三年）八頁。

(53) 同右、九～一〇頁。なお、引用部分には本来傍点や傍記が付されているが、土屋の筆ではないと考えられるため省略した。

(54)「擬対策」（『野史台　維新史料叢書二　論策』）一頁。

(55) 請求記号三一一―〇三〇九～〇三一一。

(56) 請求記号三一一―〇三一二。中扉に「大学蔵書」と「浅草文庫」の朱印があり、表紙と最終頁には「昌平坂」の黒印がある。

(57)「開拓使図書記」と「札幌農学校図書之印」との朱印が捺されている。

(58)『北大百年史』通説（北海道大学、一九八二年）二四頁。

(59)「札幌学校図書」と「雨龍黌図書記」、そして「札幌農学校図書之印」の朱印が捺されている。

(60) 序の一頁に「岐阜県第一中学蔵書」と「岐阜県師範学校蔵書」の印がある。

(61) 東京大学史料編纂所所蔵。「菊池大麓男爵旧蔵書」との印記がある。菊池大麓（一八五五～一九一七）は東京大学理学部教授として、日本に近代数学をもたらした数学者であり、一九〇一年には第一次桂太郎内閣の文部大臣を務めた。なお、本書には「作氏」の墨書があるが、これは菊池の実家である箕作家から引き継いだことを示すと思われる。

(62) 國學院大學図書館梧陰文庫に所収。井上毅（一八四四～九五）は明治期の司法官僚。伊藤博文のブレーンとして法制局長官や文部大臣を歴任した。

(63)『久米邦武歴史著作集』二（吉川弘文館、一九八九年）七〇頁。

(64)『特命全権公使　米欧回覧実記』二（岩波書店、一九八五年）二三五頁。なお、引用文に鍵括弧は付されていないが、読みやすさを考慮して筆者が付した。

(65)『特命全権公使　米欧回覧実記』四（岩波書店、一九八五年）二九七～二九九頁。

旗野十一郎の東京音楽学校文学教員就任への道
——思想形成過程をふまえて——

浅野麻衣

はじめに

日本の近代公教育は、一八七二年（明治五）の学制頒布から始まる。しかし学制では、音楽科についてのみ「唱歌（当分之ヲ欠ク）」、「奏楽（当分欠ク）」との但し書きが付けられ、他の教科と同時期に始めることができなかった。明治期における音楽教育は、新しい分野の一つであり、教員養成が間に合わなかったこと、教材の準備不足、教育内容と方法の未確立などの理由により、科目名を挙げるに止まらざるを得なかったのである。

その後、音楽取調掛、後には東京音楽学校（現・東京藝術大学音楽学部）が中心となり、音楽教育を行う場所（学校）、音楽教材の整備（唱歌集刊行）、音楽教員の養成（師範学校・唱歌会）などを行った。この音楽取調掛および東京音楽学校の教員は、近代音楽教育の中核を担い、今日の音楽教育の基礎を作り上げた。東京音楽学校においては、明治二〇年代後期から、音楽と密接な関係がある文学も重視され、国語、国文学、唱歌解釈などの、文学関連科目も増設され、担当教員も増員された(1)。彼らは、同校主催の演奏会のため、海外の声楽曲や合唱曲に日本語の歌詞を付ける「作歌」も担当しており、彼らの存在無しには演奏会に支障の出る時代であったことも指摘されている(2)。彼らは、東京音楽学校の発展に多大な貢献を果たした。その一人が、国文学者・作詞家の旗野十一郎《はたのたりひこ》（一八五〇～一九〇八）であった。

旗野については、従来の先行研究等でほとんどふれられてこなかった(3)。音楽取調掛および東京音楽学校を扱った先行研究は多く(4)、同機関の変遷や教員の活動について詳細に述べられているものの、旗野のことは、教員の一人として、『東京藝術大学百年史』に在職年・担当科目が記載されている程度である。他に、旗野は、歌の押韻についての研究も行っていたため、文学史研究、とりわけ歌論史研究の分野において、その名前が挙げられているが(5)、旗野自身については言及されていない。なお、歴史地理学者の吉田東伍《よしだとうご》（一八六四～一九一八）は旗野の甥にあたるため、東伍の生涯を扱った研究において、叔父として旗野に言及されることもある(6)。

以上のように、旗野の名は多方面において確認できるが、それらは間接的なものが多く、旗野自身に焦点を合わせた研究はほとんどない。そのため、旗野の思想や業績については未だ明らかにされていない部分が多い。結局、現在では唱歌〈港〉（作曲・吉田信太）の作詞者として名をとどめているにすぎない。

しかし、旗野は東京音楽学校において、文学教員として、国語、国文学など文学関連科目全般および、倫理、歴史、唱歌解釈など幅広い分野の講義を担当した。旗野自身が本格的な音楽教育を受けた記録は残っていないものの、東京音楽学校が文学を重視し、校長の村岡範為馳《むらおかはんいち》が教科改正に着手し始めた一八九二年（明治二五）に採用され、病気で退職する一九〇八年（明治四一）まで同校に在籍し、後進の指導に尽力した。旗野の活動や、彼の作詞作品を分析することを通して、東京音楽学校が教員に求めた資質および、同校における文学関連科目の講義内容についても検討を行うことができると考える。

旗野の研究には、まず彼の履歴を詳細に調査することが必要である。そのため本章では、旗野の家庭環境、旗野に影響を与えた人物、故郷の新潟における活動に焦点を合わせ、旗野の思想形成過程を明らかにした上で、東京音楽学校の文学担当教員として採用されるに至る過程を解明することを目的とする。

なお、旗野の生涯を把握するための最も基礎的な史料として、東京音楽学校に提出された履歴書（現在東京藝術大学保管）と、弟の如水（一八五三～一九三三）によって書かれた「旗野十一郎略伝」(7)の二点を使用する。これらは、研究の少ない旗野の生涯を把握できる貴重な史料である（以下、旗野の履歴についてとくに注記しない限り、これらの引用による）。

一　幼年期から青年期

旗野十一郎は、嘉永三年（一八五〇）一月二二日、越後国蒲原郡保田村（現・新潟県阿賀野市保田）に生まれた。本名は十一郎であるが、著書や作詞においては、旗野士良、旗野士朗、旗士良、旗野櫻坪、櫻坪士良、櫻坪老人、櫻坪隠士といった名も使用している。

父の波多野杢左衛門《はたのもくざえもん》（?～一八五八）は、「角屋」という屋号の日常品を扱う商家を経営しつつ、農業も行っていた。母の貞子（一八一五～八三）は、新発田藩領蒲原郡島潟村（現・新発田市島潟）の大庄屋である小川政詮の五女で、有栖川宮家に仕えて素養を身に付け(8)、和歌にも親しんだ人であった。旗野誕生の三年後には、弟の如水が生まれた。如水は、一八八〇年（明治一三）、陸軍歩兵中尉に任ぜられ、従七位を贈られた(9)（以下「旗野家系図」参照）。

杢左衛門の没後は、長男の木七（一八二九～八一）が家督を継ぎ、旗野は木七を父親代わりに育った。木七は、苗

図　旗野家系図

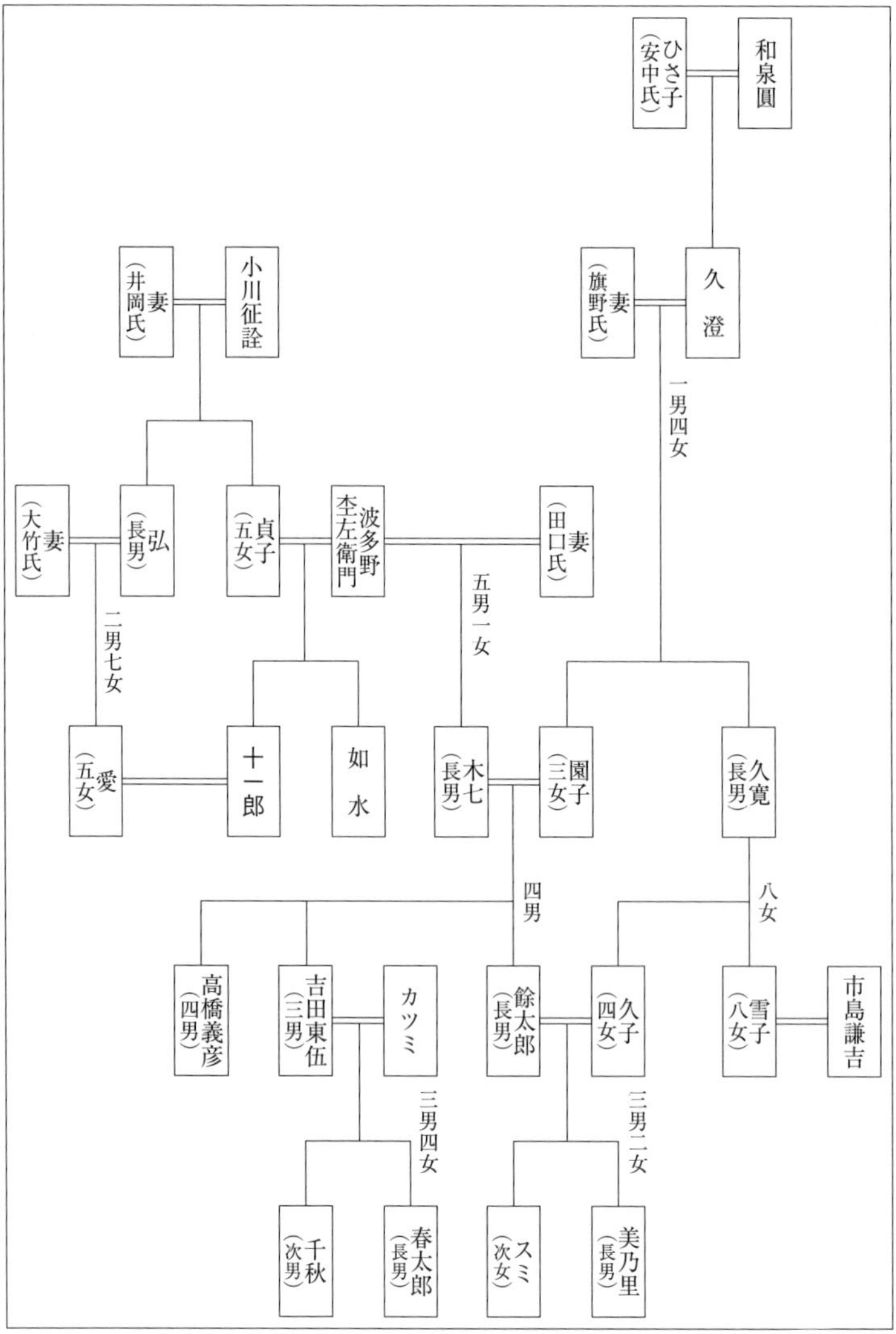

註　安田歴史地理研究会編『旗野家系図』（一九九三年〈平成五〉九月）を参考として作成。

字帯刀を許された山林地主であり、「波多野」姓は明治初年、木七により「旗野」に改姓された。木七も和歌をたしなみ、それらは没後、孫の蓑織（後に美乃里に改名）により、歌集『幡野《はたの》刈艸廉堂《かりくされんどう》遺稿《いこう》』としてまとめられた。なお、この歌集には、木七の長男の餘太郎の漢詩、木七の妻の園子と旗野の母の貞子の遺詠も収められている。

さらに、木七の妻の園子の実家は、祖父の和泉圓（一七七三〜一八三七）、父の久澄が共に歌人であり、園子自身も和歌をたしなんでいた。このように、母や兄など、周りの影響により、旗野が幼いころから和歌をたしなんでいたことは、ごく自然の流れであると考えられる。旗野は、生涯和歌を詠み続け、五五歳のときに、学校、店、職業、物など、身近な事柄を題材とした歌集『新想《しんそう》二《に》百題《ひやくだい》』を発表した(10)。

旗野は、文久三年（一八六三）二月五日、叔父の小川弘の塾に入門し、漢学を学んだ。また、慶応二年（一八六六）四月八日からは、雛田《ひなだ》松渓《しようけい》（一八一八〜八六）の塾に入門し、国学を学んだ。小川は、新発田藩領島潟村の大庄屋として地方行政の一端を担っていた。雛田は、越後国蒲原郡加茂（現・新潟県加茂市）の青海《あおみ》神社神官であり、木七の妻の実家の和泉家とも交流があった。雛田は、尊王の思想を地域に普及し、維新の気運を醸成する役割を果たしていた。北越戊辰戦争のさいには、尊王を唱えて行動に移す門下生が多かった(11)。

小川と雛田はともに尊王思想を奉じており、北越に進軍してきた新政府軍を援助することになった。旗野も、慶応四年（一八六八）二月に尊王倒幕を唱え、雛田と行動を共にしていた。雛田が四月下旬、会津軍に拘禁されたさい、旗野は国上山（新潟県燕市）の南の中腹にある真言宗豊山派の国上寺に隠れたため難を逃れた。六月一〇日には、草莽隊の一つである居之隊に入隊し、参謀附属を務めたが、翌年三月二〇日に居之隊から離れた。こうして、明治という新しい時代が幕開けし、旗野もまた新しい道へと進んでいくのである。

二　上京前までの活動

明治時代が到来した。旗野は、一八七一年（明治四）に上京して共立学舎に入学し、尺振八（一八三九〜八六）に英学を学んだ。尺は、中浜万次郎（ジョン万次郎）に師事して英語を学び、米国公使館の通訳を務めた。共立学舎は、尺により一八七〇年（明治三）に英学を教授するために創設された、当時有数の名門英学塾であった。旗野が上京してまで英学を学んだのは、英学の習得に熱心であった木七の勧めもあってのことと考えられる。木七の長男の餘太郎や東伍も、英語を学んでいる。なお、共立学舎は、田口卯吉や島田三郎など、後に政界において活躍した者を多く育成したが、一八八〇年（明治一三）、尺の持病の肺病が悪化したため、閉校された。

旗野は帰郷後、一八七三年（明治六）一月一五日、自宅に必勤舎（後の保田小学校）を設立し、教員として生徒を指導した。四月には、付近の宗寿寺を学校として借り、晩成塾を併設して教員や青年の育成にもあたった。

この年の五月一二日、新潟県十二等出仕に登用され、七月二〇日、小学校を設置するための伝習師に任命される。この地域の教育制度を作り上げていく上で、旗野の力量への期待は大きいものがあった。旗野を含む四人の伝習師は、七月下旬東京に到着し、東京師範学校で約一ヶ月間授業法を見学し、教員講習所で約一ヶ月の講習を受けた。学則を伝習し、管内小学規則および教則を編纂し、八月二六日には、文部省学務部の試験を受け、新潟県における教員養成者としての資格を身に付け、九月中旬に新潟へ帰郷した。また、文部省督学の中村六三郎から算術の指導を受けたが、加減乗除の心得が多少なりともあったのは旗野のみであり、「他の三人は阿刺非亜数字すら覚束[12]」ない程度であった。旗野は帰郷後、一八七四年（明治七）二月三日、新潟県師範講習所の教官に任官し、教員養成の仕事に就いたが、約一ヶ月後依願退職し、翌年三月一七日、一二大区小一区（一八ヶ村）内の校長を命ぜられる。

旗野は、一八七七年（明治一〇）、小川の五女の愛（一八五五～?）と結婚した。旗野夫妻には子供がいなかったため、一八八〇年（明治一三）二月から、甥の東伍を養子にした。しかし、一八八四年（明治一七）一月五日、東伍は旗野と離縁し、旗野本家（実父の木七の下）へ復籍する。離縁は二人の問題ではなく、「生父古樹翁没後に本家と分家との意見の相違の為」[13]、とくに、東伍の兄の餘太郎と旗野が不仲であったためである。旗野は東伍に対し、「廉堂トハ意思相叶ハズ多年来絶交」[14]していたと手紙を残している。東伍は、旗野本家へ復籍後の一二月に、中蒲原郡大鹿新田（現・新潟市秋葉区大鹿）の吉田家の養子となり、その長女のカツミと結婚した。

東伍は、旗野が東京に移り住んだ後も彼を慕い、旗野もまた、東伍に目をかけ、何度も書簡のやりとりを行っていた。旗野と東伍の間にも、旗野と小川のように、深い絆があったのである。

その後、旗野は、一八八三年（明治一六）八月二二日には保田村戸長に選出されるが、翌年辞職して上京した。戸籍には、「明治十七年六月東京府下赤坂新坂町第六番地へ寄留」[15]（現・東京都港区赤坂八丁目）とあるため、この時期に上京したことが理解できる。母の貞子が一八八三年六月七日に死去したこと、翌年一月に東伍と離縁したことなどが、故郷を離れる要因であったと考えられる。こうした郷里での足跡を残して旗野は、活動の拠点を東京へと移すことになった。

三　地域名望家・小川弘の略歴

では、旗野に多大な影響を与えた小川とはどのような人物であったのだろうか。小川弘の履歴が記されている一次史料として、小川の弟と姪の益三同撰「北海小川先生行状」（一八七〇年〈明治三〉八月）、姪の益三撰「北海小川先生伝」（一八八二年〈明治一五〉九月、小川の著書『鎌倉史』の巻頭に所載）、進藤彝撰「贈従五位小川弘君伝」（一八九六年〈明治二九〉一〇月）、上野黙狂「小川五兵衛君」（年不明）、「勤王者調書類」（一九一五年〈大正四〉）、贈位のために小川家から提出された書類「小川心斎小伝」（一九一八年〈大正七〉九月二六日）を使用する。(16)

小川弘は、文化一三年（一八一六）、新発田藩領蒲原郡島潟村で、同村の大庄屋である小川政詮の長男として生まれた。幼いころより書や和歌が巧みであったが、母が学芸に親しむより実践的な行動で忠孝を尽くすことを勧めたことが、後の活動に多大な影響を与えた。(17)

小川の師は、新発田藩の丹羽思亭（一七九五〜一八四六）である。丹羽は、郡吏の傍ら、私塾「積善堂」を開いて私的な教育に尽力し、小川はここで学んだ。教科は、素読・手習いを中心として毎朝六時から九時まで行われた。(18)

小川は、丹羽の没後、儒学者の安積艮齋に書を送り、弟子となる許しを得る。また、安井息軒、芳野金陵、塩谷宕陰ら他の儒学者とも交流を持ち、安井と芳野は、小川の著書『鎌倉史』（鎌倉期において活躍した源頼朝、北条時宗などの伝記をまとめたもの。全五〇巻）の序文を書いている。

小川は、天保四年（一八三三）に大庄屋となってからは、行政能力を発揮している。同年から天保七年（一八三六）の全国的な飢饉により、米価が狂騰し、餓死者も多発する中、小川と叔父の政順は倉庫を増築し穀物を蓄えていたため、管下において一人の餓死者も出さなかった。この功績により、両者には新発田藩より褒状が与えられ、苗字帯刀を許される。

さらに、文久元年（一八六一）、藩命を受け、新発田城の東を流れる加治川に悪水を排水する水路を開削し、水害を減少させた。また、加治川の北に位置する眞野原郷の水利を興し良田を得て、藩より松林一〇〇畝と水田五〇畝を与えられた。

北越戊辰戦争においては、小川は新発田藩の奥羽越列藩同盟への加盟に断固反対し、新発田城へ赴き、「我侯忠義夙ニ顕レ、方ニ精兵ヲ発シテ王師ニ致ス、今乃チ隣敵ノ却制スル所トナリテ、遽ニ節ヲ変シ盟ニ莅マハ天下後世其レ我ヲ何ト謂ン[19]」と力強く抗議を行った。さらに、新政府軍が海路から藩領内の太夫浜に上陸するや、小川は長男の顥《こう》太郎《たろう》と共に新政府軍を領導し、同盟軍側を挟み撃ちにした結果、同盟軍は戦わずに退いた。この功績が認められ、小川は一八六九年（明治二）士籍に列せられ、没後の一九一八年（大正七）には、従五位を贈られた。

小川は、一八七〇年（明治三）七月一四日に亡くなったが、生前著述活動にも精力を注いでおり、軍略書、言語、地誌など広範囲の学問領域に及ぶ著書を遺した。主なものは、漢の史書にある戦陣の策を整理した『策府』（序文は嘉永三年〈一八五〇〉八月九日）や、『日本書紀』の歌謡の韻の踏まれ方を整理し分類化した『古歌韻解』（序文は慶応四年〈一八六八〉四月）、日本の地名について述べた『日本国邑誌』などであった。遺作の多くは旗野が引き取り、本職があるにもかかわらず、旗野はこれらの増補改訂および出版に尽力するのである。なお、『日本国邑誌』は東伍が増補改訂を行い、『大日本地名辞書』として出版した。この著書により、東伍は歴史地理学者として高く評価されている。旗野が小川の遺稿の増補改訂作業に没頭した理由は、『大日本地名辞書』の、旗野による解題に見られる。

去歳、故叔旧交一二、翁のために建碣を促す。予辞して曰く。翁は学人也。素志専ら著書に在り。而して事業未だ終らず簀を易ふ。故に今残編を修め、之を世上の口碑に銘するに若かず。豈敢、頑石の効を仮りて伝ふるを須たむ。況や貲を乞ひ、貲を募りて、時流に倣ふは、最も翁の厭ふ所なるを知るをや[20]。

旗野は、小川の遺稿を編集し世に広めることこそが、亡き叔父への供養となると考えたのである。『古歌韻解』、『策府』はどちらも未完であり、志半ばで没してしまった小川の遺志を継ぎたいと、それぞれの遺稿の完成を目指した。後述するが、旗野自身、これらの著を高く評価したため、世に広めることを決意した。そして、小川の遺稿の編纂作業を行ったことにより、旗野の進むべき道が開かれていくのである。

四　『策府』の編纂作業と陸軍参謀本部勤務

弘化三年（一八四六）、アメリカ東インド艦隊司令長官のビッドルが浦賀に来航して通商を要求し、大騒動となった。そのため小川は、不測の事態にいつでも対応できるように、古今の戦略を『策府』としてまとめた(21)。小川は、中国の三国時代から清朝に至るまでの軍略を整理したが、旗野はそれに、日本の平安時代から明治時代に至るまで、欧州のフランス革命時から独仏戦争に至るまで、アメリカの建国期から独立戦争に至るまでの軍略を増補した。

この『策府』は、一八七九年（明治一二）六月二五日に陸軍参謀本部へ進呈され、陸軍省より銀杯を下付された。そして、当時陸軍中将であった山縣有朋、谷干城の校閲を受け、一八八四年（明治一七）一月に書かれた彼らの序を付して、翌月出版された。

谷とは、これ以前にも交流があった。一八七七年（明治一〇）、西南戦争で熊本に籠城した谷へ、旗野は戦略を具申し、後に谷から返書が届いた(22)。また、谷が北陸を訪れ、別れるさい旗野は、次のような漢詩を送っている。

窮居十歳自忘癡、常講兵機投機遅、卅巻妄陳野人見、一朝得上英雄頭（嘗所献策府三十巻公今校之故語及此）大方挌謗元所甘、運用在君吾何知、咄々勿過帰養策、奮犯風雪臨路岐(23)、

旗野は、貧しい暮らしも気にとめず、一〇年間『策府』の編纂に集中し、ようやく三〇巻を完成させ、英雄＝谷に献納することができた。批判も甘んじて受け、谷が自由に活用することを望んでいる。さらに、旗野はこのころすで

に隠居していたが、自分にとって悠々自適な暮らしは不要であり、前途は厳しいが、この道（軍略の編纂に携わっていくこと）で尽力していきたい、と決意表明を行っている。これに対し谷は、次のように返答している。

兄養慈親弟属軍、欽君忠孝抜人群、猷将煖席折枝手、作出邦家経世文、

兄（旗野）は親を養い、弟（如水）は軍に属し、それぞれが君に忠孝を尽くしている。旗野が暖かい席（楽な生活）に満足することなく、さまざまなもの（邦家経世文）を参考にして『策府』を書き上げたことを、谷は称賛している。

旗野は上京後、一八八五年（明治一八）一〇月八日から一八八八年（明治二一）五月一四日まで陸軍参謀本部御用掛に勤務し、編纂課において、日本兵法取調掛を命じられ、『日本城塞釈史百二十巻』を編纂した。陸軍参謀本部に職を得ることができたのは、『策府』を編纂した手腕が、谷を中心とする陸軍関係者に認められたことが要因であったと考えられる。また、旗野の漢詩に表れているように、旗野自身が軍略の編纂に携わることを望んでいたため、谷の推薦があったことも推察できる。

このように、旗野は小川から受け継いだ『策府』を、中国軍事史のみならず、欧米や日本の軍事史の知識を持って増補改訂を行ったため、陸軍参謀本部に評価され、同機関に職を得ることができた。小川の遺稿を世に広めるという旗野の目標は、『策府』においては達成されたのである。

五　押韻の研究に従事

旗野は、『策府』と並行して『古歌韻解』の増補改訂も行っていた。『古歌韻解』は、旗野にとって歌の押韻に興味を持つきっかけとなった重要な著である。

『古歌韻解』上・中・下は、母音五音の口の構えを開口（ア）、中口（イ・エ）、閉口（ウ・オ）の三種類に分類し（五音三韻説と名付けた）、それを基に『日本書紀』の歌謡の脚韻の踏まれ方を整理した内容であった。小川は、「皇典の攻窮に志し古史の疑妄を正さんとて努めて『日本紀』を翻読[24]」していたさい、その歌の語尾に韻が備わっていることに気づき、日本書紀の歌謡の脚韻の研究に着手するようになった。その結果、古謡である『日本書紀』にはすべてに韻が踏まれ、歌自体も文体が整えられていたが、時代を下るにつれて韻が踏まれなくなり、文体も乱れてきたことを危惧し、これを著したのである。

小川による脚韻の分類は、次のようなものである。たとえば、『日本書紀』の歌謡の「沖つ藻は、辺には寄れども、さ寝床も、与はぬかもよ、浜つ千鳥よ」の語尾は、「沖つ藻は」の初句以外は、閉口の「オ」で統一されている。そのため小川は、この歌謡には脚韻が踏まれていると判断した。そして、これを脚韻の踏まれ方のパターンの一つとし、初句から名を取り、「沖藻格」と名付けた。

この「沖藻格」は初句のみ無韻であったが、他にも、初句と二句が無韻のもの、二句と三句が無韻のものなど、さまざまなパターンに分類した。そして、これらのパターンに『日本書紀』の他の歌謡を当てはめた。たとえば、「難波人、鈴船取らせ、腰煩み、その船取らせ、大御船取れ」の語尾は、初句以外は中口の「イ」と「エ」で統一されており、これは韻が踏まれた部分が「沖藻格」と同様であるため、この歌謡も「沖藻格」であるとしている。五音が異なっていても、どの部分に韻を踏んでいるかを重要視した。そして、『日本書紀』の歌謡にはすべて脚韻が踏まれていることを主張し、称賛した。しかし、未完のまま小川が死去したため、旗野が脚韻についての詳細な説明および歌謡の解釈を付し、『古歌韻解』上・中・下として完成させた。さらに、小川は『古事記』の歌謡についての検討は行っていなかったため、旗野は『古事記』についても同様の方法を用いて脚韻の踏まれ方を整理し、『続古歌韻解』

上・下としてまとめたのである。

また、旗野は押韻だけではなく、日本語学へも関心を持ち、一八七八年（明治一一）一月に、日本語の文法についての小学生用の入門書である『日本詞学入門』を出版した。この『日本詞学入門』は管下の小学校へ寄贈し、県庁から木杯を賜っている。

一八七八年九月に天皇が北陸地方を巡幸したさい、旗野は甥の餘太郎と共に給仕方を務め、『古歌韻解』はこれを機会に献上された。旗野は学問への厚い志を表彰され、白絹二巻を賜っている。さらに、一八八〇年（明治一三）二月には、御歌所所長の高崎正風にも面会し、古歌有韻論を主張した[25]。これらの行動にもかかわらず、その見解に何の反響もなかった。そのため、旗野はその後も押韻の研究を続けた。

後年、『早稲田文学』に掲載した「無韻非歌論[26]」においては、旗野は小川を「詠歌有韻」の定説者として評価し、『古歌韻解』で作られた記紀歌謡を基にしたパターンに『古今集』や『後拾遺集』などの他の歌を当てはめ、このパターンがそれらにも適用できることを主張した。

小川や旗野はなぜ、ここまで記紀歌謡を賛美し続けたのであろうか。明治初年から二〇年代後半にかけて、『古事記』・『日本書紀』は近代天皇制の原典とされ[27]、天皇神性を国民に徹底させるため、これらをより多くの人々に読ませようと、注付き仮名文の記紀や入門書などが多く刊行された。これらが勅撰であり、天皇を中心として日本の統一の由来を述べている内容のためである。前述のとおり、小川は『古事記』・『日本書紀』を熟読しており、熱心な尊王論者であった。旗野もまた、その影響を受け、尊王倒幕を唱えていた。旗野は、「日本古歌の最美を告げまほしく思[28]」い、記紀歌謡を中心とする古歌の研究を続けてきた。韻の有無は、記紀歌謡を称賛するための基準として制定されたのである。

六　唱歌改良運動と旗野の論への反響

その後、旗野は唱歌における押韻についても研究を行い、改良すべき点を発見し、唱歌改良運動を開始する[29]。旗野は、歌詞を指す「歌」と和歌を指す「歌」を、どちらも人間の声から発せられるものであり、脚韻が整えられていなければならないという考えを持っていた。しかし、当時の唱歌には、韻調が乱れているものが多いため、日本語の歌詞を見直し、脚韻を整えるべきである、そして、その唱歌に合う日本の楽器を制作すべきと主張した。

旗野は、この考えによる唱歌教育の必要性を、一八九二年（明治二五）四月ごろ東京音楽学校に上申した。さらに、この運動の一環として、唱歌音楽改良有志者相談会を開催した。この相談会で旗野が演説した内容は、「俗歌韻話」として『読売新聞』に掲載された[30]。旗野は、古今各種の歌謡（今様、端唄、地方民謡など）を例に挙げ、小川が提唱した五音三韻説に当てはめ、俗謡にも脚韻が踏まれていることを指摘した。たとえば、伊勢音頭の「伊勢ハ津で持つ、津ハ伊勢で持つ、尾張名古屋ハ、城で持つ」は、三句以外が閉口の「ウ」で統一されているため、韻を踏んでいると判断した。旗野は、歌とは声に出して耳で聞いて調子を整えるものだが、時代が下るにつれて、声に出さず目で見て工夫を凝らすものになってしまい、韻も失われたことを嘆いていた。一方、俗謡は口頭で伝承されてきたため、韻が残った。そのため旗野は、たとえば、「君がこぬにて、枕なげそ、なげそ枕に、咎はない」のような、男性を待つ女性を歌った、当時は卑猥であるとされたものであっても、二句以外は中口の「イ」と「エ」の韻を踏んでいると判断したため、評価した。旗野にとっては、歌における韻の有無が、歌が声に出して作られたか否かを示す重要な判断基準でもあったのである。

しかし、旗野の論は、五音三韻説の不明確性、パターンの複雑さ、無理に韻が踏まれている部分を探し出した点などにより、批判の声が上がった。たとえば、『古今集』の「をちこちの、たつきも知らぬ、山中に、おぼつかなくも、喚子鳥かな」は、線を付した部分に韻が踏まれているように思えるが、三句と五句が無韻のものがパターンにないため、この歌は「精巧なる歌なれど、韻無[31]」い歌であるとしている。結局、記紀歌謡のすべてに脚韻が踏まれていることを主張したいために、これらの歌謡に合わせてパターンを設定したようにも考えられる。

そのため、文芸の評論を中心とする雑誌『城南評論』への投稿が顕著であった新井虎南（詳細不明）からは、旗野の論ならば、散文にまで韻が備わっているということになってしまい、それは韻と呼ぶ価値がないと批判された[32]。また、詩人の磯貝雲峯は、古歌の韻律にすべての歌をあてはめて、脚韻が備わっていないならば歌ではないとすることは、速断であると批判した[33]。旗野は、これらの批判に必ず反論し、自分の論の正当性を主張した[34]。とくに、新井との論争は何度も繰り返され、『早稲田文学』にはその要約が掲載されたことにより、押韻研究にも注目が集まった[35]。磯貝は批判だけではなく、「文体はこよなく乱れ、詩歌の音調、韻格抔ゆめにだも説く人もなき、今日にあたりて、居士が多年労苦の結果を世に示し、われら後進の徒を教へ給ふこと誠に日本文学の為に多謝[36]」もしており、旗野が長年研究を続けてきたことを労っている。磯貝は、明治二〇年代前半、新体詩や山田美妙の「日本韻文論[37]」に対して活発に意見を述べており[38]、詩論家として注目されていたことから、磯貝の社会的影響力は決して低くはなかったと考えられる。このように、旗野の論は多くの議論を誘発したものの、当時、これを受け継ぎ発展させる者は現れなかった[39]。

しかし、旗野の論に影響を受けた者もいた。それが、音楽教育家の伊沢修二である。伊沢は、「今度櫻坪隠士が俗歌韻話に由り言語の雅俗と韻調の正変に発明せる節々あ[40]」ることを聞き、「更に歌詞の選択音譜の調法を改良せんと企画」していた。さらに、「近日に至り伊沢修二氏漸く氏[41]の説を賛し研究の結果によりては唱歌音楽改革の団体をも私設せんは難きにあらざる[42]」ことも考えていた。旗野の研究により伊沢は、唱歌における押韻の重要性を認知したのである。

七　東京音楽学校への採用

一八九二年（明治二五）九月、東京専門学校（現・早稲田大学）、東京音楽学校において音韻学が一科日として制定され、旗野はその講師として教鞭を執ることとなった。当時は、新年度が九月からであったため、それに合わせて新しい科目が制定されたと推察される。一八九〇年（明治二三）、旗野は、文科大学（現・東京大学文学部）に音韻学を一科目として加えることを、帝国大学初代総長の渡邊洪基に建議しており、渡邊から内諾を得たものの、双方の予定が合わず、中止となっていた[43]。文科大学ではないものの、旗野の念願は叶ったと言えるだろう。なお、通常音韻学は、中国と日本の漢字の音韻の歴史的研究を指すが、東京音楽学校において使用されていた、旗野自ら著した教科書（現在は東京藝術大学総合藝術アーカイブセンター大学史料室保管）から、日本語の文法や発音、押韻など、国語学を網羅した内容であったことが理解できる。

東京専門学校は、一八九二年九月、「実際的応用的ノ課目及ビ未ダ正課トシテ授業スルヲ得ザル学科ノ大要ヲ講義シ学生ヲシテ正課研究ノ補益[44]」とするために参考課を設置しており、音韻学はその一科目として制定された。他には、東洋哲学、教育学、近世国文などが制定された。結局、音韻学は「正課」に位置づけられることはなかったが、参考課の講師には、歴史学者の坪井九馬三、哲学者の大西祝、牧師の植村正久、動物学者の石川千代松など多様な分野の著名な専門家が招かれており、旗野も音韻学の専門家として認識され、期待されていたことが理解できる。東京専門学校には、一九〇一年(明治三四)まで勤めた。(45)なお、吉田東伍も、一八九九年(明治三二)九月から、同校の文学部史学科の講師として採用されており、(46)旗野とは同僚であったため、交流があった可能性が高い。

東京音楽学校に採用されたのは、言葉の重要性を主張していた旗野と、同校の、文学にも重点を置く考えが合致したことが大きな要因である。とくに、地方から上京してきた生徒たちの方言を矯正するため、発音学が重視されていた。この発音学は、前述の伊沢が東京音楽学校校長であったさいに設置したが、彼が非職を命ぜられ辞職し、その後は開講されていなかったため、発音学についての知識も持っていた旗野に白羽の矢が立った。旗野はさらに、歴史や唱歌解釈の教授、同校主催の演奏会のための「作歌」、唱歌の作詞など幅広く担当し、後進の指導に尽力したのである。

おわりに

本章においては、旗野十一郎の思想形成過程について詳細に検討し、音韻学研究を通じて東京音楽学校に就職するに至る過程を解明した。

旗野は、教養高く和歌を嗜む家族の影響により、幼いころから和歌に親しみ、漢学・国学・英学を学び、幅広い知識を身に付けることができた。教育の重要性を痛感した旗野は、自宅に小学校を設立し、児童だけではなく、青年への指導や教員育成にも励んだ。

旗野が最も影響を受けたのは、叔父の小川弘である。小川からは、漢学を学ぶとともに尊王攘夷の考えも受け継ぎ、北越戊辰戦争においては行動を共にしていた。

小川の死後、遺稿は旗野が受け継ぎ、未完の著書は、旗野が歳月を費やし増補改訂を行い、日の目を見ることとなる。旗野が小川の遺稿の完成に尽力したのは、小川への供養のためだけではなく、旗野自身が小川の著書に傾倒していたためである。小川の著書を世に広めることこそ、自らの役目と考え、編纂作業に没頭していった。

古今の戦略をまとめた『策府』は、陸軍参謀本部へ進呈し、高い評価を得て表彰された。出版のさい、序文を山縣有朋、谷干城に依頼した縁もあってか、旗野は陸軍参謀本部御用掛へ登用される。

しかし、記紀歌謡の脚韻の踏まれ方を整理した『古歌韻解』は、明治天皇の北陸巡幸のさいに献上できたものの、世間の関心を引くことはなく、押韻研究も盛んになることはなかった。そこで旗野は、小川の残した学問的遺産が広まることを願い、古歌だけではなく、俗謡、唱歌の押韻についても研究を行い、「日本の歌にはどんなものにも脚韻が踏まれている」という「詠歌有韻論」を発表する。旗野の論には矛盾する点も多かったため、批判も多かったが、押韻研究に注目が集まり、見直されるようになった。旗野の論の後継者は現れなかったものの、旗野の長年の努力が実り、東京専門学校および東京音楽学校において音韻学が一科目として制定され、旗野はその担当教員として採用される。とくに、東京音楽学校は当時、音楽だけではなく文学にも重点を置き、文学関連科目の充実を目指しており、それは、旗野の押韻を中心とする言葉を重視する考えと合致したため、彼が抜擢された。そして、同校において旗野は、音韻学の他に、発音・唱歌解釈など文学関連科目を幅広く担当し、「作歌」や唱歌の作詞も行った。旗野は、近代音楽教育の礎を築いた東京音楽学校において、大きな役割を果たしたのである。

註

（1）拙稿「明治後期の東京音楽学校における文学関連科目の実態―旗野十一郎の講義内容を中心として―」『音楽教育学』第四四巻第一号、二〇一四年、一～一二頁。

（2）橋本久美子「東京音楽学校時代の所蔵楽譜に見る「作歌」の実際とその背景」大角欣矢『近代日本における音楽専門教育の成立と展開（研究課題番号一七三二〇〇二六）平成一七～一九年度科学研究費補助金（基礎研究〈B〉）研究成果報告書』東京藝術大学音楽学部楽理科、二〇〇八年、五六頁。

（3）旗野十一郎に関する先行研究には、旗野の子孫の末にあたる旗野博がまとめた「唱歌「港」一〇〇周年旗野十一郎略伝」（『郷土誌・五頭郷土文化』三八号、一九九七年）や、小学児童を対象に、旗野の略歴を分かりやすくまとめた、旗野十一郎を学ぶ会・小山智保子『旗野十一郎生誕一五〇周年記念町制四〇周年記念事業「空も港も夜ははれて」』（安田歴史地理研究会、二〇〇〇年）がある。

（4）山住正己『唱歌教育成立過程の研究』東京大学出版会、一九六七年、東京芸術大学音楽取調掛研究班編『音楽教育成立への軌跡―音楽取調掛資料研究―』音楽之友社、一九七六年、東京藝術大学百年史編集委員会編『東京藝術大学百年史』東京音楽学校篇第一巻、音楽之友社、一九八七年。

（5）日夏耿之介『明治大正詩史巻上―明治浪曼詩展開の顚末―』新潮社、一九二九年、小泉苳三『近代短歌史』明治篇、白楊社、一九五五年、角田敏郎『研究と鑑賞　日本近代詩』和泉書院、一九八九年。

（6）本間寅雄、井上慶隆、渡辺史生、谷川健一「〔特集〕風土を読む。吉田東伍」（『自然と文化』五八号、一九九八年）、千田稔『地名の巨人　吉田東伍――大日本地名辞書の誕生』（角川書店、二〇〇三年）において、旗野についての記載が見られる。

（7）旗野如水選「旗野十一郎略伝」山中樵『明治天皇聖蹟誌』中野財団、一九二四年、二六一～二六二頁。

（8）『皤野刈岬廉堂遺稿』旗野蓑織編輯兼発行、一八九六年、二四頁。

（9）戸籍謄本、吉田文庫所蔵。

（10）櫻坪旗野士良詠『新想二百題』共益商社楽器店、一九〇五年。

（11）「勤王者調書類」一九一五年、新潟県編『新潟県史』別編三、人物編、新潟県、一九八七年、五四三頁。

（12）清水義敷「五十年回顧」県教育会主催学制五十年記念式席上における口演概要、一九二二年、新潟県教育百年史編さん委員会編

『新潟県教育百年史　明治編』新潟県教育庁、一九七〇年、一〇〇〇頁。清水は旗野とともに上京した伝習師の一人。

(13) 高橋義彦「文学博士吉田東伍君行実」高橋源一郎『吉田東伍博士追懐録』一九一九年、五三頁。義彦は東伍の弟。一八八九年、豪農・高橋太郎家の養子となった。古樹は木七の号。

(14) 吉田東伍宛旗野士良書簡、一八九四年一一月二七日消印、吉田文庫所蔵。廉堂は餘太郎の号。

(15) 前掲戸籍謄本、吉田文庫所蔵。

(16) 小川弘を扱った先行研究には、「北海小川先生伝」を基に小川の履歴および関係者について説明した斎藤正夫「新発田組大庄屋小川心斎家」(『新発田郷土誌』第一三号、一九八四年、二四～三一頁)、小川の父や祖父など、歴代五兵衛の治水開田の開拓をまとめた石沢幸市、山口和夫『郷土の先覚者　小川五兵衛伝』(一九八七年)がある。

(17) 前掲「勤王者調書類」三七一頁。

(18) 新潟県編『新潟県史』通史編五、近世三、新潟県、一九八八年、五三七頁。

(19) 小川の弟、姪の益三同撰「北海小川先生行状」一八七〇年八月。

(20) 旗野櫻坪「大日本地名辞書解題」吉田東伍『大日本地名辞書』汎論索引、冨山房、一九〇七年、八二頁。

(21) 旗野十一郎「策府凡例」小川弘、旗野十一郎同編『策府』漆山類治出版、一八八四年二月、一頁。

(22) 波多野透『聞き書き　ツベタ牧場の人々　畜産の先覚者　旗野美乃里ものがたり』阿賀野市立吉田東伍記念博物館、二〇一二年、二七～二八頁。

(23) 『観光雑誌』第一〇号、一八八一年四月、一〇～一一頁。

(24) 「旗野士良氏が音韻論の由来」『早稲田文学』第一九号、一八九二年七月、四頁。

(25) 前掲「旗野士良氏が音韻論の由来」五頁。

(26) 『早稲田文学』第二〇号(一八九二年七月)から第二二号(同年八月)に、三回にわたって掲載された。

(27) 徳光久也『古事記研究史』笠間書院、一九七七年、一九九～二〇〇頁。

(28) 旗野前掲「無韻非歌論」『早稲田文学』第二〇号、三八頁。

(29) この運動については、「唱歌音楽を改良せむとす」として、『読売新聞』(一八九二年四月二二日、朝刊三面)、『音楽雑誌』(第一九号、同年四月、二二～二三頁)、『早稲田文学』(第一四号、同年四月、三一頁)に、同様の内容が掲載された。

(30) 旗野が演説した内容は、新聞記者の鈴木光次郎によって筆記され、『読売新聞』に、一八九二年五月一日から、同年七月一日まで、一九回にわたって掲載された。
(31) 旗野前掲「無韻非歌論」『早稲田文学』第二二号、五〇頁。
(32) 新井虎南「旗野櫻坪氏の俗歌韻話を評す」(『城南評論』第五号、一八九二年七月)、「再び俗歌韻話を評す」(『城南評論』第七号、同年九月)、「俗歌韻話再評続篇」(『城南評論』第八号、同年一〇月)にて旗野の論を批判。
(33) 磯貝雲峯「早稲田文学の無韻非歌論を読む」『女学雑誌』第三二八号、一八九二年九月、一二三頁。
(34) 櫻坪隠士「俗歌韻話解嘲城南評論の新井虎南氏の駁説に答ふ」(『読売新聞』一八九二年八月一二日、一三日)、「俗歌韻話解嘲を中止する理由」(『読売新聞』同年八月一七日)、「俗歌韻話解嘲」(『亜細亜』第五六号、第五七号、同年九月)にて新井への反論を、旗野櫻坪「歌韻評論あらえのいそがひ」(『早稲田文学』第二五号、同年一〇月)にて、新井と磯貝への反論を行う。
(35) 「韻論」『早稲田文学』第二七号、一八九二年一一月、「旗野氏と新井氏と」『早稲田文学』第二九号、同年一二月。
(36) 磯貝前掲「早稲田文学の無韻非歌論を読む」一二二頁。
(37) 山田美妙「日本韻文論」一〜八、『国民之友』第九六号(一八九〇年一〇月)から第一〇七号(一八九一年一月)に、八回にわたって掲載された。
(38) 磯貝雲峯「詩歌を学ぶの効用」(『女学雑誌』第二〇〇号、一八九〇年二月)、「幾多の韻論文」上・下(『女学雑誌』第二五四号、第二五五号、同年二月、三月)などが挙げられる。
(39) 角田前掲『研究と鑑賞　日本近代詩』七四頁。
(40) 「最近出版書」『読売新聞』一八九二年(明治二五)七月二日、付録一面。
(41) 旗野十一郎を指す。
(42) 前掲「旗野士良氏が音韻論の由来」六頁。
(43) 旗野十一良《(ママ)》「国文科に音韻学の一科を加へられんことを請ふの建議」(『読売新聞』一八九三年九月一二日、朝刊一面)。
(44) 『東京専門学校改正学課表　各部担当講師人名表　改正規則』東京専門学校、一八九二年九月改正、同年一一月刊行。
(45) 早稲田大学『自明治二十七年至大正四年九月東京府関係書類』。教員名簿では、一九〇一年まで旗野の名を確認できる。
(46) 前掲『自明治二十七年至大正四年九月東京府関係書類』。

一九世紀後期欧米社会の真宗認識

――プロテスタンティズムとの類似性をめぐって――

李　主　先

はじめに

ジェームス・ケテラーは『邪教／殉教の明治――廃仏毀釈と近代仏教』という名著の中で日本の仏教が一九世紀の社会変動における廃仏毀釈、教部省期の国民教化への抵抗運動を通じて「真の日本文化の砦」として「近代仏教」の地位を構築していく過程を実証的に検討した。とくに、一八九三年、シカゴで開催された万博宗教大会への日本仏教者の参加を契機として、日本仏教が世界宗教としての自覚を形成していった点を明らかにした(1)。

しかし、この研究は、日本仏教形成におけるキリスト教の持つ意味について論及していないことが大きな問題点として指摘されている(2)。

本章は、日本仏教の形成過程において、キリスト教者もしくはキリスト教の文化的背景を持つ欧米人が、日本の仏教とりわけ真宗に出会ったとき、その社会の歴史的経験と世界観、西洋という文脈の中で欧米人がどのように、真宗を定義していったかを解明することを通じて、日本仏教とキリスト教の関わりを描く試みである。

欧米社会が本格的に仏教への関心を抱くようになった契機は、エドウィン・アーノルド（Sir Edwin Arnold）による『アジアの光』（*The Light of Asia*）の出版であったとされている。仏陀の人生と教えを物語詩として叙述したもので、欧米社会の反響が大きく、一八七九年（明治一二）の初版から版を重ね、ミリオンセラーとなった。(3)

しかし、日本の仏教は、明治初期に日本を訪れた欧米人によってそれより早い時期に欧米社会に紹介されていた。一八七六年（明治九）に、お雇い外国人として活動したウィリアム・エリオット・グリフィス（William Elliot Griffis）によって出版された『皇国』（*The Mikado's Empire*）には、日本仏教全般に対する概説とともに、とくに真宗を日本の「プロテスタント仏教」として叙述している。(4)グリフィスのいう「プロテスタント仏教」とは、真宗における「純粋仏教」(5)とは異なる「新教主義」的要素、プロテスタンティズム（Protestantism）との類似性を説明する概念であった。(6)

さらに、イギリスの下院議員エドワード・ジェームス・リード（Edward James Reed）が日本旅行中に浄土真宗本願寺派の僧侶赤松連城《あかまつれんじょう》から入手した英訳真宗教義の小冊子と、彼の著書『日本：歴史・伝統・宗教――一八七九年の訪問記』（*Japan: Its History, Traditions and Religions, with the Narrative of a Visit in 1879*）(7)（以下、『日本』）をイギリスで出版したことを契機に、真宗は、キリスト教（Christianity）との類似性をめぐって、一九世紀末の欧米社会に大きな関心を呼びよせた。

本章では、明治維新直後、真宗が欧米に伝播していくときに欧米社会で展開された、真宗とプロテスタンティズム（Protestantism）もしくはキリスト教（Christianity）との類似性をめぐる論争の展開過程を明らかにする。この研究によって明治初期における真宗の海外伝播の歴史が解明される。本章はまた、一九世紀後期の日本の「近代仏教」形成過程における欧米人の真宗や日本仏教に対する認識についての一事例研究でもある。

一　欧米社会に映された真宗

1　グリフィスの真宗「プロテスタント仏教」論

前述したように、日本仏教を欧米社会に紹介したのは、グリフィスである。彼は、一八七〇年（明治三）一二月に来日し、福井藩藩校明新館や東京の大学南校の教師として活動し、七四年アメリカに帰国、ユニオン神学校を経て牧師となった人物である。(8)

グリフィスは、一八七六年（明治九）出版した『皇国』の一六章で、日本の仏教の始まりから発展のプロセス、明治期の社会的動揺の中で仏教が置かれている現状をキリスト教の観点から叙述した。米国でもすでに仏教寺院が開かれており仏教を信奉する人がいることや、日本人のキリスト教への改宗のために多くの宣教師が派遣されている現状から、グリフィスをはじめ、キリスト教徒の間で日本仏教への関心が高まったことを示す（『皇国』一五八頁）。

グリフィスは、一三世紀に親鸞によって開かれた真宗に大きく注目し、真宗の門徒を日本仏教の「プロテスタント」と定義した。(9)これは、近代の欧米人による初めての真宗理解を示すものである。まず、この項では、グリフィスの真宗理解を検討し、「プロテスタント仏教」が内包する概念を提示したい。

グリフィスによる真宗関連叙述の抄訳は以下の通りである。(10)

日本仏教におけるプロテスタント――それが一二六二年に親鸞によって開かれた真宗の門徒たちである。(11)親鸞は浄土宗を開いた法然の弟子にして名家の出である。京都にいたとき、三十才で、関白の令嬢タマヨリ姫を

娶った。(12)

親鸞は自ら妻帯し、結婚は崇高な行為であり、独身主義は僧侶の作った制度にすぎず、純粋仏教（pure Buddhism）における正しい行為ではないということを、教えのみならず身を以て示したのである。苦行・断食・行脚・隠遁生活・お守りや魔除けの類いは、この宗派では禁じられている。境内に女性や男性だけの僧院は見られず、修行僧は隠遁のかわりに家庭を持つ。

真宗では敬虔な祈り、清く謹厳な生活、そして唯一のまったき義をなす者（the only worker of perfect righteousness）たる阿弥陀仏そのものを信ずることを強調する。他宗派では修行による救済論（the doctrine of salvation by works）を説くが、親鸞は阿弥陀仏への信仰によって救済が達成されると説いた。

多くの外国人にとって仏教は「キリストなきローマ・カトリックのアジア版」のように見える。しかし真宗は、イエスならぬ阿弥陀仏を信ずる点を除けば、プロテスタント教義の信仰義認論（the Protestant doctrine of justification by faith）の形をとっている。

この宗派の特徴は一意専心である。彼らは信者以外から一向宗と呼ばれるが、これは主な経典である無量寿経（「永遠の生命の書」）の最初の言葉から来ている。あるいは、教団の結束ゆえに門徒宗（門に列する者）とも呼ばれる。

他宗派の経典はサンスクリット語または漢文で書かれており教育を受けた者しか読めないが、門徒宗では口語交じりの日本語で書かれている。

親鸞亡き後、蓮如（一五〇〇年没）は門徒の布教者となり、御文すなわち聖なる文を著し、それが今日まで信者たちに読み継がれてきた。民衆布教という真宗特有の目的のために、御文はすべての男女が読める平易なひらがな（hirogana）で書かれている。

また、過去二十年の間に、彼らは、外国にならって初めて神学校を設立した。神道とキリスト教に対抗する、あるいはその真理を判断すべく、ここで青年を訓練するであろう。最近では、そんなにキリスト教そっくりならいっそ純然たるキリスト教になったほうが良い、と敵対者から非難を投げ付けられている。このような自由な思考と行動をもち、そして極端な僧侶中心主義・神道・旧習・国家の干渉といったものから解放されたい、強制されたくないという欲求――要するに純粋なプロテスタンティズムは、親鸞が開いたこの偉大な宗派の特徴である（『皇国』一七〇～一七五頁）。

以上の訳から明らかなように、グリフィスは真宗の特徴を「プロテスタンティズム」と呼んでいる。真宗における「プロテスタンティズム」は、第一に、鎮護国家・神仏習合からの解放、禁欲主義・迷信的要素の排除、神学校の設立と僧侶養成、民衆中心の布教活動を指しており、「純粋仏教」とは異なる「新教主義」的・改革的要素として捉えられた。第二に、信仰によって義とされるというマルティン・ルター（Martin Luther）の神学思想、すなわちプロテスタンティズムの信仰義認論との類似性を見た。

グリフィスは、修行による救済を否定し、完全な義をなす存在である阿弥陀仏への信心によってのみ救われるという真宗教義が、プロテスタンティズムの信仰義認論の形をとっていると認識した。

信仰義認論とは、神が人を義なるものと認めるのは、その人の正しいあり方や行為によるのではなく、ただ、信仰によってのみであるという捉え方である。初期キリスト教の使徒パウロが展開したもので、宗教改革者ルターによって再認識され、宗教改革の中心思想としてプロテスタント信仰の根源となった(13)。

つまり、グリフィスは、プロテスタントと真宗とはそれぞれ異なる信仰の対象を持っているが、信仰の対象を一つのみに限定すること、行為ではなく信仰のみによって救いが成就されるという教義において、その類似性を見出したのである。

このようなグリフィスの真宗「プロテスタント仏教」論は、『皇国』の出版段階では注目されるものではなかったが、リードによって再解釈されると、欧米社会、とくに宣教師コミュニティーを中心に大きな反響を呼んだ。

2　リードの真宗論

グリフィスの真宗「プロテスタント仏教」論は、リードの著書『日本：歴史・伝統・宗教―一八七九年の訪問記』(*Japan: Its History, Traditions and Religions, with the Narrative of a Visit in 1879*) の出版によって、欧米社会に紹介された。そのさいリードは、真宗とプロテスタンティズムの類似性についてグリフィスとは異なる解釈を示した。リードは日本政府が扶桑・比叡・金剛の三艦製造をエーリス社に発注したさい、当時のイギリス海軍造船長官として設計、監督、回航までを担当し、日英友好に尽くした人物である[14]。そのため彼は、日本政府から招待され、一八七九年（明治一二）一月一〇日に来日し、四月一四日に帰国するまでの約三か月間滞在した。

彼は、日本をより深く理解するためには歴史の理解が不可欠であると認識し、『日本』の出版を志した。執筆にあたっては、日本で発行されていた英雑誌『日本アジア協会紀要』やパリ万博のさいに日本政府が作成・配布した資料、グリフィスの『皇国』など、主に英語文献を参考にした。また、お雇い外国人として先に来日していたフランシス・ブリンクリー (Francis Brinkley)、日本領事館職員アーネスト・サトウ (Sir Ernest Mason Satow) とウィリアム・ジョージ・アストン (William George Aston)、海軍軍人近藤真琴らの助力を得た。こうして一八八〇年に出版されたのが、二巻からなる『日本』である（『日本』第一巻、preface）。

同書一巻四章における日本仏教（Buddhism in Japan）論は、グリフィスの見解を引用しながら、仏教がインドで発祥し中国と朝鮮を経て日本に受容されていく過程をはじめ、仏教とキリスト教の葛藤や近代文明化の影響などを概説的に述べている。

同書の真宗に関する叙述は宣教師たちに注目され、日本仏教をめぐる大きな論争を欧米社会で巻き起こすことになるが、その原因は同書に掲載された「真宗大意略説」（A BRIEF ACCOUNT OF "SHIN-SHU"）（以下、「略説」）と「領解文（Creed）」の英訳にあった。

リードがこれらの資料を手にすることができたのは、浄土真宗本願寺派の僧侶赤松連城との交流によるものであった。

一八七九年（明治一二）三月、リードは西本願寺を訪れ、以降赤松と交流をもった。赤松はイギリス留学の経験があり、英語に堪能だったため、リードの真宗の宗旨に関する質問に丁寧に対応した(15)。赤松は、リードから真宗の教義や歴史について説明を求められると、自ら英語で書いた「略説」と第八世の宗主蓮如上人が作成した「領解文」を英訳してリードに送ったという(16)。従来の研究において「略説」や「領解文」の英訳の経緯は明らかにされてこなかったが、このようにして赤松からもたらされたものであった。「略説」「領解文」は、おそらく英訳された最初の真宗教義であろう。

「略説」を手にしたリードは、「純粋仏教」と異なる、プロテスタンティズムとの類似性を強調するグリフィスの見解を紹介した上で、真宗の救済論について新たな解釈を示した。

リードは、真宗は「救世主信仰（the doctrine of a saviour taught）に、初期キリスト教の信仰義認論（the old Christian doctrine of justification by faith）を持ち合わせている」、「真宗教徒は永遠の救いのために阿弥陀仏に彼らの信仰をおく」（『日本』第一巻、八三～八九頁）と叙述した。すなわち、阿弥陀仏を救世主と見なし、真宗における信仰義認論がプロテスタンティズムではなく、初期キリスト教の教義（the old Christian doctrine）と類似していると認識した。

初期キリスト教の信仰義認論については、本文で明確に示されていないが、ルターによって明確化される前、古代教会でパウロが展開したものを指していると考えられる[17]。

すなわち、グリフィスが真宗教義における信仰義認論がプロテスタンティズムと類似していると認識したのに対し、リードは、プロテスタント成立以前の初期キリスト教との類似性を主張した。

しかし、リードの見解は、赤松の「略説」と「領解文」に沿って厳密に論を展開しているわけではなく、あくまで真宗教義に対するリードの全体的・皮相的解釈であった。

リードの真宗理解には、仏教思想の翻訳上の問題が関わっているようにみえる。「略説」の和文とその英訳を比較すると、赤松は、「楽那（涅槃界）[18]」をキリスト教の天国を意味する“paradaise”に、「解脱」「出離[19]」は、救いを意味する“Salvation”に、「祈願」は“prayer”、信じるという言葉の訳として主に“Faith”を当てており、キリスト教との普遍性が重視されている。その結果、真宗とキリスト教との類似性が翻訳のプロセスによって強化された形となったと推測できる。

そして、リードの真宗論と英訳真宗教義が欧米社会に紹介されることで、真宗理解はさらに変容され、多様化していくが、次項ではその過程を検討する。

3　変容する真宗理解

リードの要請によって執筆・翻訳された「略説」と「領解文」は、リードの著書『日本』の出版以前にアメリカン・ボード海外伝道部が発行した雑誌 *The Missionary Herald*（以下、『*MH*』と表記）の、一八七九年一二月号に、仏教小冊子（A Buddhist Tract）と題して掲載された[20]。

上述したリードの著書『日本』の刊行年月は、一八八〇年一〇月であるから、それより前に真宗教義が小冊子の形で、宣教雑誌を通じて紹介されたことになる。

この記事では、「略説」と「領解文」の全文を掲載し、仏教は決して衰えた宗教体制（an effete system of religion）ではなく、日本の仏教徒は古代の信仰を近代思想に適合させることに努めている。真宗門徒は、彼らの旧教義に新しい解釈を加え、キリスト教思想を若干付加し、宣教師によって齎された新教義（the new doctorines）に対して改革宗教（reformed religion）を精力的に推進していると評した。さらに、京都における大学設立と民衆布教を評価し、真宗は日本のキリスト教に対する強力な反対者であるとの見解を示した。

一八八〇年にリードの著書『日本』が出版されて以降は、真宗教義におけるキリスト教の影響が強調された。『ロンドンタイムズ』に掲載された『日本』の書評では、「真宗は救世主信仰に、初期キリスト教の信仰義認論を持ち合わせている」というリードの主張を紹介し、キリスト教との「著しい一致」を指摘した[21]。一方、*The Independent* の一一月四日の記事では、「日本の仏教は、キリスト教の影響によってやむをえず、旧約聖書の教えのように、純粋な有神論へと彼らの教えを適合させた」と述べており、真宗における聖書的な神の概念の影響を指摘するに至った（『*MH*』一八八〇年一一月号、Editorial Paragraphs）。

このような見解は、リードの真宗論の影響と考えられる。リードは阿弥陀仏を救世主と理解し、阿弥陀仏への信心によってこそ義とされる救済論を真宗教義の特徴として捉え、真宗の救済論と神の概念がキリスト教と類似していると認識した。この認識は、『*MH*』などの宣教雑誌を通じて、まるで真宗が聖書における神の概念を受容した結果として理解されたのではないだろうか。

さらに、宣教雑誌を通じて展開された真宗論では、キリスト教と著しい類似性を持ち、もしくはキリスト教の影響をうけた真宗を表す概念として「プロテスタント仏教」ではなく、「改革仏教」と命名している。二つの用語は厳密に異なる概念を表しているのではなく、プロテスタンティズムに限定せず、初期キリスト教の影響やその模倣を含んだ広義の概念として「改革仏教」という言葉が使われるようになったのではないかと考えられる。

後述するように宣教師ゴードンは「改革仏教」「プロテスタント仏教」を同義語として紹介している。

二　ゴードンの真宗論と大乗非仏論

1　「プロテスタント仏教」論とゴードン

一方で、真宗を「プロテスタント仏教」もしくは「改革仏教」として位置づけることに対して疑問を提示したのは、同志社成立のきっかけを作ったM・L・ゴードン（Marquis Lafayette Gordon）であった。ゴードンは、一八七二年にアメリカン・ボード宣教師として来日し、一八七九年から同志社で神学・聖書クラスを担当していた。(22)

ゴードンは『*MH*』の一八八一年の四月号に「改革仏教とは何か（Reformed Buddhism. What is it?）」と題した論説を投稿し（『*MH*』一八八一年四月号）、同雑誌一八八〇年一一月号の"Editorial Paragraphs"に引用された *The Independent* の記事とリードの著書の抜粋記事を批判した。

まず、「日本の仏教は、キリスト教の影響によってやむをえず、旧約聖書の教えのように、純粋な有神論へと彼らの教えを適合させた」とする *The Independent* の主張については、事実と掛け離れていると反論した。また、真宗は救世主論と、信仰義認論を持ち合わせているというリードの主張は、簡単な教義の説明である「略説」と「領解文」にその根拠があると指摘した。

ゴードンは『MH』への論説を掲載すると同時に『菊——日本及び極東月刊誌』(*The Chrysanthemum, A Monthly Magazine for Japan and the Far East*)(以下、『菊』)の一八八一年四月号に"The Shinshiu Buddhist Doctrine of Amita Buddha and the Theism of the Old Testament"と題した論説を掲載し[23]、旧約聖書の神の概念と阿弥陀仏を比較検討し、真宗教義における聖書的な神の概念への適合を否定した。

まず、ゴードンは「プロテスタント仏教」と「改革仏教」を同義語として扱い、その定義を、(一)一つの信仰対象のみを認める、(二)その信仰対象は阿弥陀仏である、(三)崇拝者は個人の功績ではなく、他力、すなわち阿弥陀仏を信じる信仰によって救われる、と整理した上で(『菊』一八八一年四月号)、神と異なる阿弥陀仏の特徴を『MH』では四項目、『菊』では一〇項目挙げ、阿弥陀仏と神の概念とを比較検討した。これらの比較検討は、明治期日本における比較宗教学的アプローチとして、ゴードンの日本仏教論としてもその歴史的意義が大きい。やや長訳となるが、以下『菊』の一〇項目の抄訳を載せておく[24]。

一、仏教は「略説」で示されたように「凡事及物皆因及縁ノ結合ニ由テ生シ且滅ス」との教えを信じており、一切が原因と結果の結合によって生成・消滅するのだから、そこに創造はなく、阿弥陀仏も造物主ではない。

二、永遠の存在であることは、阿弥陀仏を区別する特徴ではない。「略説」には「凡人及其他ノ衆生、無窮ノ果報ヲ受ケ、一趣ニ死シ他趣ニ生ス。故ニ若人輪廻ノ苦境ヲ免レント欲レハ、必其原因ヲ断スヘシ」と言及されている。阿弥陀仏が常に存在し続けるように、すべての凡生と衆生も輪廻によって永遠に存在し続ける。しかし、正覚以前の前世において阿弥陀仏も、修行によって人間と区別される仏力と仏徳を備えた仏陀となるまで、最初は人間であった。そしてこのような阿弥陀仏の概念は詩編九〇編における神と大きく異なっている。

三、阿弥陀仏は旧約の神と異なり、不変的存在ではない。

四、阿弥陀仏は万物の保護者ではない。

五、阿弥陀仏は全能ではない。阿弥陀仏は創造者ではなく、阿弥陀仏が仏徳と仏力を獲得する前に、無数の衆生とともに宇宙が存在するので、阿弥陀仏の全知・全能性や偏在性を証明することは難しい。

六、阿弥陀仏は今生の果報を変えない。真宗は「今生ノ報ハ他ノ力ニ由テ」変えることはできないため、「現世ノ幸福ノ為ニ他仏ハモトヨリ阿弥陀仏ニ向テモ祈願スルコト」を禁じている。

七、阿弥陀仏は人間の罪に対する懲罰者ではない。「略説」で示され、自業自得の諺に具体化される教義は聖書にも見られる真理であるが、神の罪悪に対する聖書の教えとは異なる。

八、阿弥陀仏は唯一の仏陀ではなく、諸仏の中の王である。旧約聖書においては、神以外に他の神々はないと示されている。しかし、真宗仏教では、「諸仏皆阿弥陀仏ノ力ニ依テ仏果ヲ成セリ」と「略説」に記されるように、諸仏を阿弥陀仏とは根本的に異ならない実在と見なす。

九、阿弥陀仏は個体性を保持しない。赤松によると、「ニルヴァーナ（涅槃）では、(25)大きな幸福とともに、自他の区別はない」という。

十、彼に帰依する人々を救うため大きな慈愛を注ぎ、大願を示す阿弥陀仏は、聖書的な神の概念に最も近いと言及されるだろう。しかし、この概念を聖書の基準で当ててみると罪の理解が欠けている。仏教の本旨は、「煩悩ヲ断尽スル法ニ由テ苦界ヲ出離」することであり、懺悔は罪を消すことができる。そのため、旧約聖書の祭祀確立と、キリストの十字架をもたらした罪論（the doctrine of sin）とは異なる。

ゴートンは、一、二、三、五、八項で聖書の神の属性である造物主、永遠性、唯一性、全能性と阿弥陀仏を比較している。とくに神の永遠性については、旧約聖書の詩編九〇編を挙げた。詩編九〇編は、「主よ、あなたは代々にわたしたちの宿るところ。山々が生まれる前から大地が、人の世が、生み出される前から世々とこしえに、あなたは神」から始まるモーセの祈りとして、神の永遠性を顕わすものである。ゴードンは、これこそ神の重要な属性であり、阿弥陀仏とは本質的に異なると認識していた。

また、三、四、五項でゴードンが提示した阿弥陀仏の特徴は、二項で説明した阿弥陀の成仏と密接に関係している。成仏して阿弥陀仏となる以前には、万物の保護者でもなければ、その全知・全能性、偏在性も証明できない。さらに、人間からの成仏は、旧約聖書における神の不変性とも異なる点を指摘している。

四、六、九項では、聖書の創造主たる神とその保護の下にある被造物たる人間の関係性に焦点を合わせて阿弥陀仏との違いを主張している。永遠なる霊、造物主たる神は、人間を創造し、その被造物である人間の万事に関わっているのに対して、真宗は、すべてが因縁の結合によって生起・消滅するという、創造論とは全く異なる世界観を持っている。そして永遠なる霊としての阿弥陀仏の観念の不在、現世の幸福のための祈願を禁じている点などを挙げ、神の属性、人間と神との関係において、二つの宗教は根本的に異なると指摘した。

七、十項は、罪と赦しの問題である。裁く神に対して、阿弥陀仏は、懲罰者ではない。真宗の「無極ノ慈愛」による人間の救いについては、聖書の概念との類似性を認めながら、キリストの十字架による人間の罪の贖いという聖書的な罪論と救済論とは根本的に異なることを指摘している。

さらに、ゴードンは、『菊』『*MH*』で近代仏教学研究における「大乗非仏論」を用いて「プロテスタント仏教」論を論究した。

まず、イギリスの宣教師で中国学者のジョゼフ・エドキンズ（Joseph Edkins）の *Religion in China* を引用し、阿弥陀仏の由来、インドの釈迦との関係性について説明を加え、大乗非仏論を紹介した[26]。エドキンズによると、凡人や衆生が難解なニルヴァーナ思想を理解することは難しく、このようなニルヴァーナ思想を大衆化し、凡人の人心を満足させるために西方浄土という虚構が作られ、仏教の歴史における釈迦とは異なるイメージの阿弥陀仏が形成されたという。そして、西方浄土はセイロン、ビルマの仏教では知られておらず、中国や北方地域の仏教徒の最も好まれる教義として広がったと主張した。

次に、ゴードンは、南方仏教文学（Southen Buddhist literature）[27]には阿弥陀仏が存在しないとするインド仏教文学者ジョン・マリー・ミッチェル（John Murray Mitchell）の大乗非仏論を紹介した（『*MH*』一八八一年四月号）。これらはゴードンが提示した最初の大乗非仏論でもある。

つまり、ゴードンは、聖書的観点から神と阿弥陀仏を比較検討し、阿弥陀仏の神性を否定すると同時に、大乗非仏論を通じて阿弥陀仏と西方浄土の虚構性を主張し、真宗における聖書的な神の概念の受容を論破しようと試みた。日本を一時的に訪問して真宗論を展開したグリフィスやリードの皮相的な真宗理解とは対照的である。その後もゴードンは、各種演説会やキリスト教雑誌を通じて、大乗非仏論を積極的に広めていった。

次項では、真宗論争を契機として展開されたゴードンの大乗非仏論を検討する。

2　ゴードンと大乗非仏論

一八八一年五月一七日、全国で初めて知事によって許可を得たキリスト教伝道のための宗教演説会が京都で開催された。この演説会では、六〇〇人以上の僧侶を含め[28]、およそ三〇〇〇人以上（延べ一万人）の聴衆が集まったという。

そのさい、ゴードンは「阿弥陀如来の説」で演説を行い、聴衆の大喝采を浴びることとなった(29)。キリスト教新聞『七一雑報』にはゴードンの演説の内容について次のように報じている。

人或ハ阿弥陀ヲ以テ、耶蘇教ノ所謂真神ト同シキト思フ者アリト雖ドモ大謬ナリ、阿弥陀ハ造物主ニアラズ、限リナク存在スルモノニアラズ、全知全能ニアラズ、人ヲ救フノ力ナク世ヲ守ルノ力ナキヲ弁ジテ基督教ノ所謂真ノ神ト甚タ異ナル所以ト、且又ソノ阿弥陀ナル者ハ、全ク釈迦ノ教ニハアラデ、後来人々ガ想像シタルモノニテ現在之アルベキモノニアラサルコトヲ明瞭ニ説カレタリ(30)。

ゴードンは、翌六月一一日に大阪で行われた説教会では「仏門之基礎」という題で以下の演説を行った。

造物主と阿弥陀の差異は、寺方の説る、所にても既に明らかなれば、造物者に非ざる阿弥陀が如何で造物主に犯したる人の罪を赦すことを得んとて、終に阿弥陀なるものは本来仏祖釈迦の説し者ではなく、故に天竺南方には曽て阿弥陀の名ある事なし、釈迦七百年の後支那四方に始に生ぜし者にて、必竟ずる所阿弥陀なる者は其実物の有に非ず、人の想像より作り出せし者なる事を諸証を以て詳びらかに説れたり(31)。

これらの演説文の内容は、ゴードンが『菊』と『*MH*』を通じて展開してきた神と阿弥陀仏の違いや罪論、大乗非仏論から構成されており、真宗「プロテスタント仏教」論の批判と同一線上にあることがわかる。

さらに、一八八二年（明治一五）三月には、『六合雑誌』に「博士マクス、ミューロル氏阿弥陀教之説」という論文を掲載し、東本願寺派の僧侶の南条文雄、笠原研寿を指導していたオックスフォード大学教授のマクス・ミュラーの見解を紹介した。ゴードンによると、南条・笠原と同じ本願寺派の僧侶、石川瞬台が梵語の阿弥陀経をミュラーに送り、翻訳を委託したところ、ミュラーはその翻訳を「文集第五巻」に掲載し、自分の意見を付け加えたという。ミュラーの見解をゴードンが抄録して『六合雑誌』に寄稿したのが、次の文章である(32)。

是ノ阿弥陀教ノ経典ハ、釈迦本来ノ教理ト、甚タ相違セルトコロアリヤ、疑ナキカ如シ、曰ク切ニ阿弥陀ノ名号ヲ誦シ、死ニ臨ンテ一心ニ之ヲ誦スベシ、則チ西方ノ楽土ニ入リ、永遠ノ幸福ヲ得ベシト、是レ日本仏教徒ノ信仰スルトコロニシテ、即チ釈迦ノ教理ナリト主張セルモノナリ、然レドモ釈迦ハ自ラ阿弥陀ノ名号、或ハ観音楽土等ノ説ヲナセシコトナシ、又甚シキハコノ経典中ニハ、釈迦本来ノ教理ト、全ク相背反スルモノアリ、（中略）即チ自業自得ヲ以テ、其本旨トナセリ、阿弥陀教ハ然ラス、善業ニ依ルニアラス、惟タ阿弥陀ノ名号ヲ誦スル者楽土ニ入ルヲ得ベシト云ヘリ

ゴードンは、西洋における近代仏教学研究をふまえて、阿弥陀信仰が釈迦本来の教理と相反するものであるという大乗非仏論を積極的に紹介し、真宗批判を強めていた。

その後、一八八四年（明治一七）二月二九日に東京明治会堂で行われた演説（「仏教頼ムニ足ラズ」）では、仏教全般に関する批判の中で、大乗非仏論を展開し、(33) 一八九三年（明治二六）のシカゴ万博宗教大会でも「日本仏教の特徴は、それが最終的な宗教ではないことを表す」と題する文章で、仏教の霊魂説、神・絶対性に関する概念、不正確な救済論など八つの理由をあげて仏教全般を対象とした批判を展開した。(34)

ゴードンの真宗批判は、「プロテスタント仏教」論に対する反論から始まり、大乗非仏論として発展し、最終的に日本仏教全般に関する批判となっていた。

とくに「阿弥陀如来の説」「仏教頼ムニ足ラズ」の論説におけるゴードンの真宗批判や大乗非仏論は「仏陀軍の陣営を蹂躙」したと批判されるほど、仏教界の反発は強かった。(35)

一八八一年の夏ごろから『耶蘇教之無道理』の叙述をはじめ、反キリスト教活動にもっとも力を入れていたのは、真宗の僧侶たちであったが、(36) ゴードンの真宗批判や大乗非仏論の展開が、仏教界の排耶論の展開の契機になったこと

は自明であろう。(37)

3　一九世紀末宗教辞書に見られる真宗論とその行方

さて、真宗は、当該期の宗教辞書や百科事典において、どのように記述されているのだろうか。

一八八七年（明治二〇）に刊行された宗教辞書 *The Dictionary of Religion* では“Shin-shiu or Reformed Buddhism”という項目の中で、真宗の由来について次のように解説している。

この宗教は、サンスクリット語を基盤として、二世紀にインドから中国に伝来し、A.D. 三八一年に中国でHwui-zuen（著者注—Hui-Yuan／慧遠か）が開いた宗派である。日本では、一一七三年に法然によって開かれ、その門弟が発展させた。この宗派は阿弥陀仏への信仰による救済と、西方極楽浄土を信じる。

この辞書には大乗仏教への知識が反映されており、浄土宗と浄土真宗とが区別されていない。また、「この宗派の教義は、部分的にはキリスト教に、部分的にはローマカトリックに似ている奇妙な混合である」と述べており(38)、今までには言及されていない叙述がみられる。

ほぼ同時期の一八八九年（明治二二）に刊行された百科事典 *Cyclopaedia of Biblical, Theological, and Ecclesiastical Literature* では、グリフィスが叙述を担当した“shinshiu（meaning New Sect）”という項目があり、自身の著書『皇国』の真宗紹介を多く引用し、真宗は「アジアのプロテスタンティズム」と表現されている。(39)

一方で、一八九一年（明治二四）に刊行された宗教百科事典 *A Religious Encyclopaedia* には、真宗についてのより詳細な記述が見られる。

ここでは「改革仏教」を、キリスト教の影響をうけた、最近、中国と日本で発達した宗教として説明している。浄土宗と浄土真宗の厳密な区分はなされていないが、「日本では真宗と呼ばれるさらに進んだ宗派があり、欧米の仕組みとカリキュラムを持つ大学を京都に設立している」とし、日本の真宗を浄土宗より進んだ段階として説明している。そして、赤松が翻訳した「領解文」を全文引用し、キリスト教の教義との類似性を指摘した。これらは、ゴードンが提示した「改革仏教」の定義ときわめて類似している。しかし、救われたのちにおける聖化のプロセスがキリスト教との類似性として挙げられている点で、ほかの辞書と区別される(40)。

このように、真宗は辞書によって「プロテスタント仏教」もしくは「改革仏教」と定義されているが、その定義も不正確で多義性を持ったまま、欧米社会に伝播していた。

最終的に欧米社会の真宗をめぐる諸議論を整理したのは、一八七六年出版の『皇国』を通じて日本仏教、とくに真宗を欧米社会に最初に紹介したグリフィスだった。

グリフィスは、一八九五年(明治二八)に『日本の宗教』(*The Religions of Japan*)という本を著述し、真宗「プロテスタント仏教」論について詳しく述べている。

グリフィスは「日本仏教のプロテスタントは、改革仏教と呼ばれる宗派」とし、その概念を、プロテスタンティズムとの類似性と「純粋仏教」と異なる「新教主義」として説明した。すなわち『皇国』と同じ主張を堅持した上で、真宗教義におけるキリスト教神学の影響を否定し、大乗非仏論をもって阿弥陀仏と西方浄土が歴史において実在しない幻像であると結論づけた(41)。

一九世紀後期の真宗をめぐる議論は、二〇世紀初頭にはそれほど注目されていないように思われるが、真宗をはじめ、日本仏教の概説書や教義が英訳されて欧米社会に紹介されるなかで、日本仏教に対する理解が進んだと見られる。

たとえば、東本願寺派の南条文雄は、日本の現職僧侶九人によって書かれた各仏教宗派の歴史や教義に関する簡単

な紹介書 *A Short history of the twelve Japanese Buddhist sects* を一八八六年に出版した。[42] また、一八八六年（明治一九）、一八八九年（明治二二）には、「真宗東派本願寺教育課」が蔵版した『真宗教旨』と蓮如上人の御文の一部が、イギリス領事のジェームス・トループ（James Troup）によって英訳され『日本アジア協会紀要』に掲載されるなど、[43]欧米人の真宗教義に関する体系的な翻訳と学問的・実証的研究の基礎が築かれたことも、真宗理解への変化をもたらした一因であろう。

その後二〇世紀に入り、一九一一年には、原勝郎は、日本の中世の鎌倉仏教を、ルターやカルヴァンに始まる西洋の宗教改革・プロテスタントとの比較史的観点から論じた。[44] 真宗「プロテスタント仏教」論や改革仏教論の退潮は、体系的な日本仏教研究の中で改革仏教の概念が新たに成立することと関係しているのではないだろうか。また、欧米社会における仏教研究の蓄積により、大乗仏教への理解が進んだ側面もあると考えられる。

さらに時代が下って、近年の比較宗教学における真宗教義とキリスト教の近似性・類似性をめぐる議論に注目してみよう。ここにもまた、本章で明らかにしてきたような明治初期欧米人の真宗認識が影響していることを指摘せずにはいられない。

キリスト教神学者の滝沢克己は、スイス神学者カール・バルトが一九三二年に出版した『教会教義学』第一巻第二冊における浄土真宗に関する数行の注の記述を忠実に訳出し、一九七四年に「浄土真宗とキリスト教」というタイトルで、バルトの浄土真宗観を紹介した。

バルトは、一三世紀に日本において形成された浄土宗、浄土真宗は「阿弥陀仏への本願のみ」を強調する「恵みの宗教」としてキリスト教の改革的形態であるプロテスタンティズムと「並行関係」であると主張した。[45]

このようなバルトの見解は、滝沢によって日本に紹介されて以来、両宗教における救済論や神論の比較検討、宗教間の対話を牽引する役割を果たしてきた[46]。

ところで、バルトは真宗論の叙述のさいにシャントピー・ド・ラ・ソーセー（Chantepie de la Saussaye）編の *Manuel d'histoire des religions*（『宗教史教科書』）を参照している。その第一〇章の八六番「中国と日本の仏教」（Le boudhisme en Chine et au Japon）の真宗に関する記述の参考文献には、グリフィスが一八九五年に出版した『日本の宗教』（*The Religions of Japan*）が挙げられており[47]、バルトの真宗論は間接的であるが、グリフィスの影響をうけていることがわかる。すなわち、一九世紀後期に展開された欧米人の真宗理解は、現在の両宗教の類似性や宗教間の対話をめぐる議論の礎石となっていると言えるのである。

おわりに

本章では、一九世紀後期の欧米社会で広がった真宗論の展開過程を明らかにした。

真宗を欧米社会に紹介したのは、お雇い外国人として日本で活躍したグリフィスであった。グリフィスは、著書『皇国』の中で、真宗が既存の純粋仏教と異なる「新教主義」的要素に加え、阿弥陀仏への信仰による救済を主張する、プロテスタンティズムの信仰義認論の形態を持っていると認識し、このような特徴を説明する概念として「プロテスタント仏教」と定義した。

グリフィスの「プロテスタント仏教」論は、リードの著書『日本』によって欧米社会に紹介された。そのさい、リードは真宗における信仰義認論を初期キリスト教と類似しているものと理解し、阿弥陀仏を聖書の救世主と同一視した。この解釈は、リードが入手した赤松連城による英訳真宗教義の小冊子とともに、欧米社会に紹介され、とくに宣教雑誌『*MH*』を中心に、真宗とキリスト教の教義の類似性や真宗における聖書的な神の概念の受容をめぐり議論を呼び起こした。これらの議論で真宗は、「プロテスタント仏教」ではなく、初期キリスト教の影響とその模倣を含んだ広義の概念として主に「改革仏教」と命名された。

それに対し、真宗におけるキリスト教思想の影響、とくに聖書的な神の概念の受容を主張した *The Independent* の記事を取り上げ、在日宣教師ゴードンが反論を唱えた。

ゴードンは「プロテスタント仏教」「改革仏教」を同義語として理解し、その概念を、人々の救いは個人の功績ではなく、唯一の信仰対象である阿弥陀仏を信じる信仰によって救われるもの、と定義した。その上で、聖書的な神の概念とは異なるとして阿弥陀仏の神性を否定し、近代仏教学における大乗非仏論をもって阿弥陀仏信仰による救済論が非歴史的な虚構であると主張し、「プロテスタント仏教」論を批判した。これらの論争から生まれたゴードンの大乗非仏論は、その後真宗による排耶論展開の引きがねとなった。ゴードンの積極的な真宗批判は「信仰によってのみ救いを見出す」という両宗教の類似性に対する危機意識の反映ではないだろうか。ゴードンは、神と阿弥陀仏の本質的な違いと阿弥陀仏の歴史的虚構性を強調することによって、真宗に取り込まれることなく、キリスト教の布教を進めていこうとしていたのではないだろうか。このように、キリスト教徒や宣教師たちの真宗認識とそれに基づいた真宗批判は、日本仏教の形成期における真宗の体系的な排耶論の展開と深く関わっている。

「プロテスタント仏教」「改革仏教」論は、近代仏教学の実証的研究を踏まえず、不正確で少ない情報をもとに定義・解釈されていたため、欧米社会の真宗理解を大きく混乱させてしまったようである。当該期に編纂された百科事典にその実態が反映されている。その理由として、欧米と日本文化の接触の歴史が浅く、欧米社会が大乗仏教や日本仏教に関する知識を有さなかったことや、キリスト教的世界観から真宗を解釈したことが考えられる。

しかしながら、真宗をめぐる論争は、欧米社会における日本仏教への関心を高め、日本仏教とキリスト教が平等な関係において対比され、異宗教の共通点と違いを学び、相互理解を築きあげる大切な一歩をもたらした。さらに、明治期の真宗「プロテスタント仏教」論は、間接的にではあるが、バルトによって継承され、現在の比較宗教学における仏教とキリスト教の対話の可能性を開いた。この二つの点においても、その歴史的意義は評価されるべきである。

註

（1）ジェームス・ケテラー著、岡田正彦訳『邪教／殉教の明治——廃仏毀釈と近代仏教』ぺりかん社、二〇〇六年。

（2）羽賀祥二「一九世紀日本宗教史への問題提起—ジェームス・ケテラー氏の仕事について—」前掲『邪教／殉教の明治——廃仏毀釈と近代仏教』三五五～三六七頁。

（3）Edwin Ariyadasa「Sir Edwin Arnold」http://www.buddhanet.net/pdf_file/lightasia.pdf

（4）William Elliot Griffis, *The Mikado's Empire BOOK1:History of Japan, from* 660 B.C. to 1872 A.D, Harper & brothers, New York, 1876. グリフィスの著書は第一部（*BOOK1:History of Japan, from* 660 B.C. to 1872 A.D.）と第二部（*BOOK2:Personal experiences, observations, and studies in Japan, 1870-1874*）で構成されている。第二部は『明治日本体験記』（山下英一訳、平凡社、一九八四年）として翻訳出版されている。しかし、第一部は、翻訳出版されておらず、本文で引用されている *The Mikado's Empire* の翻訳は筆者によるものである。誤訳があれば、ご教示いただきたい。

（5）「純粋仏教」はグリフィスの「pure Buddhism」を筆者が翻訳したものである。グリフィスは『皇国』で僧侶中心主義、修行重視や禁欲主義などの特徴を持ち、真宗と対比される従来の仏教を総称して「pure Buddhism」と名づけた。

（6）従来の仏教史研究において「プロテスタント仏教」とは、ガナナート・オベーセーカラ（Gananath Obeyesekere）によって一九七〇年代に一九世紀以降のスリランカにおける仏教改革運動を定義するさい、伝統仏教に対してプロテスタント的でありながら、西洋とキリスト教に対して抵抗するだけではなく、それらの価値、知識や技術、制度に倣い、それを取り入れる特徴を説明するために提起された概念として用いられた。そして、近年では、「近代仏教」形成における仏教改革運動、すなわち、呪術的側面の排除を内含する教理の合理化、ビリーフ重視の仏教観を規定する概念として、日本に限らない「近代仏教」の大きな特徴として捉えられている（大谷栄一「「プロテスタント仏教」概念を再考する」『近代仏教』第二〇号、日本近代仏教史研究会、二〇一三年、二〇〜三四頁、末木文美士『近代日本と仏教』トランスビュー、二〇〇四年、一七五頁）。

（7）Edward James Reed, *Japan: its history, traditions, and religions. With the narrative of a visit in 1879*. Two volumes, London, J. Murray, 1880.

（8）『グリフィスの福井生活』福井県文書館編集発行、二〇〇八年。

（9）真宗教義とプロテスタンティズムとの類似性をめぐる議論は、一六世紀に日本でキリスト教の布教を開始していたイエズス会士の報告書簡にも見られる。イエズス会士たちは、一向宗の教義とルター（Martin Luther）の「ただ信仰のみによって sola fide」救われるというプロテスタンティズムが類似していると認識していた（狭間芳樹「近世日本におけるキリスト教と民衆―キリシタンと一向宗徒との同質性をめぐって―」『種智院大学研究紀要』七、種智院大学、二〇〇六年、一〜一六頁）。

（10）『皇国』（*The Mikado's Empire*）の抄訳における真宗に関連する一部の翻訳用語と表現は、イザベラ・ルーシー・バードの旅行記である金坂清則訳注の『完訳　日本奥地紀行』四巻（平凡社、二〇一三年）の「第五三報　門徒宗」に関する記述（九〇〜一〇二頁）から引用した。

（11）グリフィスは、親鸞が一二六二年に真宗を開宗したと記しているが、この年は親鸞が没した年である（柏原祐泉他監修『真宗人名辞典』法藏館、一九九九年、一八五〜一八六頁）。

（12）親鸞の最初の妻の名は「玉日」、一般には九条兼実の娘とされるが諸説あり。Tamayori Hime は記紀神話におけるタマヨリヒメの誤伝か。

（13）大貫隆他編『岩波キリスト教辞典』（岩波書店、二〇〇二年、五八六〜五八七頁）、木寺廉太訳『オックスフォードキリスト教辞典』（教文館、二〇一七年）、「宗教改革」「プロテスタンティズム」項参照。

（14）三崎一明「高島鞆之助Ⅲ」『追手門経済論集』四六巻（二）、二〇一二年、二九頁。

（15）明治仏教思想資料集成編集委員会編『明治仏教思想資料集成別巻、興隆雑誌』第一号、同朋舎出版、一九八六年、七頁、『日本』第二巻、二一四〜二一五頁。

（16）前掲『明治仏教思想資料集別巻、興隆雑誌』第三号、二〇頁、『日本』第一巻、八三〜八九頁。

（17）パウロは、紀元前後から六〇年ごろまで活動した伝道者・神学者である。信仰義認論を展開し、キリスト教を世界宗教にする端緒を開いたとして、初期キリスト教の歴史上重要な人物である（前掲『岩波キリスト教辞典』、松本宣郎編『キリスト教の歴史一 初期キリスト教～宗教改革』山川出版社、二〇〇九年、二五～二六頁）。

(18)「楽邦」：「西方浄土」のこと、阿弥陀仏の住する世界のこと（中村元他編『岩波仏教辞典』第二版、岩波書店、二〇〇二年、岩本裕『日本仏教語辞典』平凡社、一九八八年）。

(19)「解脱」：煩悩から解放されて自由な心境となること、「出離」：迷いの世界、煩悩の束縛を離れること（前掲『岩波仏教辞典』）。

(20) *The Missionary Herald*, No.12, American Board of Commissioners for Foreign Missions, 1879.

(21) *The Independent* は、プロテスタントの一宗派である会衆派系の宗教雑誌である。

(22)『キリスト教人名事典』日本基督教団出版局、一九八六年、五八三頁、日比恵子「宣教師M・L・ゴードンの活動」『アメリカン・ボード宣教師――神戸・大阪・京都ステーションを中心に、一八六九～一八九〇年』（同志社大学人文科学研究所研究叢書〈37〉）、同志社大学人文科学研究所編、教文館、二〇〇四年、二九八～三二六頁。

(23) M.L.Gordon, "The Shinshiu Buddhist Doctrine of Amita Buddha and the Theism of the Old Testament", *The Chrysanthemum, A Monthly Magazine for Japan and the Far East*, Vol. I, No.4, Yokohama: Kelly & Co., 1881, 同志社大学図書館所蔵、*The Chrysanthemum*（『菊』）は日本と極東アジアの歴史、文学、文化、言語、宗教、思想などに対する批評（Reviews）と翻訳文（Translations）記事を主として掲載する月刊誌であり（一八八一年一月号、Introductory Address 参照）、一八八一年一月から一八八三年六月まで横浜で発行された。

(24) 本テキストの抄訳は筆者によるものである。ただし、「真宗大意略説」については、前掲『明治仏教思想資料集成別巻、興隆雑誌』第三号の「真宗大意略説（訳文）」から引用した。

(25)「ニルヴァーナ（涅槃）」：仏教における修行上の究極目標、古くは煩悩の火が吹き消された状態の安らぎ、悟りの境地をいう（前掲『岩波仏教辞典』）。

(26) Joseph Edkins, *Religion in China*, London, Trübner & Co., 1878, p.150.

(27) セロイン島を中心に、ビルマ、タイ、カンボジアに伝わる南方小乗仏教徒の残したパーリ語経典ならびにその注釈などを含む文献は、文学的価値の高いものも含まれており、本文の「南方仏教文学」とは、パーリ語で書かれた仏教文学を指すと思われる（フランク・B・ギブニー編『ブリタニカ国際大百科事典 小項目事典』五、ティビーエス・ブリタニカ、一九九三年、パーリ文学参照)。

(28) 指方伊織「M・L・ゴードンの大乗非仏説論」『近代仏教』第一五号、日本近代仏教史研究会、二〇〇八年八月号、九九〜一三二頁。

(29) 『七一雑報』明治一四年五月二七日、不二出版(復刻版)、一九八八年。

(30) 注(29)に同じ。

(31) 前掲『七一雑報』明治一四年六月二四日。

(32) 東京青年會『六合雑誌』第二巻、第二一号、不二出版(復刻版)、一九八六年、二八〇〜二八二頁。

(33) 「仏教頼ムニ足ラズ」前掲『六合雑誌』第四巻、四五号(三四七〜三五八頁)、四六号(三六三〜三七六頁)。

(34) 孫江「表象としての宗教――一八九三年シカゴ万国宗教大会と中国」『近代中国の宗教・結社と権力』汲古書院、二〇一二年、四二〜四四頁。

(35) 古河勇「二十四年以後の二大教徒」『真宗思想の近代化』真宗史料集成第一三巻、森龍吉編、同朋舎、一九七七年、二二一〜二二二頁、指方、前掲論文、一〇二頁。

(36) 森岡清美『日本の近代社会とキリスト教』評論社、一九七六年、一九六〜二〇二頁。

(37) 本井康博『京都のキリスト教―同志社教会の一九世紀―』日本キリスト教団同志社教会、一九九八年、一二六〜一二七頁。

(38) William Benham, *The Dictionary of Religion: An Encyclopedia of Christian and other Religious Doctrines, Denominations, Sects, Heresies, Ecclesiastical Terms, History, Biography, etc.*, Cassell & Company, London, Paris, NewYork & Melbourne, 1887, p. 962.

(39) John McClintock, James Strong, *Cyclopaedia of Biblical, Theological, and Ecclesiastical Literature*, Vol. IX, Harper & Brothers, New York, 1889, pp. 686–687. グリフィスは本著で「真宗は阿弥陀を信じる瞬間に救われ聖化(聖別)される、モラリティーは信仰と等しく重要であると教える」と新たな主張を展開している。

(40) Philip Schaff, Samuel Macauley Jackson, David Schley Schaff, *A Religious Encyclopaedia:or Dictionary of Biblical, Historical, Doctrinal, and Practical Theology*, Vol. I, Funk & Wagnalls Company, 1891, pp. 334–335.

(41) William Elliot Griffis, *The Religions of Japan from the Dawn of History to the Era of Meiji*, New York, 1895, pp. 270–277.

(42) Bunyiu Nanjio, *A Short history of the twelve Japanese Buddhist sects*, bukkyō-sho-ei-yaku-shuppan-sha, Tokyo, 1886.

(43) James Troup, On the Tenets of the Shinshiu or 'True Sect' of Buddhists, *Transactions of the Asiatic Society of Japan*, vol. 14, 1886, The Gobunsho or Ofumi of Rennyo Shōnin, *Transactions of the Asiatic Society of Japan*, vol. 17, 1889.

(44) 原勝郎「東西の宗教改革」前掲『真宗思想の近代化』三五二～三五九頁。

(45) 滝沢克己「浄土真宗とキリスト教―カール・バルトの脚注に寄せて―」『浄土真宗とキリスト教』法蔵館、一九七四年、三七七～四三九頁。

(46) 「仏教とキリスト教の宗教間対話」に関する最近の研究は、ハンス－マルティン・バールト、マイケル・パイ、箕浦恵了編『仏教とキリスト教の対話』（法蔵館、二〇〇〇年）がある。

(47) バルトの真宗論の叙述は、シャントピー・ド・ラ・ソーセー（Chantepie de La Saussaye）編『宗教史教科書』（*Manuel d'Histoire des Religions*）（第二版、第一巻、一九二五年、三八二頁以下、K・フローレンツの「日本人」に関する頁）および、ティーレ・ゼーデルブローム編『宗教史綱要』（第六版、一九七頁以下）を参照したと記している。
本章で参照にしたのは、一九〇四年に発行のもの（Chantepie de La Saussaye, *Manuel d'Histoire des Religions*, traduit sur la seconde Édition allemande, Paris : Librairie Armand Colin, 1904, pp. 403–404）である。

東海中学校における椎尾辨匡の講演活動

――「共生」の思想と校風をめぐって――

高木茂樹

はじめに

一九一二年（大正元）、東海中学校(1)は台風により校舎や忠魂祠堂(2)が倒壊し、学校存廃の岐路に立った。このとき、椎《しい》尾《お》辨《べん》匡《きょう》が校長となって学園は息を吹き返した。椎尾の胸像は、学園のシンボル明照殿(3)を背後に正門を見据える場所にある。椎尾の逸話は、「学ばざる者は去る(4)」の言葉、椎尾が制定した校訓「勤倹誠実」や三綱領「明照殿を敬い信念ある人となりましょう」、「勤倹誠実の校風を尊重してよい個性を養いましょう」、「平和日本の有要な社会人となりましょう(5)」とともに、今でも建学の精神を語るさいに引用されることが多い。椎尾は、現在多様な意味合いで用いられる「共生」という言葉が、人口に膾炙するきっかけをつくったことでも知られる。「学園中興の祖」との内部での評価にとどまらず、仏教や浄土宗の近代化に貢献した人物として特筆されることも多い。

椎尾辨匡は一八七六年（明治九）、現在の名古屋市西区にある真宗高田派円福寺椎尾順位の五男として生まれる。

一八八八年、浄土宗瑞宝寺原辨識について得度する。この年の一一月、東海中学校の前身「浄土宗学愛知支校」の設立が許可され、翌一八八九年から授業が開始されている。椎尾は愛知支校での勉学を希望していたが、当初は叶わず、「浄土宗でやるなら学校をやらせてくれなければもう進退を決するとなかば戦闘にでも臨むような考えで師匠その他に談判はじめ」[6]て、ようやく一八九二年に本科三年に編入し、翌年に首席で卒業する。続いて浄土宗高等教育機関である東京本校で学ぶ。さらに、一八九八年には宗門の内地留学生となって京華中学校に編入、第一高等学校を経て、一九〇二年には東京帝国大学に入学し、宗教学を学ぶ。一九〇五年の卒業時には恩賜銀時計を受ける。

大学卒業後、浄土宗大学（後の宗教大学、大正大学）教授となり、一九一三年には「東海の究（ママ）情を見聞きし、郷土の懇請に万止むを得ず」[7]に東海中学校校長も兼任した。一九二〇年に校長を辞任して名誉校長となって以後は、共生会を組織して共生運動を展開し、社会的に大きな影響を与えた。その後、大正大学学長を三度、また一九二八年（昭和三）の第一回普通選挙に立候補して当選し、衆議院議員を通算三期つとめた[8]。一九四五年には浄土宗大本山増上寺法主となり[9]、一九七一年に生涯を閉じるまでその任にあった。

椎尾が掲げた「共生」とは、浄土宗教学の近代化を図った信仰運動の思想理念で、唐の善導『往生礼讃』の一節、「願共諸衆生往生安楽国」（「願はくは、もろもろの衆生とともに、安楽国（極楽）に往生せん」）の「共」と「生」を典拠とした造語である。この場合の「生」は、「浄土に生まれる」という未来的な意味を表すが、椎尾は「生きる」と解釈し、「共に極楽往生するために、現世では念仏生活を充実させて生きる」ことの大切さを表現した。すべてのものは他と関係し合って生起し存在し、それらは過去から現在・未来へと繋がっているとする仏教の縁起の立場を基礎とし[10]、仏典に新たな意義を付加したのである。

共生運動が始まった時代背景には、第一次世界大戦による急激な好景気と戦後恐慌による経済的混乱があり、デモクラシーの高揚、ロシア革命、米騒動などの影響を受けた労働運動や社会運動が活発化する状況があった(11)。こうした情勢下、椎尾は仏教を社会生活に生かそうと運動を起こした。共生会の活動は一九二二年（大正一一）六月、鎌倉光明寺で五三名が参加した「第一回共生結衆」をそのはじまりとする。椎尾の指導講演を主としつつ、参加者全員が起居寝食を共にし、清掃、体操、静坐、念仏、礼拝、冊子「共生のつとめ」の読誦などを折り込んだ、朝四時半起床、夜十時就床の六日間の共同生活であった(12)。

一九二三年に雑誌『共生』が創刊され、一九二八年（昭和三）には雑誌『ともいき』も発刊、一九三一年に財団法人となって積極的な活動を展開したが、第二次世界大戦中は雑誌の発行や結衆の開催などの制約を受けた。戦後、組織を立て直し、一九七一年の椎尾没後も雑誌『共生』の発行は継続され、その活動は一九九二年（平成四）まで続いた(13)。

前田恵学は、椎尾の「共生」の思想について「仏教、特に浄土教に基盤を置きつつ、第一に人間がその本来の在り方に目覚めるべきこと、第二に人間がありとあらゆる生きとし生けるものとの平等の共生、また自然との共生に立つべきこと、第三に理想世界としての共生浄土の実現を目指すべきこと(14)」の三点に総括できるとした。三点目の共生浄土とは、来世に浄土を考えていた伝統的な立場に対し、現世にも浄土を主張する立場であり、現世を忘れて来世のみに傾きがちであった伝統的立場を補強するものであった(15)。椎尾は「共に極楽往生するために、現世では念仏生活を充実させて生きる」ことを説いたのである。

椎尾を教育者の側面から論じたものには、永井隆正「椎尾辨匡の仏教教育論」（『浄土宗学研究』第九号、一九七七年）や高山秀嗣「浄土宗教育史における椎尾弁匡」（佛教大学総合研究所編『法然仏教とその可能性』法蔵館、二〇一二年）などがある。なかでも高山は、椎尾を「仏教の近代化に多大な貢献を行い、仏教の社会性を明確に意識しつつ、教育に積極的に関与し続けた仏教者[16]」と位置づけ、宗門の留学生である立場を終生意識し、浄土宗立学校の教育水準を社会的に広く認知されるような、高いものにしようとする願いがあったとの見解を示している[17]。

学園に残る「東海会報[18]」の記事を拾い出したところ、椎尾が生徒や教職員に直接語りかけた講演の記録を多数確認できた[19]。これらの講演は、椎尾が校長を辞して共生運動に身を投じた後、名誉校長として時折来校したさいに実施されたものだ。椎尾講演録の最古のものは一九二四年（大正一三）で、同年の雑誌『共生』には椎尾の「共生」思想のエッセンスともいえる「共生講壇」が連載されている。連載記事は翌年に『共生講壇』として書籍化され、一九三八年（昭和一三）には『共生教本』となり、共生会のバイブルともなった。講演がなされた時期は、椎尾の「共生」思想が体系化された時期とも重なる。

「東海会報」に掲載された講演録はその一部が『東海学園創立百年史』に引用されているが、学園関係者向け広報誌といった性格ゆえか『椎尾辨匡選集』（全一〇巻、山喜房仏書林、一九七一〜七三）には収録されていない。「東海会報」自体も、『弁論に若き情熱を燃やして』（東海学園弁論部ＯＢ会、二〇一二年）などで活用された例を知るのみである。講演録は実際の教育現場でなされたものであり、椎尾の宗教観や教育観を論じる場合きわめて重要なものだと思われる。

本章では、「学園中興の祖」と称された椎尾の学園再興の理念（校訓「勤倹誠実」や三綱領）を、高山の視点に着目しつつ、高山が十分に言及しなかった「共生」の思想から再検討してみたい。椎尾が講演で「共生」の思想をいかに語り、それが校訓「勤倹誠実」や三綱領とどのように結びついているのか。さらに、椎尾の理念が東海中学校の教育方針や宗教行事にどのように反映され、定着していったか。これらの事項を、椎尾の思想信条や時代背景を念頭におきつつ解明してみたい。

先行研究とも言うべき『東海学園創立百年史』は、戦前部分において歴代校長の在任期間をベースに編まれており、椎尾についての記述や評価も校長在任時代に集中している。それゆえ、校長を辞した後、椎尾が名誉校長としてどのような活動をしたのか十分に読み取ることができない。「東海会報」の講演録は、その空白を埋めるものとして有用だと考えられる。

一　椎尾講演の概要

表に示す通り、椎尾講演に関わる記事は全部で八九本あった。講演録が五四本、彙報欄などに日時や演題のみ示したものが三五本である。記事のある一九二二年から一九四三年は椎尾校長時代（一九一三年三月一三日〜一九二〇年一月二二日）には該当せず、名誉校長となって以降の期間である。[20]椎尾が共生結衆を始めたのは一九二二年。一九二八年には衆議院議員に当選しており、通算三期の在職期間と重なる。全国各地で講演活動を活発に行い、宗教家としても脂がのった時期でもあったはずだ。編集者による講演録冒頭の紹介文には、「博士は夜汽車で御来名になつて、今の今まで某所で御講演になり午後の三時からは復、某所の講演に臨まれる御予定[21]」とあり、多忙な日常がうかがわれる。

東海中学校での講演は、全校一斉もあるものの、その多くが一つの学年、もしくは複数の学年を対象とした生徒向けであった。「学年集会」のような比較的小規模な単位で多くの講演が実施されていた。職員向けの講演や母の会での講演も行われた。

卒業生であり、名誉校長であり、衆議院議員でもあった椎尾辨匡の講演は、在校生にとってその謦咳に接する貴重

表　椎尾講演の記録

	巻・号	発行年月	記事の表題	講演の日時と対象者	講演録の有無
1	12・2	1922.02	椎尾博士の講演	1922年1月20日	×
2	14・11	1924.11	最近米国に於ける宗教と教育との新関係		○
3	16・5	1926.05	覚醒生活	1926年4月24日，四五年生	○
4	16・7	1926.07	椎尾博士講話	1926年5月10日，午前二三年生，午後一年生	○
5	17・5	1927.05	模擬と創造	1927年5月20日，二三年生	○
6	17・6，7	1927.06	難関突破の法如何	1927年4月25日，四五年生	○
7	17・11	1927.11	誤れる体育	1927年11月5日，三四年生	○
8	17・12	1927.12	創造的学習態度	1927年11月24日，一二年生	○
9	18・4	1928.04	五年生の覚悟	1928年4月10日，五年生	○
10	18・6	1928.06	中学生の行くべき道	1928年4月10日，四年生	○
11	18・7	1928.07	大国民となるの道	1928年6月11日，二三年生	○
12	18・9	1928.09	学習の方法		○
13	18・10,11	1928.11	御大典記念	1928年10月5日，四年生	○
14	18・12	1928.12	新時代の学生の覚悟	1928年11月12日，五年生	○
15	19・3	1929.03	時代を解せよ	1929年2月18日，四五年生	○
16	19・7	1929.07	学生への警戒	1929年6月17日，五年生	○
17	19・9	1929.09	人間性を発揮せよ	1929年7月11日，四年生	○
18	19・11	1929.11	研究精神	1929年11月11日，五年生，12日，四年生	○
19	20・1	1930.01	東中精神	1930年1月20日，一年生	○
20	20・2，3	1930.03	第一線に立つて働け―卒業式訓示にかへて―	（五年生）	○
21	20・4	1930.04	志望を確立せよ	1930年4月12日，五年生	○
22	20・5	1930.05	崋山先生を偲ぶ	1929年11月12日，四年生	○
23	20・6	1930.06	真実の学修法	三年生	○
24	20・7，8	1930.07	志気を確立せよ	1930年1月25日，三年生	○
25	20・9	1930.09	深く耕せ	1930年7月14日，一年生	○
26	20・11	1930.11	国語の建設に進め	1930年7月14日，五年生	○
27	21・2	1931.02	死を破つて進め	1931年1月30日，四年生	○
28	21・3	1931.03	卒業後の進路	1931年1月30日・2月20日，四五年生	○
29	21・4	1931.04	行る可き時は今	1931年2月20日，一年生	○
30	21・5	1931.05	三つの浪費	1931年2月10日，三年生以下	○
31	〃	〃		1931年5月11日，一二四年生	×
32	21・6	1931.06	作業教育について	1931年6月1・5日，三四五年生，職員	○
33	21・7	1931.07	勤倹誠実		○
34	〃	〃	（業務価値に関する講話）	1931年7月10日，職員	×
35	21・10,11	1931.11	教育の将来		○
36	22・1	1932.01	時局に対する国民の覚悟	1931年12月4日，全校	○
37	22・2，3	1932.03	涅槃	1932年2月15日	○
38	22・4	1932.04	法然上人	1932年4月8日，一二三年生	○
39	〃	〃	（上記とは別内容の講演）	1932年4月8日，四五年生	×
40	22・5	1932.05	（時局講演）	1932年5月27日，職員，全生徒	×

	巻・号	発行年月	記事の表題	講演の日時と対象者	講演録の有無
41	22・8,9	1932.09	国体精神の発揚	1932年9月16日，全校	○
42	22・10	1932.10	母の責任	1932年10月10日，母の会総会	○
43	22・12	1932.12	四，五年のお母様方へ	1932年11月27日，四五年母の会	○
44	23・2,3	1933.03	中学を卒へんとする諸君へ	1933年2月13日，四五年生	○
45	23・4	1933.04	朝鮮の教育	1932年12月3日，職員	○
46	23・5	1933.05	聯盟離退の詔書と本校精神	1933年4月24日，全校	○
47	〃	〃	(修養講話)	1933年5月6日，職員	×
48	23・7	1933.07	衆庶各々其業務に淬励せよ	1933年7月4日，職員，全生徒	○
49	23・8,9	1933.09	日本精神	1933年9月15日，職員，全生徒	○
50	23・11	1933.11	過去十年と将来の十年	1933年11月20日	○
51	23・12	1933.12	釈尊の成道	1933年12月8日，全校	○
52	24・3	1934.03	新卒業生への餞	1934年1月15日，五年生	○
53	24・4	1934.04	本校の特色	1934年4月10日，全校	○
54	24・5	1934.05	学年初に於て	1934年4月20日，全校	○
55	〃	〃		1934年5月16日，職員	×
56	24・11	1934.11	満鮮土産	1934年9月1日	○
57	24・12	1934.12	徹底的に進め	1934年10月26日	○
58	25・1	1935.01	成道会講話	1934年12月3日	○
59	25・2,3	1935.03	昭和十年を迎へて	1935年1月14日	○
60	25・9	1935.09		1935年9月16日	×
61	25・11	1935.11		1935年11月14日，母の会総会	×
62	26・1	1936.01	記念講演成道会	1935年12月9日，全校	○
63	〃	〃		1936年1月10日，五年生	×
64	26・6	1936.06	台湾の旅	1936年4月17日	○
65	26・9	1936.09	(満洲事変に関する講演)	1936年9月14日，(全校)，母の会	×
66	26・12	1936.12		1936年11月27日，四年生	×
67	〃	〃		1936年12月22日，全生徒	×
68	27・1	1937.01		1937年1月11日，五年生	×
69	27・5	1937.05		1937年5月15日，母の会	×
70	27・6	1937.06	(時局に関する講演)	1937年6月4日，職員	×
71	〃	〃		1937年6月14日，父兄会総会	×
72	27・8	1937.09		1937年9月10日	×
73	28・4	1938.04		1938年4月18日，母の会総会	×
74	28・9	1938.09		1938年9月26日，母の会例会	×
75	28・12	1938.12	(成道会)	1938年12月3日	×
76	29・2	1939.02	(涅槃会)	1939年2月15日	×
77	29・6	1939.06		1939年6月5日，父兄会総会	×
78	29・7	1939.07	(宗教講演)	1939年7月3～5日，職員	×
79	29・10	1939.10		1939年9月6日，全生徒	×
80	29・11	1939.11		1939年10月2日，四五年生	×
81	29・12	1939.12	(御忌会)	1939年11月25日	×
82	30・1	1940.01		1940年1月15日，五年生	×
83	31・5	1940.05		1940年4月26日，父兄会総会	×
84	31・6	1940.06		1940年6月17日，全校	×
85	31・10	1940.11		1940年10月14日，母の会例会	×
86	31・12	1940.12	(新体制により将来の社会制度の変革並びに此れに対する学生の進むべき方向態	1940年11月25日	×

			度に就きての講演）		
87	32・4	1941.05		1941年4月14日	×
88	33・1	1942.02		1942年1月9日，五年生	×
89	361号※	1943.09		1943年1月22日，五年生	×

出典　『東海会報』より作成。「記事の表題」，「講演の日時と対象者」のうち，記事から明らかにできなかった箇所は空欄とした。
註　※通巻番号のみ。

な機会だったはずだ。編集者によるリード文には「其息も隙も無い御精進には、一同先以て感激に撃たれ、諄々と説かれた御教訓に対しては、今更らに覚醒の血を燃さずには居られなんだ[22]」とあり、感化を受ける者も多かったと想像できる。

　こうした視線は、学内の講演ばかりか学外の選挙演説のさいにもみられたようである。前田恵学は椎尾の選挙活動を、「まだ旧仏教の力もあり、旧仏教を背景にして選挙に出た代議士も少なくなかった。今日とは選挙風景も違っていた。椎尾師が私の隣の寺の本堂の青白い裸電球の下で、近隣の農家の人々を集めて演説をし、緊張した面もちで聞く光景は、精神訓話の如くであった」と表現し、「何よりも仏教や僧侶に対する尊敬の念がかなりあった[23]」と述懐している。「師表」と呼ばれた椎尾の立場は学内外でも変わらなかったようである。

　講演録は椎尾の口述を記録したものがベースになっているが、「博士講演の大意を記したもの[24]」とあり、逐語的な講演録というよりは大意を損なわぬ程度に編集が加えられたものと考えられる。椎尾に師事し後に浄土門主となった藤井實應は、共生運動中の椎尾の様子を「一日五席乃至六席の原稿なしの熱烈な講話[25]」と表現しており、東海中学校でも原稿なしの熱気あふれる講演が行われたものと思われる。

　「東海会報」は在校生とその家族、および卒業生を配付対象としたもので、過度の編集をかける必要のない内向けの広報誌である。そうした性格を考慮すれば、名誉校長という立場から発せられた忌憚のない本音の講演が記録されたものと言えよう。

二　講演の内容

『東海会報』に記録されている五四本の講演が実施された一九二四年から一九三六年とは、どのような時代だったであろうか。世界的に見ると、ソ連の成立をうけて共産主義の影響が世界的に波及した時期であった。日本国内では、一九二三年に関東大震災が起こる。一九二五年には共産主義の脅威に対する「飴と鞭」の政策といわれる男子普通選挙法と治安維持法が公布される。一九二六年末に昭和への代替わりがなされ、一九二七年の金融恐慌で経済の先行きが不安視される。その後、一九三一年の満洲事変、一九三二年の五・一五事件など、軍国主義の台頭と中国大陸進出が顕著になってくる。一九三三年の国際連盟脱退、一九三六年の二・二六事件などを経て戦時体制の強化へと時代は流れる。

五四本の講演はこうした時代背景のもとに展開されたのである。本章では講演の一つ一つを取り上げることはしない。椎尾が何を思い、何を語り、何を伝えようとしたのかを、五四本の講演全体を通じていくつかの視点から総体的に捉えていきたい。

1　椎尾の思想信条

まず、天皇に対するまなざしである。明治天皇をはじめ、天皇について多く言及している。

明治天皇については、一八九一年の大津事件でニコライ皇太子を見舞った迅速な対応などを例示しつつ、「誠に偉大の御人格にわたらせられた。其偉大に拝せられた根源は、何事にも信念を以て当らせられた事と、又何事にも全力を御傾注になつた処に有つた」と称賛する。自身が東京帝国大学卒業時に銀時計を拝受した体験を回顧しつつ、「明治大帝の御前に佇立した時、大帝の詔に対しては身も心も捧げやうと決心した。其決心が私の志を立て、私の一生を指導していく信念となつた」(26)と、明治天皇に対して崇敬の念を示し、精神的支柱であると明言している。

昭和天皇については、「神武天皇以来、百二十余代の天皇中明治天皇は、特に偉大の御性格で有つたが、今上陛下は祖父大帝に誠によく似通はせ給ふ」と、明治天皇同様の心情を吐露し、「此御力強き若き帝の御心に副い奉り、昭和の御代に処さねばならない。聖旨の大要は、明治、大正の御心を承け、遠祖の御心に基き、堅実なる民風を作興し、更らに世界の調和を計らせられんとする処に在ると拝察する。我々は教ふる身と、学ぶ身とを問はず、各本分を尽して聖旨に順応せなければならぬ」(27)と決意を表明している。

大正天皇については講演の記述ではないが、一九一七年一二月二八日のこととして「例月のごとく二灯会に出席したとき、あるお方より大正天皇は日本の現状をことのほかお悩み遊ばされたもうていることを承った。……誠に畏れ多き御悩あらせられることを洩れ承って、赤子として大いに考えねばならぬと深く決する」と書いている。翌一九一八年、浄土宗管長山下現有による伊勢大廟と明治天皇の桃山御陵への参拝を機に、国民覚醒運動として時局特別伝道が始まり、「まず一宗をあげて時局覚醒の運動に着手し、五条七件の要目に基づき正義、業務、時間、節約等の項目について仏教信仰上または国民生活上からいかに処すべきかについて極力覚醒に努力いたしました。これが共生運動の起源といわれるべきもの」(28)と述べている。天皇への思いが、共生運動を呼び起こしたようだ。

藤井實應も、「戦中の皇道仏教提唱は単なる時流に投ずるものではなく、明治人としての先生の皇室への崇敬の本来的なものに基因する」(29)と回想している。椎尾が国家存立の基盤として皇室を尊重する揺るぎない立場をとっていた証左であろう。

次に、時代をどう捉えていたかである。一九二七年五月の「模擬と創造」という講演では、昭和天皇の「浮華ヲ斥ケ質実ヲ尚《たつと》ヒ模擬ヲ戒メ創造ヲ勗《はげ》メ」という践祚後朝見式の勅語を引用する。文化は「花よりも実、体裁よりも実質を尚ぶ、真剣な無駄の無いものにせねばならない(30)」と断じ、天皇の言説を受けて大衆文化を堅実さを欠くものとみていた。

一九二七年四月の「難関突破の法如何」という講演では、金融恐慌後の状況を見据えて、「現代の日本社会は実にあらゆる方面が神経衰弱にかゝつて居る。就中目下は経済界が最も甚しい(31)」と断言する。教育高調時にかかわらず卒業生（全国の学校全般）の就職難は年々厳しくなり、その結果自殺者が増えるのではないかと懸念している。

一九二九年六月の「学生への警戒」という講演でも、「諸君を誘惑する魔物に酒と女が有るが、更らに恐るべきは赤化運動者で有る。彼等は今や中等高等の学生を対象として猛運動を起して居る(32)」と、警鐘を鳴らす。椎尾は、天皇を中心とする国家体制を毀損する危険思想として共産主義を敵視していたようである。

一九三三年七月の「衆庶各々其業務に淬励せよ」という講演では、五・一五事件などを経た世情を「世には神経質で、他人の行《や》る事ばかりに目を着けて、兎もすれば気に入らぬと言ふので手を挙げて殴りつける者が有る。（右傾）それはいけない。自分が真直に行つて行けば良いのだ。又理屈ばかり捏ねて、行るべき事を行らない。何故行らぬかと問へば、明日から確《しつか》り行るのだと言ふ。（左傾）此二者は共にいけない。真直な所に眼を着けて自分の仕事を確り行るのが宜しい(33)」と、世の中が右傾することも左傾することも危惧する。

椎尾は「浮華軽佻を去り、恭倹勤勉に仕事をする(34)」ような堅実な社会の実現を望んだ。皇室尊重の立場ゆえ、軍部の台頭や共産主義の浸透に神経をとがらせ、国体を危うくするものと感じていたのであろう。

2　椎尾の宗教観

椎尾は仏教をどのように捉えていたか。一九三二年二月の涅槃会の講演には、その仏教観が端的に表現されている。講演は釈尊の生誕、四門出遊などを経て覚りの場面へつづく。

そこで、生きかへつた気持になり、ブダガヤの平野に出で菩提樹の下に静座して真の人生を考へた。此身体が自己一人の物で無い事が分つて来た。天地諸力の集合体で有る。それで、一木一草悉く自然の相を現はして居る様に、人間も人間らしい生活をせねばならぬ。禽獣草木より尊い働をする事だ。目覚と喜の中に働く事だ。今日の喜が空前の喜となるには、今日の覚醒が無ければならぬ。毎日研究真を求めて止まざる心、之を仏教で大菩薩心と言ふが、之に依つて向上発展するのである。人々各自に職業が有り、使命が有る。それに対して、満幅の研究満腔の力を打ち込む時、本当の楽が有る。これが涅槃で有る。我々の肉が喜びの中に働き、本当の仕事の中に働く之が涅槃で有る。諸君が学習に純真に力を打込み得る時、其瞬間が涅槃に達するのである。(35)

この講演で椎尾は、「此身体が自己一人の物で無い事が分つて来た。天地諸力の集合体で有る」との表現で仏教の根本原理「縁起」を説いている。一九三三年一二月の成道会の講演でも、「第一此身体が天地の力、親の力、社会の力の集合体で有る。我々が自己の業務をいそしむ時、それはやがて天地の力の現はれである。それが軈《やが》て天地の公道であり世の中の生命である」(36)と、同様の表現をしている。この命の縦横のつながりが「共生」という言葉に収斂するのである。

一九二八年四月の「五年生の覚悟」という講演では、肉体の完成期に近づきつつある中学五年生に語りかける。「教育の完成、第五学年生の覚悟は、生きた人間の肉と成ること、目覚めた、喜んだ肉となることで無ければならぬ」と述べている。また、「人生十七八歳から二十一二歳頃までが、最も信仰的敬虔の念の起る時[37]」であると諭し、宗教的涵養を深めるに最も適した時期を迎えたことも伝えている。

また、別の講演では、「我東海中学校は、法然上人の流れを受けて結ばれた学校で有る。人の為我が為に明るい道を開いた上人の精神を、継承すべき運命を荷つて生まれた学校である。諸子の行くべき道は、真剣味溢れる人格と成る事だ。困難を忍んで邁進せよ。九歳から八十歳まで真剣に研究した親の心を承けて[38]」と、釈尊同様に研究に専心した人物として法然に深く敬意を表している。中学生に対して仏教の根本原理「縁起」に「目覚め」、懸命に今日を「生きる」ことを説いたように思われる。

3　椎尾の教育観

①学習習慣の育成

椎尾は「学習の第一歩は、先生を真似る事より始まる[39]」とする。また、「記憶力も大切でありますが、記憶力だけでは進歩することが出来ませんから大いに注意し、研究して記憶を基礎として学課を自由に取扱つて、人より進[40]」む、予習の必要性を説く。

「深く耕せ」という一年生向けの講演では、米の収量成績のよい深耕栽培を引き合いに学習方法を紹介する。「一年の初から深く〳〵掘り起して根が充分に張る様にせねばなりませぬ。語学でも数学でも、其他有らゆる仕事に全力を注いで深く〳〵やらなければならない[41]」と、初学年からしっかりと学習することを勧める。

中学時代は、「注意力、推理力の時代であつて積木の時代で無い」とし、単語の暗記カードを使用するのは、「思はざるの甚だしきもの[42]」と一蹴する。そして、「中学教育の主要なる任務は覚えさせる所に在るのでは無い。模擬的の学習態度にこびり付いて居てはいけない。中学教育の要点は当《ま》さに創造的でなくてはならない」と述べ、「諸君、日々の学ぶ事に付、何故か、どうなるかを考えよ。其時諸君の勉強は、悉く諸君の肉となり、力となり、仕事となるで有らう。之が真に生きる道で有り、諸君が生きれば、周囲が生きるで有らう(43)」と、記憶よりも因果関係に重きを置いて学習すべしとし、それがわが身ばかりか社会にも還元されると説くのである。

また、「中学校で学ぶ事は一面の真理の羅列に過ぎぬ。然るに同一物でも無数の場面が有り、且つ絶えず動いて居り、断えず変化して居る」とし、「されば我々は既成の学術智識に満足する事なく、将来何処までも研究して自らも明るく進み、他人をも明るく進ませねばならない(44)」とも説く。知識も諸行無常のごとく、絶えず変化している。記憶だけに依拠した固定的な知識は変化には対応できないので、生涯学び続けるべきだというのである。

学習態度についても言及する。「我々が学問をする時には、真剣になつて、我が身と其学科が一体となつてしまはねば駄目である。馬術の稽古をする人は、我が身が馬か、馬が我が身かと言ふ域に進む」べきだとし、「頭の中に色々の学科が千切レ〳〵に覚え込まれた丈けでは、決して我が物で無い。学科と我が身が合体して居ないのだ。嫌な学科が出来ては、いけない。嫌な学科ほど一生懸命になつてやりなさい。すると何の学科も皆好きになるもので有る(45)」と、満遍なく学習することを推奨している。

個々の教科については、数学嫌いの学生が多いことを嘆きつつ、「本当の数学が計画に用ひらるれば日本はモット〳〵進歩する」と数学の有用性を強調する。語学については、「英語で聞き英語で表はさんとする努力が足らない。赤子が少しの言葉しか持たぬながらも、其で何も彼も用を足さうと全身の力を集めて呼びかける態度を学ぶべき」と助言する(46)。

中学卒業後の進路については、「我々の進路は利益に由つて打算して出て来るものではない。儲かる故に医師に成らう。高き位置を得易いから大学へ進まうなどと考へる」ことを戒め、「諸君が前途の方針を立てる唯一の方法は、自己の能力より打算する事である。適材を適所に向けるが第一である。……先以て個人としては、自己の長所に進め、仮令経済的に不利としても、自己の才力発揮に邁進せねばならない」と提言している。そして、「大学教育は学問の蘊奥を窮めしむるを目的とする」ものとし、次のようにまとめている。

　茲《ここ》に私は繰返して言ふ。諸君は生活の資料を得んためならば、又以上説述した大学素地の三大部分の智識〔筆者注：語学力、数学を中心とした理論的知識、自然科学の知識〕に付て豊富を欠くならば、専門の職業教育に向つて進みなさい。又学問の蘊奥を極め、其道を以て国家社会に貢献せんと思ふならば、大学に入つて、専心斯道の為めに尽し地位、財産を眼中に置かない事が最も大切で有る。[47]

大学教育で必要とされる三つの知識のうち語学と数学については、中等教育においてもその重要性を強調しており、大学への学びに繋がる重要な教科という認識があったようだ。

②生活習慣の確立

椎尾は、「共生」の原理に「目覚め」、懸命に「生きる」ことを説いた。そうした人生を歩むため、日々の過ごし方について言及している。

　第一今日の充実に努力せねばならぬ。諸子が将来、高等の学校に入り、社会に立ち各々の任務を完うする道は今日の本分を完うする処より基礎づけられる。今日、最も規律正しく、今日、最も熱心に、今日、最も元気に生活せなければならない。諸君の内には明日から勉強せう。来月から心を改めやう。来年から真面目にやらうと考へて居る人が有る様に思ふ斯様な人は、明日になれば、復明日から、月が変つたら、年が変つたらと相変らずブ

ラ〳〵で酔生夢死して行くもので有る。(48)

今日という日を大切にし、学業に励み、やるべきことを「明日から、来月から、来年から」と先延ばしにしてはならないという。椎尾にとって、「人生は研究」であり、涅槃への道を目指すべきものであった。学問研究の目的は実生活の充実であり、実生活は時間の連鎖であった。一日一刻を懸命に生きるために時間ほど大切なものはないと考えた。椎尾の和歌「時はいま　ところあしもと　そのことに　うちこむいのち　とはの御命」は、このような今を懸命に「生きる」という深い洞察が落とし込まれたものに思われる。

生活習慣の確立のためには意志を養うことが大切であるが、はじめから過大な目標を立ててはならないと諭す。「三度〳〵の食事の前に『頂きます』、食事終つて『御馳走様』(49)といふ事を継続してやろうと決心して御覧なさい。之は必ず実行が出来ませう。そうして次第に立派な人格が養はれる」(50)と、意志を養う第一歩として食作法を奨励している。今日でも、東海中学・高等学校で実践されている食作法の源流であろう。

4　建学の精神

いまも継承されている校訓や三綱領は、椎尾の思想信条や国家観、宗教観と深く関わっている。講演内容から関連する箇所を探ってみたい。

①校訓「勤倹誠実」

椎尾は講演の中で、しばしば校長就任時のエピソードと建学の精神を語っている。

大正の初に此学校の存廃問題が起きたのです。廃校説も大分強くは有つたが、結局存置する事になり、私は東京から通ひつゝ一校を背負つて立つ事になつた。当時一中[51]の日比野先生は盛んに運動を奨励せられ、明倫[52]では知能第一主義で之に対抗せられた。其時私は思つた、一中の方針も悪くは無い。明倫の主義亦宜しい。……併《しか》し社会の中堅を作る事が更に必要である、信念の有る確実堅固な人間（足だけで無い、頭だけで無い）を作る事が更に必要な筈だと。其処で定めたのが仏教の大精神の一面で有る勤倹誠実の二大徳目をモットーとして進まうと言ふ事で有つた。言ひ換へるとマジメでハタラク事で有る。此事さへ出来れば世間に信頼される人間と成り得るので有る。[53]

別の講演でも、「私は諸君に対し、此〔筆者注：信仰的〕敬虔なる態度を以て、国家の中堅人物たるの修養を積まれんことを冀望する」[54]、「諸君智識偏重を戒め、動物性を駆逐して堅実なる精神を養ひ仕事に喜び進まん事を切望する」[55]というように、「中堅」や「堅実」などの表現を用いて理想とすべき人間像を示している。

「勤倹誠実」の校訓は、一義的には覚りに至る道をまじめに希求するという仏教的なものであろうが、浮華な世を憂いて「マジメでハタラク事」を熱望する椎尾の意思表明であるようにも思われる。共産主義運動を警戒する件では、「東海中学の校風は勤倹誠実で有るといふ事を実現させたい。諸君には立派な学校のモットーが有る。願くは世の風潮より超越して、其荒波を押切り其悪風を叩き破ぶる人が出てほしい」[56]と説いている。

椎尾は、天皇を中心とする国家を護持したいという社会観を持っており、それを毀損するような動きには懐疑的で、「今一つ大切な事は如来心と云ふ事である。之は自然の法則を尊重して無理をしない事である。世間には晴れやかな手取早を望み、無理をし、過激な事をする者が有るが、之は身を亡ぼし、社会を破る事になる。悠久の精神、無理の無い行動が大切である」[57]と説くのである。こうした椎尾の思いを取り入れてつくられた校歌[58]一番は、「誠実我を欺かず　勤倹永久《とは》にいそしみて　天をおそれて矩《のり》踰《こ》えぬ　至純の心ねがはくは　この霊光に照らされて　確信の歩をかた

めつゝ　皇国《みくに》の民の道往かん　高き理想の道往かん」と歌われており、椎尾の国家観を映し出したものと思われる。

②三綱領「明昭殿ヲ崇敬シ〜」

椎尾は「本校の特色」という講演で、「本校が明治の末に中学となつてから今日に至る二十余年の間に、表面に立つ校長は数回代つたが、……他の官公立学校に見る事の出来ぬ一貫性を持つて居るのが本校の特色で有る。自分も名を出すと出さぬとの区別はあるが、断えず多少の関係を持つて居る」とし、自らの立ち位置も含めて一貫した方針で教育が展開されてきたことを強調する。そして、教育をめぐる状況の変化を踏まえつつ、東海中学の特色を次のようにまとめている。

本校は全く教育目的を以て生まれ官公立で出来ない特色ある教育をするのが根本で有る。それが従来は政府の方針の為に、本校の特色を発揮する事が出来なかつたが、昭和時代になつて教育の画一打破の要求が各方面に起り、文部省に於ても方針を変へて来て、段々本校の主張が通る様になつた。然らば本校の主張は何で有るか。第一信念の教育で有る。上級学校合格を唯一の目的とする誤つた方法を打破し、伸び盛りの者に信念を持たせるのが根本で有る。信念を単なる宗派の仕事で有る様に誤解してはならない。今日国家最大の憂は国民の無信念といふ事で有る。教育の程度高き程非国民の多いと云ふ事である。其処で翕《きゆう》然《ぜん》として信念教育の必要が叫ばるゝに至つたのである。(59)

現在東海中学・高等学校で実践されている宗教教育は、浄土宗に導く宗派教育ではなく、仏教精神を通じて豊かな人間育成を目指す宗教情操教育である。椎尾の発言は、宗教教育が建学当初から一貫した方針でなされていたことを示している。三綱領の「明照殿を敬い信念ある人となりましょう」に通じる大枠には変化はないようである。

③三綱領「〜善良ノ個性ヲ啓発スルニ努ムベシ」

椎尾は「勤倹誠実」という講演で、官公立学校に対する私立学校の優位性を二点あげている。官公立学校は財政的に恵まれ設備は充実しているが、「校長職員の永住性が乏しい」とする。それゆえ、「学校の主義方針といふものが時々変動する計りで無く、一人の校長の方針にも徹底性を欠く」と指摘する。続けて、「教育の最も大切な事は設備では無い。先生方の精神主張がピッタリ這入る事で有る」とする。「大正の初に私は此学校に関係した。今表面に於て関係は無いが、私共の主義方針が今も残つて居るのである。此主義主張を永遠に貫き得る処が私立学校の喜びで有り、私立学校の尊い処で有る」と、一点目をあげる。

そして、「第二に、教育は個性を尊重せねばならない。皆の顔が違ふ様に皆の個性が違ふ。それで教育は生徒や先生の自由を認めるが宜しいのである。教育の画一は避けねばならぬが、規則だけで管理する学校は先生の扱方も生徒の扱方も自然に画一になる。之が官公立校の第二の短所で有る」(60)と、私立学校の優位性の二点目をあげている。生徒や教師に自由を与え、画一的な教育を避け独自の教育を追求していく。三綱領の「勤倹誠実の校風を尊重してよい個性を養いましょう」に通じる理念を示している。

④三綱領「〜常ニ教育勅語ノ趣旨ヲ体シ国家有要ノ徳器ヲ成就スルニ勉ムベシ」

椎尾は卒業を控えた五年生に対し、将来の選択肢の一つである大学について次のように問う。「世間には盲目的に大学に向つて突進せんとする者が多い。……大学は学業研究の場所であつて職業を授くる所では無い」と苦言を呈しつつ、「諸君は将来如何なる業務に就く積で有るか。学界に身を立てるも宜しい。併しそれは研究的でなければ駄目だ。生活の為めなら駄目です。如何なる業務に就くも其れに依り国家を負つて起つといふ考が大切である。堅実な実力を養ひ、努力と考察によつて進まなければならない[61]」と、これまで東海での生活で培った気風の確立を促している。別の講演では、「自己の全生命を研究努力に投げ込み、一生を貫いて向上して行く時、其処に光明世界が展開するで有らう[62]」、「日本の進む可き道は研究力を以て世界を引摺る事でなければならぬ[63]」というように、仕事をするさいには研究心が必要であることを強調する。今を懸命に「生き」、天皇を中心とする国家を背負うような人間になるべきとの指針であり、三綱領の「平和日本の有要な社会人となりましょう」に通じる理念を示している。

おわりに

現在使用されている生徒手帳には、校訓、三綱領、校歌、食作法、「とはのみいのち」の歌などが収録されている。これらは、仏教の原理「縁起」に「目覚め」て今を懸命に「生きる」ことを説いた、椎尾の「共生」の思想をベースとしている。

椎尾に対する評価は、校長在任の七年間という時間枠でとらえられがちである。その後の名誉校長としての長きにわたる講演活動は見落とされていたのではなかっただろうか。講演の題目は違っても、椎尾は同じような発言を繰返している。直接講演を聴いた在校生ばかりではなく、会報の誌面を介して多くの卒業生や学園関係者もその講演内容を知るところとなり、校風の確立にも大きな役割を果たしたものと思われる。

「椎尾先生が名誉校長として、直接に教育面、経済面、校長人事面すべてに大きな陰の力となって、活躍しているわけであります[64]」と表現された通り、名ばかりの名誉職ではなく学園の牽引役として八面六臂の活動をしていたことがうかがえた。講演内容を検討して、「東海学園中興の祖」と言われるゆえんは、校舎再建というハード面ばかりでなく講演活動などを通じて校風を築いていったというソフト面も大きかったのではなかろうか。

椎尾は天皇を中心とする国家に信頼をおき、それを毀損しようとする共産主義を敵視する立場をとり、堅実に仕事をすることを熱心に説いた。こうした人生哲学にとどまらず、日常の学習活動についても事細かなアドヴァイスをする。予習が必要であることを説き、初学年から深耕主義で学習することを推奨した。記憶だけに依拠した固定的な知識の習得には批判的で、社会の変化に対応するために全生涯にわたって学び続けるべきであると力説した。個々の教科を満遍なく学習することを勧めつつ、大学での研究を見据え、とくに数学や語学に力を注ぐように述べている。儲かるから、高い地位を得やすいからという理由から大学に進もうといった自己の利益のための打算的な進路選択を戒め、自己の能力により選択すべきであると説いている。

縁起を理解（「目覚め」）し、学業や仕事に打ち込む（今を懸命に「生きる」）ことこそが人生であると考えた椎尾にとって、日々の過ごし方は重要事項であった。生活習慣の確立、なかでも時間の管理について厳しい。そこには、「人生は研究」であり、涅槃への道を目指すべきものであるとの仏教理念があった。学問研究の目的は実生活の充実であり、実生活は時間の連鎖であった。「時はいま　ところあしもと　そのことに　うちこむいのち　とはの御命」に収斂される、今を懸命に「生きる」ことであった。「生きる」ために食する天地の恵みに感謝する食作法の勧めは、「共生」の原理にも繋がっている。

校訓「勤倹誠実」は、一義的には覚りに至る道をまじめに希求するという仏教的なものであった。加えて、椎尾は、浮華な世を憂いて生徒に対して、「まじめに働く」堅実な人間になってほしいとの思いを持っていた。

三綱領のうち「明照殿を敬い信念ある人となりましょう」は、仏教精神を通じて豊かな人間育成を目指す宗教情操教育の指針であった。「勤倹誠実の校風を尊重してよい個性を養いましょう」は、画一的な教育をする官公立学校に対するアンチテーゼでもあった。「平和日本の有要な社会人となりましょう」は、仏教精神に基づき研究心を持ち続け、今を懸命に「生き」て、国家を背負うような人間の養成を目指したものである。

浄土宗立の僧侶養成校を起源とする東海中学校にとって、一般中等教育機関になったとはいえ、宗教教育は存立理由に関わる問題でもあった。戦前、宗教教育は、教育と宗教の分離という文部省の方針からできなかった。それゆえ、椎尾は忠魂祠堂の再建にあたり、「文部省の指示に抵触しないかたちでの本学園の宗教教育について熟慮されて、阿弥陀様を拝むことでは許されないから、明治天皇と昭憲皇太后のご尊牌をお祠りして、これに日々お詣りするというかたちを考えられ、その頭文字を並べた「明昭殿」ということに改称(65)」するという策で、阿弥陀仏と天皇を並立させることで宗教を学校教育に内包させた。

このほか、椎尾は宗教教育禁止に抵触しない行為や行事を模索していた。日々の明昭殿への拝礼、食作法、明昭殿での校長による修身の授業（戦前の歴代校長はいずれも僧籍を持つ）、明昭祭（御忌会：法然上人の命日は一月二五日だが戦前は五月一日に実施(66)）、追悼会（学園関係物故者遺族を招き一〇月に隣接する建中寺で実施(67)）など、これらの営みは多少の変化を伴いつつも新制となった東海中学校・高等学校で今も生き続けている。

明治初頭の廃仏毀釈で危機に瀕した浄土宗では、福田行誡が近代社会における僧侶としての戒律生活と学問への志向を説き、宗門の将来のために学校を経営して宗徒の養成に力をつくすべきとの考えを示した。それが結実するのは大正年代で、浄土宗では「三勧学五博士」と呼ばれる英才が活躍する。椎尾は、こうした道筋に沿って宗学校で研鑽を積み、宗門留学生として学問を究め、宗内で地位を固めていった。椎尾辨匡は渡辺海旭、荻原雲来、望月信享、矢吹慶輝とともに「学問宗の浄土宗」を代表する五博士の一人であった(68)。

渡辺海旭も椎尾同様、宗門の留学生として研鑽を積み、ドイツ留学を果たした学者で、同じく宗学校を起源とする芝中学校の校長を終生つとめた人物である。髙山が指摘する「宗門の留学生である立場を終生意識し、浄土宗立学校の教育水準を社会的に広く認知されるような、高いものにしようとする願い」は渡辺にもあてはまる。一般教育機関となった宗学校起源の中学校の揺籃期には、「宗星」と呼ばれた学僧たちが各校で活躍したのであろう。なかでも、椎尾は仏教を社会生活に生かそうとする共生運動を主宰するなどひときわ異彩を放った。東海中学校の椎尾は、「共生」の思想に裏打ちされた校訓「勤倹誠実」を掲げ、三綱領を定めた。これらは、現世にも浄土を主張し今を懸命に生きるという「共生」の思想のエッセンスを、中学生への生き方の指針として示し、天皇を中心とする国家を背負う人間の養成を目指した。そして、講演を通じて自らの言葉で語り続けていたのである。

註

（1）所在地は名古屋市東区筒井。一八八八年（明治二一）、浄土宗僧侶養成を目的として浄土宗学愛知支校として開校。一八九八年、第四教区宗学教校と改称。一九〇九年には一般中等教育機関として再編し東海中学校となる。戦後、新制の東海中学校・東海高等学校となる。なお、教校は①東京、②仙台、③長野、④名古屋、⑤京都、⑥大阪、⑦山口、⑧熊本に設置。のち仙台は長野に併合しさらに名古屋に併合、山口は大阪に併合。残存した五教校をもとに、芝（一九〇六年）、東海・東山（一九一二年）、上宮（一九一二年）、鎮西（一九〇五年）の各中学校が設立された。

（2）日清戦争の戦没者慰霊のために各地に建てられた。名古屋には、一九〇一年（明治三四）東海中学校の前身となる第四教区宗学教校の校地に建立された。西形久司「史料紹介『仏教忠魂祠堂』と呼ばれた頃――明照殿の起源」（『研究紀要』第一一集、東海高等学校・東海中学校、二〇一六年、四〜一六頁）に詳しい。

（3）忠魂祠堂は再建ののち、一九一六年（大正五）、明治天皇と昭憲皇太后にちなみ、「明昭殿」と命名された。戦後は、法然の大師号にちなみ、「明照殿」と改称されている。

（4）この言葉の出典は明らかになっていない。ただ、椎尾の回想文に校長を引き受けるか苦悶した様子とともに、県庁訪問のさいに担当者から「ああいうボロ学校は廃めて貰いたい」と意見されたことが書かれている。その後、椎尾は学校に出向き、在校生に詰問する。「今この学校を復興するかせんかということを決める為に来たが、県ではボロ学校を廃めろというた。潰れた学校がボロということは決っている。そういわれりゃ廃めねばならない。しかし県のいうボロ学校は建物の事ではないらしい。諸君のことを云っているらしい。諸君は一体ボロか。よく見るとボロでない様に僕には見えるが、どうか。諸君もボロといい、県にもボロと云われてそれで廃めたらいいと云うんなら廃めたらいいに決っているんだから。どうか皆の意見を知らして貰いたい。……」と申し渡した。しばらくして在校生は、「我等はボロでない」と応答した。椎尾は「僕もそうだろうと思っている。しかし君等はボロでないと云った事だけは責任を負えよ。ボロでない者がボロになったら、君達は約束違反だからそうしたら身を引くんだぞ。退学なぞはさせんから」と回想している（『東海学園創立百年史』東海学園、一九八八年、七九～八一頁）。このエピソードがもとになっているのではないかと思われる。

（5）　戦前の旧三綱領は、「本校ノ教養ヲ受クルモノハ常ニ教育勅語ノ趣旨ヲ体シ国家有要ノ徳器ヲ成就スルニ勉ムベシ」、「勤倹誠実克ク校風ヲ遵守シ善良ノ個性ヲ啓発スルニ努ムベシ」、「明昭殿ヲ崇敬シ維新開国ノ宏謨ニ遵ヒ止進宜シキヲ期スベシ」とあり、大正初期の入学宣誓式の式次第にも生徒総代宣誓文として掲げられている（前掲『東海学園創立百年史』五二頁）。

（6）　前掲『東海学園創立百年史』八頁。

（7）　松濤基『椎尾辨匡先生伝』東海学園同窓会、一九六一年、一八頁。

（8）　衆議院議員在職期間は、一九二八年二月二〇日～一九三〇年一月二一日、一九三六年二月二〇日～一九三七年三月二一日、一九三七年四月三〇日～一九四二年四月三〇日の三期。

（9）　松濤前掲『椎尾辨匡先生伝』一～六頁。

（10）　『新纂　浄土宗大辞典』浄土宗、二〇一六年、三三〇頁、一一三四頁。

（11）　前掲『新纂　浄土宗大辞典』三三〇頁。

（12）　藤森雄介「創刊初期における雑誌『共生』から見る椎尾弁匡と「共生」運動の展開」浄土宗総合研究所『仏教福祉』第三・四号、二〇〇一年、九八～一〇〇頁。

（13）　前掲『新纂　浄土宗大辞典』三三〇頁。

（14）　前田恵学「椎尾辨匡師と共生の思想」『印度学仏教学研究』第四五巻第二号、一九九七年三月、一五七頁。

（15）　前田前掲「椎尾辨匡師と共生の思想」一五八頁。

(16) 髙山秀嗣「浄土宗教育史における椎尾弁匡」佛教大学総合研究所編『法然仏教とその可能性』法藏館、二〇一二年、九七七頁。
(17) 髙山前掲「浄土宗教育史における椎尾弁匡」九八六頁。
(18) 東海中学・高等学校図書館に所蔵されている「会報」は、発行年月日が一九二〇年（大正九）九月一日付から一九四三年（昭和一八）九月一〇日付までで、簿冊二冊に収録されている。第一号の「会報」は一九一一年（明治四四）の発行で、年一回の発行であった。一九二〇年九月一日付の第一〇巻の一以降、年一〇〜一二回の発行となった。「校友会会報」（第一〇巻の一〜）、「会報」（第一一巻の一〜）、「団報」（第三二巻の六〜）と表記は異なるものの戦時下まで発行され続けた。東海の題字が共通しているので、簿冊の表記に合わせてここでは一括して「東海会報」として扱う。
(19) 拙稿「東海中学校における名誉校長椎尾辨匡の講演活動」（『共生文化研究』東海学園大学共生文化研究所、第二号、二〇一七年三月）で概要を報告。
(20) 鈴木真順第四代校長の死去に伴い、稲垣真我第五代校長就任までの間（一九四〇年〈昭和一五〉一〇月一九日〜一九四一年一月二三日）は、校長事務取扱を兼務していた。
(21) 椎尾辨匡「誤れる体育」『東海会報』第一七巻の一一、一九二七年一一月。
(22) 椎尾前掲「誤れる体育」『東海会報』。
(23) 前田前掲「椎尾辨匡師と共生の思想」一五七頁。
(24) 椎尾「難関突破の法如何」『東海会報』第一七巻の六、一九二七年六月。
(25) 藤井實應『椎尾辨匡先生の片影』一九九〇年、八〇頁。
(26) 椎尾「御大典記念」『東海会報』第一八巻の一〇・一一、一九二八年一一月。
(27) 椎尾「新時代の学生の覚悟」『東海会報』第一八巻の一二、一九二八年一二月。
(28) 椎尾「共生の基調」『椎尾弁匡選集』九、山喜房仏書林、一九七三年、三一二〜三一三頁。
(29) 藤井前掲『椎尾辨匡先生の片影』八九頁。
(30) 椎尾「模擬と創造」『東海会報』第一七巻の五、一九二七年五月。
(31) 椎尾前掲「難関突破の法如何」『東海会報』。
(32) 椎尾「学生への警戒」『東海会報』第一九巻の七、一九二九年七月。

(33) 椎尾「衆庶各々其業務に淬励せよ」『東海会報』第二三巻の七、一九三三年七月。
(34) 椎尾「過去十年と将来十年」『東海会報』第二三巻の一一、一九三三年一一月。
(35) 椎尾「涅槃」『東海会報』第二二巻の二・三、一九三二年三月。
(36) 椎尾「釈尊の成道」『東海会報』第二三巻の一二、一九三三年一二月。
(37) 椎尾「五年生の覚悟」『東海会報』第一八巻の四、一九二八年四月。
(38) 椎尾「法然上人」『東海会報』第二二巻の四、一九三二年四月。
(39) 椎尾前掲「模擬と創造」『東海会報』。
(40) 椎尾「椎尾博士講話」『東海会報』第一六巻の七、一九二六年七月。
(41) 椎尾「深く耕せ」『東海会報』第二〇巻の九、一九三〇年九月。
(42) 椎尾前掲「難関突破の法如何」『東海会報』。
(43) 椎尾「創造的学習態度」『東海会報』第一七巻の一二、一九二七年一二月。
(44) 椎尾「第一線に立つて働け―卒業式訓示にかへて―」『東海会報』第二〇巻の二・三、一九三〇年三月。
(45) 椎尾「学習の方法」『東海会報』第一八巻の九、一九二八年九月。
(46) 椎尾「学年初に於て」『東海会報』第二四巻の五、一九三四年五月。
(47) 椎尾「中学生の行くべき道」『東海会報』第一八巻の六、一九二八年六月。
(48) 椎尾前掲「新時代の学生の覚悟」『東海会報』。
(49) 椎尾前掲「新時代の学生の覚悟」『東海会報』。
(50) 合掌し心を落着け感謝の心をもって、食前に「本当に生きんが為に　今この食をいただきます　与えられた天地の恵を感謝いたします　いただきます」、食後に「ご馳走さま」と唱える。椎尾の講演内容から、一九二八年当時は、まだ食作法が定着していなかったようである。『創立一二九周年記念図説東海学園史』（二〇一七年）にある「東海名物水練会の今昔」（三五頁）という記事中に松濤基道氏による「食作法を唱えて食事」というスケッチがある。スケッチは昭和一四年とあるので、一九三九年ごろには食作法が定着していたと思われる。
(51) 尾張藩校を起源とし、のち愛知県第一中学校となる。現、愛知県立旭丘高等学校。

(52) 尾張藩校を起源とし、私立明倫中学校を経て愛知県に移管。現、愛知県立明和高等学校。
(53) 椎尾「聯盟離退の詔書と本校精神」『東海会報』第二三巻の五、一九三三年五月。
(54) 椎尾前掲「五年生の覚悟」『東海会報』。
(55) 椎尾「人間性を発揮せよ」『東海会報』第一九巻の九、一九二九年九月。
(56) 椎尾前掲「学生への警戒」『東海会報』。
(57) 椎尾「新卒業生への餞」『東海会報』第二四巻の三、一九三四年三月。
(58) 一九二二年（大正一一）、第四代伊藤祐式校長時代に制定、校閲上田萬年、作詞石田元季、作曲弘田龍太郎。校歌一番は「朝日ただ射す東海の　わが学舎《まなびや》に集ひ来て　健児の眸《ひとみ》火と燃ゆる　おもひをこめて仰ぐ時　尊く聖《きよ》くあきらけき　明昭殿の霊光はいとまさやかに輝けり　いと厳に輝けり」。戦後、「明昭殿」は「明照殿」、「皇国」は「み国」と表記が改められた。
(59) 椎尾「本校の特色」『東海会報』第二四巻の四、一九三四年四月。
(60) 椎尾「勤倹誠実」『東海会報』第二一巻の七、一九三一年七月。
(61) 椎尾「志望を確立せよ」『東海会報』第二〇巻の四、一九三〇年四月。
(62) 椎尾「卒業後の進路」『東海会報』第二一巻の三、一九三一年三月。
(63) 椎尾「中学を卒へんとする諸君に」『東海会報』第二三巻の二・三、一九三三年三月。
(64) 松濤前掲『椎尾辨匡先生伝』二五頁。
(65) 松濤基道「椎尾先生と東海学園」『研究紀要』第六集、東海高等学校教育文化研究所、一九七一年、九〜一〇頁。
(66) 前掲『東海学園創立百年史』三一一〜三一六頁。
(67) 前掲『東海学園創立百年史』五四頁。
(68) 大橋俊雄「近代浄土宗教学のあゆみ」『浄土宗教学院三十年史』浄土宗教学院、一九七六年、一四〇〜一四八頁。

第二部　地域社会と都市

近世後期日本における百姓の「身上り」運動と村

――熊本藩領の事例から――

今村直樹

はじめに

本章は、近世後期日本で「帯刀」を目指した百姓の「身上り」運動と、その共同体たる村との関係を事例研究に即して明らかにし、「身上り」運動の生々しい実態と、当該期の身分問題がもつ矛盾の一端に迫ることを目的とする。

近年、日本近世史研究では、近世を生きた人びとの「身上り」願望に光があてられ、庶民たちが抱いていた士分化などの身分上昇の欲求とともに(1)、士分化願望を逆手にとった領主権力による売禄政策（献金と引き換えに、庶民に武士身分や身分的特権などを付与する政策）や献金行為の性格について解明が進みつつある(2)。これらの成果は、集団論として議論されがちであった近世身分制研究に人（個人）という視点を持ち込んだこと、領主への献金行為を通じて地域社会における富の再分配が実現されたことなど、注目すべき知見をもたらした。一八世紀以降、庶民による身分上昇をめぐる動きが社会を活性化させたという朝尾直弘の議論(3)とも相まって、近世日本の「身上り」をめぐる問題は大きな注目を集めていると言ってよい。

しかし、こうした近世日本における「身上り」（とくに士分化）、ないし庶民の献金行為をめぐる研究の現状では、相互に関連する三点の課題を抱えているように思う。一点目は、なぜ近世の庶民は士分化を願望したのか、その動機や理由が必ずしも具体的に明らかにされていない点である。たとえば、上昇願望（身上り）と平等願望（上下《うえした》無《な》し）の両側面から近世の身分願望を説く深谷克己は、近世社会とは「抜け上がる」ことを目指すという特徴をもった平等化志向の社会であり、近世における複雑かつ多様な身分構成や身分標識、そして家格の存在が、他者よりも上昇せんとする人びとの「身上り」願望を活性化させた、と説く(4)。しかし、この説明は一般論としては有効だとしても、近世の庶民が巨額の献金を行ってまで「身上り」を希求した切実さを理解するには、やや不十分ではなかろうか。

二点目は、庶民による「身上り」を目指した運動の具体像が、十分に解明されていないという点である。庶民の士分化願望を利用した、領主権力による売禄政策については前述のとおりであるが、実際に一庶民が「身上り」願望を持ち、献金行為を実行に移していくまでの具体的な経緯については、泉州小谷家による家格上昇意識とそれへの伯太《はかた》藩の対応を論じた野尻泰弘(5)、岸和田藩における庄屋の家格上昇運動を論じた萬代悠(6)、京都町人による「郷士」身分の買得・改変を論じた尾脇秀和(7)などを除くと、専門研究は決して多くない。ある庶民が献金を実行しようとしたさい、その過程で何らかの支障や問題などは生じなかったのだろうか。そして、彼はどのような手続きを踏みながら領主権力への献金を実行したのか。さらなる事例研究の蓄積が求められていよう。

三点目は、百姓による「身上り」運動と、彼が属する共同体（村）との関係についてである。たとえば、ある百姓が献金行為によって士分へと「身上り」した場合、彼自身は居村の人別帳から外れる可能性がある。かつ、その村が人口不足であった場合、村は貴重な構成員である百姓の「身上り」運動に対して、どのような対応を見せたのだろうか。

　ここで想起したいのが、日本近世における村の性格である。朝尾直弘が明らかにしたように、近世の村は独自の財源と意思決定機関をもつ、「地縁的・職業的身分共同体」であった(8)。誰が百姓身分であるかは、村が決めたのである。さらに近年の研究では、村の成立が百姓身分の家の一般的成立に先行したと展望されるとともに(9)、近世後期の関東地方の村では、村による住人の家の百姓株式の管理が制度化していたことが明らかにされている(10)。こうした村の性格を考慮するとき、百姓の「身上り」運動への村の対応について考えることは、非常に興味深いテーマとなるだろう。

　以上の課題をふまえ、本章では事例研究を通じ、百姓による「身上り」運動を詳細に明らかにするとともに、それと居村との関係について考察する。具体的な分析対象とするのは、近世後期の熊本藩領で献金による「帯刀」待遇の獲得を目指し、運動の結果、それを実現したある百姓の事例である。この運動の顚末については、熊本藩の藩政史料（永青文庫細川家文書）である「口書」に収録されている。「口書」は、刑事法制を担当した藩政部局である刑法方が作成した記録帳簿群であり、領内で発生した犯罪・紛擾・汚職事件などの被疑者の供述書と、その刑罰の決裁過程における関係文書が収録されている(11)。近世中後期の藩・地域行政や地域住民の活動を考える上で、豊かな情報を与えてくれる「口書」を重点的に分析することで、本章では「身上り」運動の実態に迫ることとしたい。

　以下、第一節では、近世後期の熊本藩領で庶民の献金による「身上り」対象となった、「帯刀」待遇としての在御家人や御家中家来の存在について確認する。その上で、第二節では「身上り」運動の具体的な実態を明らかにし、第三節では前述した一～三点目の課題について検討する。もとより、事例研究に基づく本章での作業は、こうした課題のすべてに体系的な回答を与えるものではない。しかし、上記の課題に接近するためには、分析対象を限定しながら、その事実関係を詳細に紐解いていく作業が求められることも事実であろう。こうした意図のもと、以下、検討を進めていきたい。

一　熊本藩領の在御家人と御家中家来

1　熊本藩における在御家人と御家中家来

本章の舞台となる熊本藩領は、一七世紀前期から廃藩置県までの長期間にわたり、大名細川氏がほぼ肥後一国を統治した、典型的な藩領国地域である。藩の表高は五四万石、内高は七五万石であった。図1からわかるように、領内には一八の郡が存在し、さらに郡の下には合計五一の地域行政単位である手永が配置されていた。手永は三〇～四〇か村で構成されており、その管理運営を行ったのは百姓出身の惣庄屋である。

熊本藩では、寛永九年（一六三二）に肥後入国後の細川氏が、在地軍事力（とくに鉄砲所持者）を組織化したことに端を発する、在御家人制度が存在した。その後、宝暦期以降になると、藩への寸志（献金）の見返り、あるいは役人としての職務出精や社会的功業に対する褒賞として、庶民に苗字帯刀などの身分的特権・格式を与える制度が整えられていった。これらを総称して寸志・在御家人制度とするが、これは一八世紀以降に全国的に展開した、いわゆる金納郷士制度の一種と評価することができる。表1（一三五頁）からわかるように一八世紀半ば段階では、寸志などの規模（額）に応じて、庶民に与えられる特権・格式が詳細かつ階梯的に整備されていた。なお、在御家人とは厳密に述べると、表1における「郡代直触」席次以上のものをさしている。

こうした寸志・在御家人制度の展開と軌を一にして、寸志の性格も大きく変化した。一八世紀後半以降になると、それまでの個人献金としての性格から、使用目的を明示した寸志へと変化し、「村々難渋者取救寸志」「津波急場取救

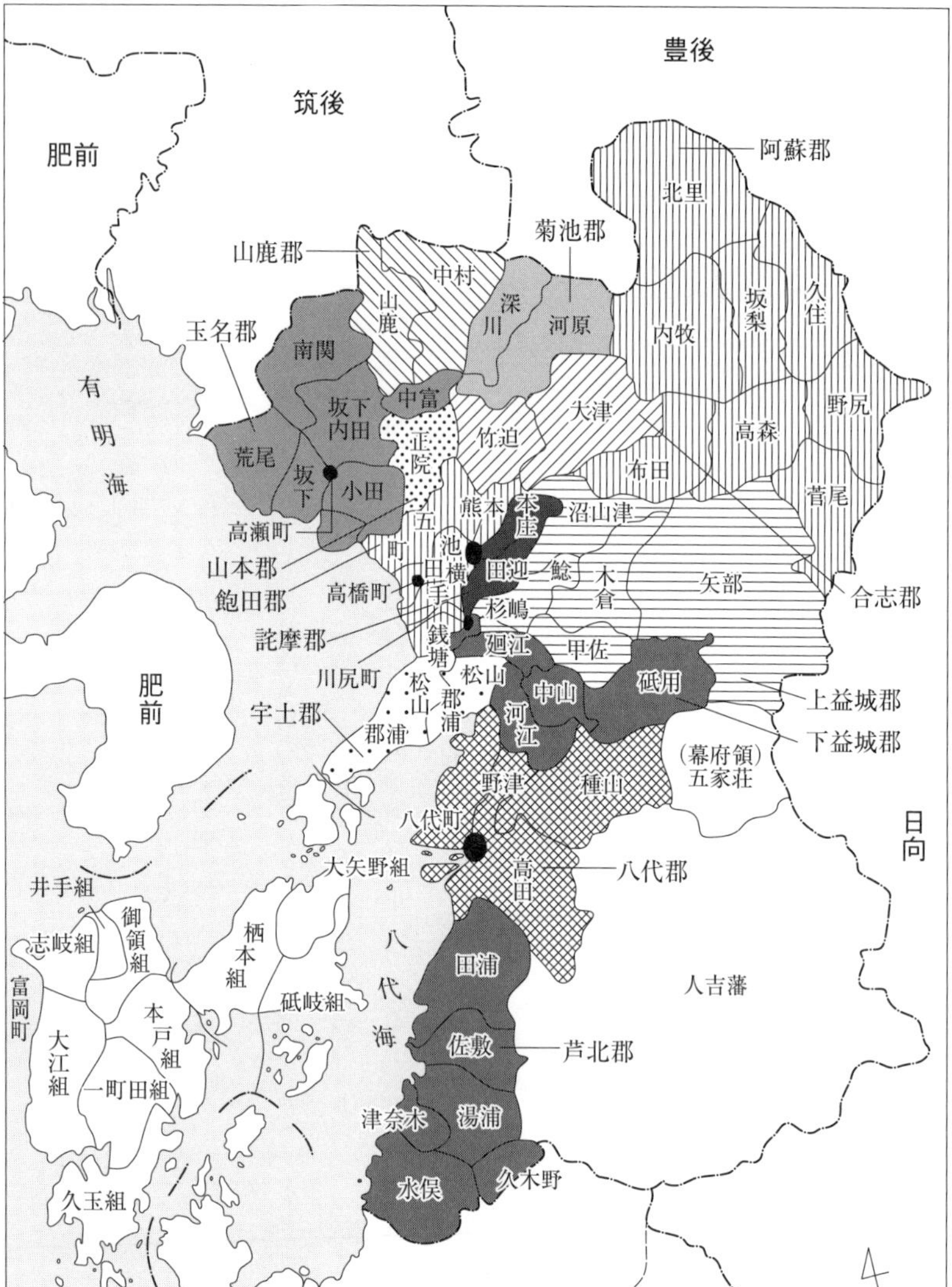

図　熊本藩領郡・手永区画図（肥後国）

註　豊後国側には熊本藩領の，直入郡久住手永，大分郡野津原手永，同郡高田手永，海部郡関手永が存在した。なお，久住手永は肥後国阿蘇郡と豊後国直入郡にまたがっている。

出典　深尾京司・中村尚史・中林真幸編『岩波講座 日本経済の歴史 第2巻 近世』（岩波書店，2017年）218頁より転載。

寸志」などの社会救済を目的とした寸志や、「御銀所銭預減方寸志」「関東筋川々御普請御手伝御用寸志」などの藩財政補てんを目的とした寸志が増加していった。さらに幕末期の慶応年間になると、「玉薬料寸志」「御軍器御買上寸志」など藩の軍備増強を目的とした寸志が濫造され、寸志の件数も急増した(12)。庶民からみると、近世中期以降の熊本藩が寸志をひろく募集するようになったことで、在御家人への「身上り」の機会が大きく開かれていったのである。

表1　在御家人の席次と寸志（献金）の基準

	宝暦元年(1751)	享和2年(1802)
傘御免	200目	150目以上
傘・小脇指	500目	300目以上
礼服・傘・小脇指	1貫目	800目以上
家内不残傘	500目	500目
無苗御惣庄屋直触	1貫500目	1貫目以上
苗字御免御惣庄屋直触	2貫目	
苗字刀御免御郡代直触	3貫目	2貫500目以上
地士	4貫目	3貫目以上
一領一疋	7貫目	6貫目以上
諸役人段	10貫目	9貫目
歩段	12貫目	10貫目
歩御中小姓列		
独礼	15貫目	13貫目以上
歩御使番列		
士席浪人格	18貫目	15貫目以上
御留守居御中小姓列		
御留守居御中小姓		
諸役人段ゟ御留守居御中小姓列	15貫目	
諸役人段ゟ御留守居御中小姓	20貫目	
一領一疋ゟ御留守居御中小姓列	17貫目	
一領一疋ゟ御留守居御中小姓	22貫目	

註　松本雅明監修『肥後読史総覧　上巻』（鶴屋百貨店，1983年）793〜794頁より作成。

他方、在御家人とともに、庶民による献金行為での「身上り」の対象として存在したのが、「御家中家来」である。御家中家来については、これまでの研究でほとんど論及されたことがなく、不明な点も多いが、現段階で判明する限りの概要を述べておきたい。

熊本藩には、数千石から数万石クラスの知行地を有する大身の給人が多く存在した。筆頭家老を務め、一七世紀半ばから八代城代を務めた三万石の松井家、同じく家老を務めた一万五〇〇〇石の米田家、細川家の一門であった六〇〇〇石の細川内膳家などである。こうした大身の給人たちは、多くの家来を召し抱えていた。たとえば、細川内膳（長岡熊一郎）の場合、一八七〇年（明治三）の調査によると、家来の総人数が一二六人であったことがわかる。[13] 彼の家来たちは、知行取、馬廻席、中小姓、歩段、役人段、足軽という序列で構成されていた。御家中家来は、「帯刀」を認められた存在である。ここで注目されるのは、総数一二六人のうち実に約一割（一三人）が、近世後期に「寸志」によって召し抱えられていた事実である。その具体例を以下に抜粋して示そう。

一、寸志　　馬廻席　野田有節　五十七歳

父野田寿考儀、坂下手永庄山村居住野田角之允兄ニ而御座候処、文化十二年十一月寸志之訳を以、中小姓被召抱、右有節迄二代相続被申付置候

（中略）

一、寸志　　役人段　村嶌慶右衛門　四十七歳

右慶右衛門儀、慶応元年六月寸志之訳を以、役人段被召抱候[14]

これをみると、百姓たちは細川内膳への寸志により、中小姓や役人段として登用されていることがわかる。寸志の結果、数代にわたって家来を務めている場合もある。こうした寸志による家来への登用がいつ始まったかは不明であるが、明治三年の細川内膳による報告をみると、最も古い寸志の事例が安永期となっている。[15] 今後、より検証を深めていく必要があるが、本藩による寸志の募集と軌を一にするかたちで、大身の給人層もまた寸志をひろく庶民に求めていった可能性が高い。

在御家人と同様に御家中家来も、当時の百姓たちにとって——とくに自らの居住村が給人の知行地であった場合——、献金行為による「帯刀」待遇の獲得を目指すさい、有力な選択肢になっていたと思われる。それでは、百姓たちが在御家人や御家中家来となった場合、居村との関係はどのように変化したのだろうか。

2 「身上り」と村人数離れ

熊本藩では、百姓が寸志などで在御家人、つまり「郡代直触」以上になると、当人は村庄屋や惣庄屋の支配を離れ、直接に郡代から触れが届くようになる。このため、家族とともに百姓身分として登録された居村の人別帳からは省かれた。これを「村人数離れ」と呼ぶ。在御家人になると、藩から士分としての武術稽古が義務づけられ、さらにその「役」として、主に「見締」と称される手永内の警備活動などに従事した。当然ながら、在御家人としての身分に、百姓夫役《ぶやく》が課されることはない。

在御家人は百姓とは見なされないため、そのまま高を所持したり、農業経営に携わったりすることはできない。しかし、彼らには百姓として耕作してきた田畑があったり、引き続き農業経営を行ったりする場合が多い。そのさい、彼らは百姓身分としての名義人を立てなければならず、熊本藩ではその名義人を「高主」や「家代」と呼んだ。高主や家代は、村方の人別帳に登録された存在である。問題となるのは高主や家代の実態であるが、一八世紀後半以降の藩の達や村方の人別帳からは、在御家人の奉公人が務めている事例が多く確認できる(16)。しかし、在御家人となった当人自身が高主として村寄合などに参加し、在御家人としての名前と、高主などのそれを使い分けることもあった(17)。後者は、近年の近世身分制研究で注目されている「壱人両名」の典型例である(18)。

在御家人身分獲得による百姓の村人数離れで生じる問題の一つに、百姓夫役負担者のそれがある。三澤純は、在御家人には百姓夫役が課されないため、構成員による在御家人への「身上り」は、村方に百姓夫役負担者の減少をもたらしたと指摘する(19)。具体的な史料で確認すると、百姓が在御家人身分を獲得した場合、従来の百姓夫役は高主などに課せられるが、その場合は出夫という実労働ではなく、代銭の支払いで済ませる事例が多かったようである(20)。そうなると、村は出夫の成り手を別途確保する必要が生じる。つまり、村にとって在御家人への「身上り」とは、必ずしも歓迎すべきものではなかった。

一方、ある百姓が御家中家来に「身上り」した場合、属する村との関係はどうなったのか。前述のとおり、御家中家来に関する先行研究はほぼ皆無であるが、それと類似した存在である御家中地筒については、松本寿三郎の成果がある。(21) 地筒（地鉄炮）とは、一七世紀前期の熊本藩が領内八か所に設置した、新地開発を行うための鉄砲衆である。こうした地筒を、大身の給人レベルでも登用することがあり、それを御家中地筒と呼んでいた。松本論文によると、御家中地筒には知行所の百姓が登用されることが多く、その場合、地筒当人は村人数離れになった。(22) 村方に支障のない無高百姓から登用されることが原則であったが、それでも地筒登用にともなう村人数離れが村方に悪影響をもたらすことも多かったため、文化八年（一八一一）に地筒は村人数扱いへと変更になった。近世後期の藩は、大身の給人たちが百姓を御家中地筒に登用することに、神経をとがらせていたのである。

文化八年以降、御家中地筒は村人数扱いとなったが、百姓が御家中家来に「身上り」した場合は、原則的に村人数離れであった模様である。この御家中家来の扱いについてうかがえるのが、次の慶応三年（一八六七）二月一三日付の奉行中による達書の一節である。

(a)御家中譜代家来抱方之儀者旧来究之趣有之、村方居住者堅難叶候得共、方今之形勢ニ付僉議之趣有之、別段を以以後村方居成ニ抱方被成御免、(b)兼而ゟ地筒同様之扱を以御物庄屋之支配被差加置、塘築堤浚等村並之公役者出銭いたし候歟、又者其身罷出候様、若在中之手障ニ相成候者者直ニ村人数ニ差加、抱主ニ江者迹答ニして、地筒同様受書被仰付候、(23)

月番御物頭の藪図書に宛てられたこの達書の傍線部（a）によると、「御家中譜代家来」の登用に際しては、従来からの決まりがあり、村方の居住者を取り立てることは禁止されていた。しかし、方今の情勢に鑑みた検討の結果、特別措置として村方に居住したまま、これを取り立てることを容認する、という。この時期の熊本藩は、前年に第二次幕長戦争を経験するなど戦時体制の真っただ中にあり、藩から領外への出張を命じられた給人が、みずからの給地に陣夫役を課そうとして村方から反発を受けるなど、給人たちは深刻な人手不足に悩まされていた(24)。藩はこうした給人たちの窮状を考慮して、給人たちが村方から家来を取り立てることへのハードルを大幅に引き下げたのである。

さらに、傍線部(b)によると、御家中家来は地筒同様の扱いにして惣庄屋支配に差し加えること、また、堤防普請など村の公役《くやく》に際しては出銭するか、あるいは実労働するように義務付け、もし村方での妨げになるようならば、すぐに村人数に加えるよう命じている。この記述からは、御家中家来が村方から登用されるに際し、藩は前述した村における夫役問題、とくに御家中家来となった村方居住者たちが村の公役を果たさないことを、強く懸念していたことがうかがえよう。

以上の達書から、御家中家来の場合は、慶応三年まで村方居住者の登用が禁じられていたこと、これと連動して、それまで彼らは村人数離れの扱いであったことがわかった。村人数離れであった点は、在御家人の場合と共通する。つまり、ある百姓が在御家人や御家中家来に「身上り」することは、同時に村人別から外れることを意味していたのである。こうした「身上り」行為への村の対応については、次節以降で具体的に検討しよう。

二　一百姓の「帯刀」獲得運動

本節では、熊本藩の藩政史料に収録された、近世後期の一百姓による「身上り」運動の実態を詳細に明らかにする。

まずは、それが刑事法制関係の「口書」に収録されることになった経緯から、「（天保六年　口書）[25]」をもとに見ていきたい。

1　天保二年の刃傷事件

天保二年（一八三一）二月、合志郡大津手永杉水村にて、ある刃傷事件がおこった。同村に逗留していた細川内膳家来（「伊豆家来留守居中小姓列」）である田代源之助が、彼の姪婿で、菊池郡河原手永妙見村の在御家人（一領一疋）である川口又左衛門から、姪の婚礼の遅延がもとで口論になり、斬りつけられて手傷を負ったのである。現場に居合わせた源之助の実兄である杉水村居住の在御家人（一領一疋）田代金右衛門は、弟の急難を救うために槍を又左衛門に投げつけ、源之助自身はその場から逃げた。喧嘩の場から逃げ去った源之助は、事件について取り調べを受けるため、後日に藩から呼び出しを受けた。この事件は、いわれなき遺恨から刃傷に及んだ又左衛門と、士分としての「不覚悟」をさらけ出した源之助に藩から相応の処分が下されることで、落着するはずであった。

しかし、源之助は病気を理由として、なぜか呼び出しに応じない。最終的に彼は、業を煮やした藩の役人によって捕縛され、熊本で取り調べを受けることになった。その取り調べで明らかになったのは、源之助がみずからの素性を偽っていたこと、百姓から御家中家来へ「身上り」するために養子縁組を重ねていたこと、そして「帯刀」に対する彼の驚くべき執着心であった。後日、関係者への取り調べを交えて、彼の供述書である「就御穿鑿《ごせんさくにつき》仕《し》上《あげ》口書」[26]が天保五年八月三日付で作成された。以下、その供述書をもとに、彼の「身上り」運動をめぐる事実関係を詳らかにしていこう。

2 「身上り」運動の契機

源之助は、杉水村の高持百姓である夘助の三男として生まれた。同村は、一七世紀半ばから藩の筆頭家老である八代城代松井家（長岡山城）の知行地で、村高は一六一七石余である。なお、源之助という名は細川内膳家来としての名乗りであり、当初の村名（百姓名）は「幸左衛門」、さらに松井家の一季抱奉公人に養子入りしたさいには、「金兵衛」を名乗っている。しかし、本章では煩雑さを避けるため、「源之助」で統一する。天保五年時点で数え年の三六歳なので、寛政一一年（一七九九）生まれである。兄金右衛門が在御家人身分を獲得する以前、その実子が幼年だったころには、兄の養子になった時期もあった。源之助の「身上り」運動に登場する主な関係者を、あらかじめ表2に掲げておこう。

兄の養子として農業に従事した源之助であるが、もともと病身ゆえに農業が嫌いで、かねてより書道と筆算を好んでいたことから、しだいに「帯刀」を望むようになった。文政九年の夏、父の夘助から兄弟に田畑が分与され、源之助は将来的に別家を立てることを志向し始めた。その直後である同年一〇月ごろ、彼は芦北郡田浦手永の日奈久表へ湯治に出かけるが、この湯治旅行が彼を「身上り」運動にのめり込ませる大きな契機となった。

湯治からの帰途、源之助は八代城下である八代本町に、寿恵一という座頭《ざとう》を訪問した。同町で三味線の指南役を務めていた寿恵一は、杉水村の出身で源之助の縁者でもあった。久方ぶりの対面で両者の話は盛り上がったとみえ、寿恵一の勧めもあり、源之助は同人方に数日逗留することにした。その夜、源之助は寿恵一への「寝物語」で、以下のような心情と願望を吐露した。父から田畑を分与されたが、今後も杉水村で農業を続けるつもりはないこと、田畑を売却することで金銭が得られれば、知行主である「山城様」（松井家）に寸志し、「帯刀」待遇を獲得したいこと。こ

表2　源之助の「身上り」運動における関係者一覧

肩　書	人　名	備　考
伊豆家来留守居中小姓列	田代源之助	村名は幸左衛門。
大津手永杉水村居住一領一疋	田代金右衛門	源之助の兄。
河原手永妙見村居住一領一疋	川口又左衛門	源之助の姪婿。刃傷事件を起こす。
座頭	寿恵一	源之助と同郷(杉水村出身)。彼に宮川改蔵を紹介。
山城様家来諸役人段長柄小頭	宮川改蔵	源之助による松井(山城)家への寸志一件を支援。
山城様家来	藤田平角	源之助による松井(山城)家への寸志一件を支援。
山城様医師	松村瑞庵	源之助に藤田平角を紹介。
本庄手永長嶺村居住惣庄屋直触	三原太左衛門	源之助による沼山津村留右衛門への養子入りを支援。
	沼山津村留右衛門	源之助の養子先。
高田手永高子原村人数，山城様一季抱	石川新蔵	源之助の養子先。
高田手永高子原村庄屋，郡代直触	伊藤幾太	源之助による高子原村人数からの離脱を支援。
伊豆家来物頭席	小川淳助	源之助による細川内膳家中への養子一件などを支援。
伊豆家来給人段小姓頭	岩崎所左衛門	源之助の養子先候補となるが実現せず。

註　「(天保六年　口書)」(永青文庫細川家文書13-22-3）より作成。なお，肩書は主に天保5年8月時点のもの。

れを聞いた寿恵一は、松井家への寸志を行うのであれば、同家の家来である宮川改蔵なる人物を頼ってはどうか、と助言した。改蔵の娘は、寿恵一の三味線の弟子であり、寿恵一と改蔵自身もかねてより入魂の仲で、彼は非常に面倒見が良い人物だという。これを聞いた源之助は、宮川への仲介を寿恵一に依頼した。

その後、改蔵からの了解を得た源之助は、寿恵一を同道して八代の改蔵宅を訪問し、松井家への寸志を望んでいることを直接伝えた。すると改蔵は、寸志一件については松井家中の藤田平角という人物に頼んではどうか、と答えた。源之助にとって平角は、兄の金右衛門がかつて松井家の建山見〆役を務めていた関係で、よく見知った人物である。しかし源之助には、さしあたり平角へと接触する良い伝手がない。ここでも彼は寿恵一に対して、平角とのパイプをもつ松井家御医師の松村瑞庵への口添えを依頼する。その結果、源之助は瑞庵を介して平角に対し、みずからの寸志一件を頼み込むことに成功した。

しかし、源之助の「身上り」はなかなか実現しない。源之助は平角方を訪問して催促するが、その返答は無情なものだった。平角の返答は、かつて源之助の兄である金右衛門が松井家に寸志を差し出そうとしたさい、村方（居村の杉水村）から支障があるとの申し出（「村方ゟ故障申出」）があり、寸志の件は中止となったが、今回の源之助も同様の事情のため、寸志は認められない、という。源之助による御家中家来への「身上り」は、自らが属する村方の反対により、いったん頓挫せざるをえなかったのである。

3 「帯刀」への強い執着

源之助による「帯刀」への道は、閉ざされたかにみえた。しかし、彼はあきらめなかった。彼は、「兎角帯刀いたし度望者相止ミ不申」として、その後も平角・改蔵の両宅へ頻繁に足を運び、「身上り」の実現をはかった。

その源之助に対し、改蔵は内々に次のように言い聞かせた。いずれにしても源之助が杉水村人数である限り、村方からの支障が止むことはない。なんとかして同村の村人数から離れることができれば、松井家の開所（開発地）であり、人数の出入りの扱いも容易である、八代郡高田手永の高子原村・松崎村の百姓に加えられるように世話をする、と。改蔵の話に乗った彼は、居村に戻って、村人数離れの意思を固めたことを兄金右衛門に相談した。源之助が昔から農業を忌避していたことを知る金右衛門は、弟の意思を尊重し、その望み通りにするように伝えた。

以後の展開は急である。その詳細な経緯は次節で後述するが、金右衛門から杉水村庄屋への申し入れもあり、なんとか杉水村からの源之助の村人数離れは認められた。彼は旧知である詫摩郡本庄手永長嶺村の三原太左衛門の仲介で、当時養子を求めていた上益城郡沼山津手永沼山津村の留右衛門のもとへ養子に入る。杉水村庄屋が作成した送手形とともに、源之助は沼山津村の人数となった。このさい、彼は仲介者の太左衛門に樽代を贈っている。しかし、もとより彼は留右衛門方に長く留まるつもりはない。彼は高齢であった養父留右衛門に迫って、養子縁組を解消することを認めさせ、沼山津村庄屋からも離縁への合意を取り付けた。そして、教唆されていた前述の高子原村の人数入りをはかろうとした。松井家中の平角たちが源之助に手配したのは、同村の百姓新平こと、松井家の一季抱奉公人であった石川新蔵への養子入りである。新蔵への養子入り後、ゆくゆくは源之助を平角・改蔵の「育《はぐくみ》」として、松井家中の相応の家に再度養子入りさせ、彼を念願の「帯刀」身分にする。これが、源之助が平角・改蔵と打ち合わせたシナリオであった。新蔵への養子入りは実現し、源之助は自身を新蔵の実子と偽り、無苗《むみょう》の金兵衛という新たな名乗りを得た。実子と偽ったのは、改蔵の「育」扱いにするために必要だったからと思われる。

しかし、依然として彼は「帯刀」身分ではない。「帯刀」への衝動が抑えがたかった彼は、改蔵の「育」扱いになったことから、無断のまま「宮川金兵衛」と名乗り、大小を帯びた姿で八代周辺を徘徊するようになった。これは、捕縛後の藩による取り調べのさい、大きな罪状となった。

4　「身上り」の実現

改蔵の「育」となった源之助であるが、当初もくろんでいた松井家中への養子入りは、同家中では相手先がなかなか見つからず、暗礁に乗り上げた。そこで、彼が次に狙いを定めたのは、兄金右衛門の養子になる以前、屋敷への奉公を願い出たことがある、細川内膳の家中への養子入りであった。なお、そのおりの奉公願いも、「村方故障」のために頓挫していた。源之助は、かつて奉公願いのさいに面識があった内膳家来の小川淳助に対面を申し出、寸志による同家来への登用か、同家中における相応の家への養子入りを世話してくれるように依頼した。淳助は、内膳家中の給人段である岩崎所左衛門なる人物を養子先として紹介するが、結果的にこの養子一件は破談となってしまう。

養子が破談となった源之助は、今度は寸志によって内膳家来に登用されることを望み、淳助に再度相談を持ちかけた。それを受けた淳助は源之助に対して、松井家中の身分として、他家である細川内膳に寸志を差し出すことは難しく、彼に「支配替」を行う必要があると助言した。淳助自身の供述書（「御呼出就御穿鑿仕上口書」(27)）によると、折しも彼の縁者かつ内膳家中である平塚為九郎の生活が、先年火災にあった影響で困窮していたという。そこで、淳助は為九郎に対し、源之助の内膳家中への「支配替」がなった暁には、源之助から生活への扶助が行われるという条件のもと、源之助を為九郎の「役害《やっかい》」（厄介）扱いとして願い出るよう依頼した。果たして、為九郎の願い出は認められ、彼の厄介になることで源之助は内膳家中となり、その上で寸志を行った結果、源之助は留守居中小姓列として召し抱えられた。彼が、「田代源之助」と改名するのはこのときである。この間、源之助がさまざまな便宜をはかった淳助に対して、多額の礼物や祝儀を贈ったことは言うまでもない。

源之助は、自らの財力と多様な伝手を駆使することで、御家中家来への「身上り」を果たしたのである。しかし、彼はその後、持病の療養のため杉水村に戻っていたところ、些細な揉め事がもとで姪婿の川口又左衛門から斬りつけられた。そして最終的には、自身の「身上り」をめぐる経緯を白状せざるをえなくなるのである。

次節では、以上で詳細に明らかにした事実関係から、近年の「身上り」をめぐる研究にどのような提起が行えるのか、考察を深めていきたい。

三　百姓の「身上り」運動と居村

前節で具体的に見てきたように、源之助による御家中家来への「身上り」の道のりは、決して平坦なものではなく、むしろ多くの障壁や困難が存在していた。それでも、あくまで「帯刀」に執着し続けた源之助の姿には驚かされる。また、彼一人の「身上り」運動に多くの人物（武士・百姓）が関与していること、「身上り」のために養子縁組が何度も繰り返されていること、領主権力への献金行為と一口に言っても、その実現は必ずしも容易ではなかったこと、などの事実にも興味深いものがある。

以上をふまえて本節では、「はじめに」で指摘した「身上り」研究における三点の課題について、重点的に考察する。まずは、なぜ近世の庶民が士分化を求めたのか、その具体的な動機や理由について検討しよう。

1　百姓による士分化願望の理由

源之助の供述書からは「帯刀」への強い執着が看取できるが、その理由について彼は、「元来病身のため農業を嫌っており、むしろ書道と筆算を好んでいたため」（前述）と述べている。また、彼の言葉を裏付けるように、兄金右衛門の供述書（「就御穿鑿仕上口書」[28]）にも、「源之助儀寸斗農業ニ思ハ敷取締不申、兼而病身ニ茂有之、往々農業不呑込ニ有之候由ニ付」とある。つまり、病身という源之助の身体状況が、彼にとって重荷である農作業への忌避感を生み、またそれへの労働意欲を低減させていたのである。彼にとって書道と筆算というデスクワークこそが、みずからの身体に適合した仕事内容であったのだろう。

当該期における、こうした身体状況にともなう仕事内容の選択については、同じ熊本藩領での興味深い事例が存在する。ある百姓が、農作業への従事が困難である病弱な二男を、手永会所の見習に採用してほしいと惣庄屋に願い出た事例である(29)。この願書が認められたかは不明であるが、病弱という身体状況とデスクワークを主とする会所役人の仕事内容が、当時結び付けられて考えられていたことは明白である。この事例からは、病弱ゆえに農作業以外の仕事を模索しようとする、当時の百姓の姿が確認できる。

以上をふまえれば、源之助が士分待遇たる「帯刀」を望んだのは、一般的な身分上昇志向に基づくものというよりも、離農志向に起因した、職業選択としての意味合いを有していたことがわかる。もっとも、書道と筆算を主とする職業は、「帯刀」以外にも医師や学者などが想定される。その点で「帯刀」は選択肢の一つに過ぎないが、熊本藩の医師制度の研究によれば、医師になるためには藩の医学校（再春館）での三年間の修業と、卒業後の試験が義務付けられており、近世後期の農村部の医師（在医師）数も限られていたという(30)。つまり、医師などに比べて、献金で「帯刀」待遇を獲得できる御家中家来や在御家人は、財力さえあれば、最も「手軽」な選択肢であったといえる。もちろん、前述のように献金の実行も一筋縄ではいかなかったが、源之助が御家中家来への「身上り」に執着したのは、以上のような事情も関係していたと考えられる。

従来の百姓による「身上り」をめぐる研究では、前述のようにその理由や動機へ踏み込んだ考察が少なく、考察を加えている場合でも、村や地域、あるいは仲間などの内部序列における家格の上昇を目指したもの、という説明が一般的である(31)。実際に、こうした家格上昇志向に基づく「身上り」が多く存在したことは確かであろうが、日本近世社会で「身上り」を求めた人びとには、源之助のような動機に基づく者も存在した。「身上り」をめぐる研究状況に、百姓自身の身体や職業選択の問題を新たな論点として加えることができた点は、本章の成果の一つといえる。

2 「身上り」運動の具体像

源之助の供述書には、彼の「身上り」運動の経緯がきわめて具体的に記されている。まず注目されるのが、そこに関わった人物の多さである。源之助に松井家中の面々を紹介した八代本町の座頭である寿恵一、源之助による松井家への寸志一件などを支援した宮川改蔵・藤田平角・松村瑞庵、細川内膳家中への養子一件などを支援した小川淳助、実際に源之助の養子先となった沼山津村の留右衛門や高子原村の石川新蔵、養子先を斡旋した三原太左衛門などである。これらの武士や百姓たちは、寿恵一を除き、ほとんどが源之助の居村である杉水村や大津手永以外の出身者である。供述書にみられる源之助の「身上り」運動は、同村出身者である寿恵一との再会を契機に、彼の協力によって本格化し、当初は同村の知行主である松井家中への寸志を意図した。しかし、運動の展開過程では、もともと面識がない、あるいは地縁的関係によらない人びとの支援を得ていることも多い。彼が、こうした人びとから協力を得られた理由は何だったのだろうか。

その理由の一つとして考えられるのが、源之助が関係者たちに届けた贈答品の数々である。表3は、彼の贈答品を受け取った松井家中の関係者である。必ずしも贈答品のすべてが網羅されておらず、また高額品ばかりでもないが、彼が「身上り」のため、礼物などへの出費を惜しまなかった様子がうかがえる。実際、源之助の供述書によると、長嶺村の太左衛門が彼に養子先を斡旋してくれたのは、「私儀貯茂有之候事者、常々太左衛門茂存居候ニ付」、つまり源之助に財力があることを太左衛門自身が知っていたため、と記されている。なお、彼の財産がどのように形成されたかは判然としないが、前述した彼自身の供述書によると、父how助から分与された田畑を売却することで、寸志のための資金確保をはかろうとしていたことがうかがえる。源之助は、みずからが有する人的なネットワークと、その財力をフルに駆使することで、「身上り」運動へと邁進したのである。

彼の「身上り」運動からは、寸志上納や養子縁組をめぐる一種のブローカー的な存在を看取することも可能である。たとえば、松井家中の宮川改蔵や藤田平角、細川内膳家中の小川淳助[32]などがそれである。礼物を受け取った彼らは、源之助の「身上り」に必要な具体的な手続きについて種々の助言を行っていた。これらをふまえると、百姓たちが御家中家来をめざして寸志などを行う場合、彼らのようなブローカーが介在する事例が多かった可能性も考えられる。こうしたブローカーが、在御家人になるための藩への寸志の場合も同様に存在したかどうかは、現時点で不明である。しかし、近世後期以降の熊本藩領では御家中家来の数以上に、在御家人のそれが爆発的に増加することから、ブローカーの存在を想定することは決して的外れではないだろう。

表3　源之助が贈答品を届けた松井（山城様）家中関係者

贈答品の内容	肩　　書	人　名
代銭40目位の木綿京縞１反，１升入りの樽１つ，肴懸目500目程	山城様家来諸役人段長柄小頭	宮川改蔵
〃	山城様家来給人段台所頭	藤田平角
〃	高田手永高子原村人数，山城様家来一季抱	石川新蔵
〃	高子原村庄屋，郡代直触	伊藤幾太
一升樽１つ，肴懸目500目程	山城様家来奉行方根取給人段	濱甚右衛門
〃	山城様家来中小姓	倉園順次
〃	山城様家来代官役	牛嶋嘉作
〃	山城様家来中小姓	田中半兵衛
〃	山城様家来物頭列	中山弥右衛門
〃	沼山津手永沼山津村庄屋沢田次郎兵衛事，当時伊豆方家来河越四郎助育浪人河越新吾養子	河越次郎兵衛
菓子箱１つ	山城様厩飼料方役人	谷川傳右衛門

註　「就御穿鑿仕上口書」（「（天保六年　口書）」永青文庫細川家文書13-22-３）より作成。

源之助が「身上り」のために養子縁組を繰り返したことも重要な問題である。この問題について十分に検討する準備はないが、源之助の事例からは、養子縁組にこめられた三つの性格を見出すことができる。一点目は居村（杉水村）の村人数から離れるための養子（沼山津村の留右衛門方）、二点目は御家中家来への養子入りを準備するための養子（高子原村の石川新蔵方）、三点目は御家中家来そのものへの養子（内膳家来の岩崎所左衛門方）である。近世武家社会における養子制度については、社会階層の流動化よりもむしろ固定化に寄与した側面が高かったとする研究(33)が存在するが、源之助の場合、性格を違える養子縁組を複数組み合わせることで、階層移動である「身上り」をはかったものと評価できる。

3　百姓の村人数離れを阻む居村

本節の最後に、源之助の「身上り」運動と居村との関係について検討を加えよう。

前述したように、彼の「身上り」の大きな障壁となったのが、居村の杉水村であった。村方の反対で、松井家への寸志を断念せざるをえなかったのである（正確に述べれば、村方の反対を考慮した松井家が、源之助からの寸志を受け取らなかった）。また、彼が兄金右衛門の養子になる以前、細川内膳への奉公を志願した折も、村方の反対で阻まれたという。

実は、金右衛門の供述書によると、彼も当初は松井家や熊本藩への寸志による「身上り」を求めていたが、村方の反対で寸志を阻まれるという経験を有していた。それでは、なぜ源之助と金右衛門による寸志は村方から反対されたのか。源之助による寸志や、他村への養子入りが難しかった事情について、金右衛門の供述書は以下のように述べている。

……源之助ゟ私江者頻ニ脇村江養子ニ参度段申聞候得共、私村方者人数少ニ而、殊ニ近年ニ至り候而者潰竈多、高地之片付村方茂致迷惑候間、零落之小前々々別而難渋いたし候間、村人数離容易ニ者出来不申候ニ付、源之助存念之筋急ニ者庄屋江茂相談難相成候ニ付、……

みずからの寸志が妨げられた源之助は、他村（脇村）へ養子に入りたいと金右衛門にしばしば訴えた。しかし、居村である杉水村は人数が少なく、とくに近年になって潰れた世帯も多く、村方での高地の処理が難航しているために貧農らも難渋しており、村人数離れは容易に認められない。このように村方の現状を把握していた金右衛門は、源之助の希望をすぐには村庄屋に相談できなかった、というのである。村高が一六〇〇石を超す大規模な杉水村では、相次ぐ世帯の減少がさらなる耕作者の減少に直結し、大きな痛手になっていたのだろう。つまり、村人数離れをともなう寸志や養子縁組に居村が反対した理由とは、村方における人手不足と、それによる未耕作地（明高）の増大にあったのである。また、前述した百姓夫役負担者の減少も、村方による反対理由となった可能性があろう。

そうであるならば、なぜ一転して源之助の他村（沼山津村）への養子入りが、結果的に村方から認められたのか。この間の事情についても、以下の金右衛門の供述書に詳しい。

……右明高地弐拾石斗之所ニ鳥目或者地方等を付ケ、持合居候鳥目大体弐貫目程源之助ゟ出方いたし、右之地方を夫々片付候処、唯今ニ至り年数茂隔り出方いたし候員数茂審ニ者覚不申候得共、前文之通地方等茂大略片付候ニ付、私養子ニいたし置候得共離縁いたし、源之助存念之通脇村ニ養子ニ遣申度段、右藤九郎江申談候処、承知いたし、其節大津手永御惣庄屋松村平右衛門江高地片付方之儀茂内意申達候処、人数離茂出来可申様子ニ付、源之助心易いたし居候、……

杉水村における明高二〇石の問題が、源之助による約二貫目の出銭などで処理できたので、弟の念願だった他村への養子入りについて、杉水村庄屋の藤九郎も許可を下した。また、明高の処理を惣庄屋松村平右衛門に報告したところ、村人数離れも可能だとの返答を受けたので、源之助自身も非常に安心した。このように金右衛門は述べている。

以上からは、村の明高問題が源之助の出金などで解決したため、村が彼の村人数離れを許可したことがわかる。あくまで、村の同意が彼の「身上り」や養子縁組には不可欠だったのである。

こうした事例は杉水村のみに限られない。文化八年（一八一一）、飽田郡池田手永島崎村の高持百姓の万吉が、給人である小笠原一学の御家中家来に登用されるさいは、「村方吟味」が行われ、彼に三人の子供がいて後の農業経営に支障がないことから、「村方故障」なしと判断されている。(34)「身上り」における村の同意の必要性は、ある程度一般化可能である。

しかしながら、領内すべての村が、杉水村のように厳格な人口管理を行っていたわけではない点にも注意が必要である。前節で宮川改蔵が源之助へ内々に言い含めたように、給人の開所（開発新地）などでは村人数の出入りも比較的に容易であった。事実、御家中地筒の場合は、「御赦免開」などの開発新地に居住するような、村方に支障がない無高百姓から登用されることが原則とされていた。(35)開発新地の場合、村人数が固定されていないため、地筒を登用するさいのハードルも低かったのである。百姓による「身上り」の成否は、その居村たる村の性格とも密接に関連する可能性があったことも指摘しておこう。

おわりに

近世後期の日本で「帯刀」をめざした百姓の「身上り」運動には、一般的な身分上昇志向というよりもむしろ、離農志向や、みずからの身体状況に適合した職業選択としての動機にもとづく事例があったこと。百姓はその運動のなかで、みずからの地縁的・非地縁的な人的ネットワークや財力を駆使することで、献金を募集する側の武士たちとの接触をはかり、かつ「身上り」のためには養子縁組を繰り返す作業も厭わなかったこと。村人数からの離脱をともなう百姓の「身上り」の場合、居村である村の合意が不可欠であり、その成否には村自体の性格が密接に関連する可能性があったこと。以上が、熊本藩領の一百姓（源之助）による「身上り」運動の事例研究から得られた、本章の主な知見である。

また、一般的に近世日本の士分化といえば、経済活動や土地集積などで富をなした百姓たちが、その富の一部を領主権力に献金して「身上り」を果たし、居村や地域社会での自己の立ち位置を強化する、というイメージが根強かった[36]。しかし、本章で明らかにした源之助は、自らの土地を売却することで献金を準備し、居村からの離脱をともなう「身上り」をめざしていた。従来の「身上り」イメージ自体にも再考を迫りうる事例だといえる。

本章は事例研究にこだわることで、当時の「身上り」運動がもつ生々しい実態を復元することを目指した。「身上り」の具体的な理由や動機、その運動の具体的な展開過程、「身上り」を志向した当事者と身分団体との関係といった論点をより一層深めるためには、さらなる事例研究の蓄積が必要とされるのは言うまでもない。その意味でも不十分な点が多い本章の作業内容ではあるが、当該期における身分問題の歴史的位置を考える観点から、ここでは幕末維新期への展望を簡単に示しておきたい。

前述したように、熊本藩領で寸志の件数とともに、在御家人の数が急増するのは幕末期であり、御家中家来への需要もまた当該期にピークを迎えると思われる。しかし、それ以前の弘化年間には、すでに寸志による在御家人の増加が藩政の大きな課題となっていた。

……以往共若是迄通候ハ、猶五十年之末はどれ丈之人数相成可申哉、果茂なき事御座候、寸志之儀者実ニ無余儀御様子ニ茂可有御座候得共、寸志ニ而民籍を離レ、御郡中御家人勝ニ相成候儀、民間之衰弊者申迄茂無之、在中

一統奢美を競候風習之根元共ニ而者有御座間敷哉、……

この史料は、藩政の中枢たる奉行衆が作成した、寸志・在御家人制度に関する検討記録[37]の一節である。もし、現状のまま在御家人が増加を続ければ、五〇年後にはどれだけの数になるか計り知れない。寸志は必要な制度ではあるが、寸志により「民籍《みんせき》」（村人数）を離脱した在御家人が農村部に増え、民間社会の衰弱ぶりは大きなものとなっている。奉行衆はこのように現状を危惧し、寸志による百姓から在御家人への登用を禁止するように提言した。

こうした奉行衆の視線の先には、本章で明らかにした、村人数離れをともなう寸志による弊害に悩まされていた村方や地域社会の動向があったのだろう。しかし、奉行衆の提言は認められず、そのまま寸志・在御家人制度は継続し、幕末期には寸志の件数が爆発的に増加していく。つまり、幕末期には「身上り」をめぐる百姓と村方の対立関係が、より先鋭化していった可能性が高い。最終的に熊本藩の寸志・在御家人制度は、廃藩置県直前の明治三年から同四年にかけて解体されるが、こうした幕末維新期における在御家人・御家中家来と村方の動向を一貫して明らかにすることは、今後の大きな研究課題である。

最後に、本章の主人公と言うべき源之助の後日談を述べておこう。藩に捕縛されて取り調べを受けた源之助は、宮川改蔵の「育」となったさい、無断で苗字を名乗り帯刀したことや、多人数の身分に係わったことが「不埒」と断じられる。彼は笞刑に処されるべきところ、供述書の作成から一か月後の天保五年九月、急病であっけなく病死した。彼が執着し続けた「帯刀」待遇が明治維新で廃止されるのは、その約四〇年後のことである。

註

（1）　深谷克己『江戸時代の身分願望』吉川弘文館、二〇〇六年。

（2）　熊本藩の事例については、三澤純「幕末維新期熊本藩の地方役人と郷士」（平川新・谷山正道編『近世地域史フォーラム3　地域社会とリーダーたち』吉川弘文館、二〇〇六年)、吉村豊雄『日本近世の行政と地域社会』(校倉書房、二〇一三年)。萩藩については、伊藤昭弘「萩藩における『御仕成』と中間層」(『九州史学』一三三、二〇〇二年)。仙台藩については、佐藤大介「仙台藩の献金百姓と領主・地域社会」(『東北アジア研究』一三、二〇〇九年)。岸和田藩については、萬代悠「岸和田藩政と七人庄屋の家格変動」(『史学雑誌』一二四―八、二〇一五年)、同「岸和田藩政と豪農の家格上昇運動」(『歴史評論』八〇四、二〇一七年)をそれぞれ参照。なお、後述する熊本藩の在御家人制については、森田誠一「郷士制にみる藩政史の特徴」(同『近世における在町の展開と藩政』山川出版社、一九八二年。初出は一九六六年)も重要な成果である。

(3) 朝尾直弘「十八世紀の社会変動と身分的中間層」(『朝尾直弘著作集 第七巻』岩波書店、二〇〇四年。初出は一九九三年)。

(4) 深谷前掲書一七～二二頁。

(5) 野尻泰弘「一八・一九世紀における郷士の由緒と藩の対応」(渡辺尚志編『畿内の村の近世史』清文堂出版、二〇一〇年)。

(6) 萬代前掲「岸和田藩政と七人庄屋の家格変動」、同「岸和田藩政と豪農の家格上昇運動」。

(7) 尾脇秀和「『郷士帯刀』と『郷士株』」(『地方史研究』六五―六、二〇一五年)。

(8) 朝尾直弘「近世の身分制と賤民」(前掲『朝尾直弘著作集 第七巻』。初出は一九八一年)。

(9) 稲葉継陽『日本近世社会形成史論』(校倉書房、二〇〇九年)二二一～二五頁。

(10) 戸石七生「関東における家の成立過程と村」(加藤彰彦・戸石七生・林研三編『家族研究の最前線① 家と共同性』日本経済評論社、二〇一六年)。

(11) 「口書」の史料的性格、およびその記述内容の信ぴょう性については、拙稿「近世後期藩領国における地方役人の『出世』と『派閥』」(稲葉継陽・花岡興史・三澤純編『中近世の領主支配と民間社会』熊本出版文化会館、二〇一四年)を参照。

(12) 森田前掲論文二八二～二八六頁。

(13) 「長岡熊一郎家来人数調帳」(「旧陪臣代数及原禄根帳四」熊本県公文類纂三五―四、熊本県立図書館所蔵)。

(14) 同右「長岡熊一郎家来人数調帳」。

(15) 同右「長岡熊一郎家来人数調帳」。

(16) 前田信孝「高主考」(『熊本近代史研究会会報』一一〇、一九七八年)。

(17) 「後年見合」(有馬文書、『益城町史 史料・民俗編』〈益城町、一九八九年〉三七七頁)。また、熊本藩の在御家人であった赤星伊兵衛と、その高主と推測される平作との関係について、三澤純は両者が作成した文書の筆跡が同一であることから、両者を同一人物として評価している（同「熊本藩郷士・赤星伊兵衛」佐々木克編『それぞれの明治維新』吉川弘文館、二〇〇〇年、一八一頁）。

(18) 尾脇秀和「近世『壱人両名』考」（『歴史評論』七三二、二〇一一年）、同『近世京都近郊の村と百姓』（思文閣出版、二〇一四年）。

(19) 三澤前掲「熊本藩郷士・赤星伊兵衛」一七三頁。

(20) 「在中　下」（永青文庫細川家文書、目録番号一四―二〇―三一、熊本大学附属図書館寄託。以下、「細川家文書・（目録番号）」と略記）。史料の性格については後述。

(21) 松本寿三郎「八ケ所地筒と御家中地筒」（同『近世の領主支配と村落』清文堂出版、二〇〇四年。初出は一九六二年）。

(22) 松本同右論文三一三～三二〇頁。

(23) 「慶応三年　触状控」（細川家文書・一二―一五―二）。

(24) 三澤純「幕末維新期熊本藩の『在地合議体制』と政策形成」（吉村豊雄・三澤純・稲葉継陽編『熊本藩の地域社会と行政』思文閣出版、二〇〇九年、二七八～二八七頁）。

(25) 「（天保六年　口書）」（永青文庫細川家文書・一三―二二―三）。

(26) 同右「（天保六年　口書）」所収。とくに断らない限り、本節の記述は本史料に基づく。

(27) 同右「（天保六年　口書）」所収。

(28) 同右「（天保六年　口書）」所収。

(29) 拙稿「近世後期の手永会所と地域社会」（稲葉継陽・今村直樹編『日本近世の領国地域社会』吉川弘文館、二〇一五年）二二〇～二二二頁。なお、手永会所の性格については、同論文を参照。

(30) 磯永和貴「肥後藩の医師と馬医」（荒尾市史編集委員会編『近世荒尾の医師と馬医』荒尾市、二〇〇四年）。

(31) 野尻前掲論文三三二頁など。

(32) 小川淳助は、細川内膳の家司を務めた人物である（前掲「長岡熊一郎家来人数調帳」）。

(33) 磯田道史「藩士社会の養子と階層移動」（『日本研究』一九、国際日本文化研究センター、一九九九年）。

(34) 前掲「後年見合」三五〇～三五一頁。

(35) 松本前掲論文三一五頁。

（36）たとえば、高野信治「藩政と地域社会」（同著『近世領主支配と地域社会』校倉書房、二〇〇九年。初出は二〇〇〇年）。
（37）前掲「在中　下」。

〔付記1〕本研究は、ＪＳＰＳ科研費15K16824、15H03240、15K01869、15H04561の助成を受けたものである。

〔付記2〕本章は、熊本藩研究会（二〇一六年九月）、「郷と村の国際比較史」研究会（二〇一七年二月）、熊本史学会春季研究発表大会（二〇一七年六月）での報告をもとにしたものである。研究会の参加者、とくに戸石七生氏と蓑田勝彦氏からは貴重なご教示をいただいた。末筆ながら記して御礼申し上げる。

日清戦後の植民地台湾領有の影響

――第一回九州実業家大会を事例として――

小正展也

はじめに

日清講和条約の結果、日本は清国から割譲された台湾を植民地として領有することとなった。そして一八九五年から一九四五年まで日本は植民地を領有する帝国として存在していた。しかし第二次世界大戦後に本格化した日本近代史研究は、日本の近代を「日本近代史」（日本の「内地」を主な対象）[(1)]と「植民地史」に分離して論ずることが多かった。この分化はそれぞれの研究の進化のためには必要なものであったが、一方で日本の近代を「帝国の時代」として認識することを難しくする面もあった。このような歴史認識上の重大な欠陥を克服するために、日本の近代を「帝国の時代」として再認識しようとする帝国史研究が近年、進められてきている。[(2)]

帝国史研究は「本国と植民地との双方向的な対抗と変化がつくる歴史像を構築」しようとするものである。[(3)]本章で対象とする日清戦後期については、植民地台湾を領有することによって日本の「内地」の法制度や文化などが変容していく様相が先行研究で明らかになってきている。(4) しかし日清戦後期についてもまだまだ深めるべき論点が存在するのではないかと考えられる。たとえば日清戦後の日本の「内地」諸地域の歴史を帝国史研究の観点から再構成する作業である。「本国と植民地との相互作用のなかにおいてしか本国としての日本が存立しえなかった以上」(5)、日本の「内地」諸地域もその相互作用の中に存在していたことは明らかであるが、これまでの「日本近代史」ではそのような帝国史的な観点からの研究は少なかったといえる。近年では一連の「裏日本」論が帝国史的な観点を含めた研究を進めているものとして注目すべきである。(6) しかし「裏日本」論では日露戦争期以降の中国大陸や朝鮮半島等との関係が主対象となることが多く、日清戦後の植民地台湾の領有はあまり論点とならない。日本の「内地」で植民地台湾の領有の影響を受けた地域といえば真っ先に沖縄県や九州地方を挙げることが出来るが、沖縄県や九州地方における帝国史的な観点を含めた研究は多いとはいえない。(7) そこで本章では日清戦後の九州地方における植民地台湾の領有の影響についての帝国史的観点からの研究を進めるために、一八九五年六月二〇・二一日の二日間に福岡市で開催された第一回九州実業家大会(以下、九州実業家大会と略記)の顚末を取り上げることとする。

九州実業家大会については明治期における地方資産家の対外経済活動を検討した有馬学の研究の中で取り上げられている。有馬は発起者である九州同盟銀行会が九州地方の実業家たちに向けて九州実業家大会への参加を促すために発した「九州実業家大会ヲ開クノ主旨」(以下、主旨書と略記)を分析され、主旨書の内容については「大変興味深いもの」だとしつつも、大会自体についてはほとんど実効性・有効性の無かったものと評価している。(8) しかし主旨書が出されて九州実業家大会が開かれたこと自体が植民地台湾の領有が与えた影響として注目されるべきであるし、大会の実効性・有効性に関しても大会をきっかけとして九州倉庫株式会社(以下、九州倉庫と略記)という会社が設立されるなどしたので、有馬の評価には疑問が残る。

そこで本章では九州実業家大会の顛末（大会発起、主旨書の公表、議案の提出、大会での議論と議決、大会決議の実行過程）について、それぞれの内容を詳細に検討する。九州実業家大会には主旨書の影響を受けて、九州地方の各地からさまざまな議案が提出された。提出された議案は大会における議論を経て大会決議となり、大会決議はそれぞれ実行されていった。主旨書はそれぞれの主体（地域および実業家など）に働きかけて、大会議案を提出させ、その一部は九州倉庫のように実行されたものもあった。このようなプロセスを考えると主旨書がきわめて重要な役割を果たしたことがわかる。本章では主旨書が日清戦後の九州地方にきわめて重要な影響を与えたと考え、主旨書の内容の分析を行い、九州実業家大会の開催とその後の活動に植民地台湾の領有の影響があったことを明らかにする。このような分析を行うことで、植民地台湾の領有が日清戦後の九州地方に与えた影響についての事例研究を加えることが出来ると考える。

一　第一回九州実業家大会開催の経緯

九州同盟銀行会第十二次定式総会が一八九五年五月一七日に大阪市で開かれ、その席で九州同盟銀行会が発起者となって「九州実業家ノ一大会合」を開催することが決定した。「九州実業家ノ一大会合」すなわち、第一回九州実業家大会が同年六月二〇日に福岡市で開催されることとなった。

ここで発起者となった九州同盟銀行会について簡単に説明しておく。長崎第十八国立銀行の呼びかけによって、一八八〇年一〇月に九州地方の銀行業者の同業者団体として設立されたのが九州同盟銀行会である。九州同盟銀行会は「現時本業の景況、並に商売の状態、及び貿易の形勢等、苟も事本業に関するものは相諮詢、謀議して知識を実際に練磨し、以て業務の伸暢を計画する」ことを目的としていた[9]。

一八八〇年一〇月に開かれた九州同盟銀行会第一次総会には、熊本第九国立銀行など一五行が出席した。そして「当分、長崎熊本福岡」の三ヵ所輪番で、定式総会を毎年四月一五日に開催することが決められた[10]。定式総会は一八九一年まで九州各地や大阪市で開かれている。ここで総会の開催地として大阪市が出てくるのは、大阪に九州各地の国立銀行の支店が多くあるからだと考えられる。

これまで九州同盟銀行会の活動で注目されてきたのは「連帯為替」であった[11]。「連帯為替」の実施は一八八〇年一〇月の第一次総会で決められている。小規模の国立銀行は隔地間のコルレス契約を持たず[12]、送金為替の取組みを行うにもきわめて不便であった。長崎第十八国立銀行は、このような金融取引上の不便を少しでも解消するために九州地方の銀行間で「連帯為替」を行うことを考え、九州同盟銀行会に提起した。

長崎第十八国立銀行が新しく編み出した「連帯為替」の実施方法は次のようなものであった。まず九州を五地区に分けて、地区の有力銀行を母店とする。そして母店を地区の取扱店とし、その地区の傘下の小国立銀行や支店銀行を連続店とするものであった。連続店が他地区の母店および連続店に送金為替を送るさいは、必ずその地区の母店とコルレス契約を結ぶ仕組みとした。一八八一年五月の「連帯為替」開始当時の構成は、九州五地区の母店五店（熊本第九・福岡第十七・長崎第十八・大分第二十三・鹿児島第百四十七の各国立銀行）と、それらの傘下の連続店一七であった。「連帯為替」は一八八一年五月から九州同盟銀行会内で実施され成功を収めた。そして一八八三年の九州同盟銀行会総会で「連帯為替」を九州地方のみでなく日本全国に広げることが決議された。長崎第十八国立銀行支配人松田源五郎は九州同盟銀行会を代表して、日本銀行と東京銀行集会所に対し交渉を行っている。しかし日銀や東京銀行集会所は消極姿勢をとったため、九州同盟銀行会の「連帯為替」の全国化構想は挫折した。

その後も実態として「連帯為替」は拡大していった。九州同盟銀行会が第一回九州実業家大会の開催を提唱する一八九五年ごろには同盟七五行、取り組み先は一九府県五五ヵ所となっていた。(13)

九州同盟銀行会は「連帯為替」の実施のように自分たちの金融業務を円滑にするための活動を行う一方で、一八八六年以降、同業者団体の枠を超えて九州ブロック規模での企業設立に関与するようになっていった。一八八六年五月の長崎での定式総会の会期中に、出席していた銀行家たちは当時話題の九州鉄道敷設についての協議を行っている。(14)このときは九州鉄道の設立運動に九州同盟銀行会としての関与は行わなかったようであるが、第一次企業勃興期にこのような動きを見せた点は、その後の活動の先駆的形態として注目すべきである。

九州同盟銀行会が会として初めて企業設立に関与したのは、九州生命保険株式会社（以下、九州生命保険と略記）の設立であった。一八九四年七月の熊本での定式総会で、福岡市の実業家たちが主唱者となって設立準備中であった九州生命保険の育成を九州同盟銀行会が後援することを決めた。九州生命保険の発起人の一八九四年春の調査によると、九州地方から東京・大阪の既設の保険会社に流れる一年分の掛金は一三万円にもなっていた。このお金を九州内に留めて、九州地方の流通資本にすることが会社設立の目的とされていた。九州生命保険は各地方で集めた保険の掛金を、集めた地域の銀行に預け、その地方の流通資本にすることを謳っていた。九州同盟銀行会が九州生命保険の後援者となったのは、集められる膨大な額の保険掛金を自分たちの銀行の預金として取り込むことが狙いだった可能性が高いと考えられる。

その後、九州生命保険は後援者の九州同盟銀行会に「株式募集並代理店設備上ノ事」を委嘱している。(15)九州生命保険は一八九五年六月一一日に営業を開始するが、九州同盟銀行会所属の銀行が数多く代理店となった。九州生命保険が九州同盟銀行会所属の銀行を代理店としたのは、もともと九州生命保険が各地方で集めた保険の掛金を集めた地域の銀行に預け、その地方の流通資本にすることを謳っていたからであると考えられる。

先述したように九州同盟銀行会は一八九五年五月に九州地方の実業家に向けて「九州実業家ノ一大会合」の開催を提唱した。そして九州実業家大会への参加を促すために、大会主旨である「九州実業家大会ヲ開クノ主旨」を発表した。主旨書作成の過程を具体的に明らかにすることは出来ないが、主旨書は一八九五年五月二三日ごろには九州同盟銀行会の人々によって、大阪で作成されていたようである。[16] 同年五月三〇日には『福岡日日新聞』に主旨書の全文が掲載されている。『福岡日日新聞』への掲載が主旨書の社会への公表の初出であったと考えられる。その後、『九州日日新聞』『宮崎新報』に主旨書の全文が、『鹿児島新聞』『鹿児島毎日新聞』『鎮西日報』などに主旨書の要約版が掲載された。[17] 主旨書は九州同盟銀行会から加盟銀行への情報ルートや新聞への情報提供・転載によって、九州各地にその内容が伝えられていった。

では、なぜ九州同盟銀行会は「九州実業家ノ一大会合」を開こうと言い出したのか。その点を明らかにするために大会の主旨書の検討を行いたいが、紙幅の関係で要点のみを簡単に述べることとする。[18] 主旨書の前半部分では「平和条約ノ結果」、清国市場の開放と台湾の植民地化が日本、その中でもとくに九州地方にとって大きなビジネスチャンスを生み出すだろうという機会主義的な認識が述べられている。また九州地方は台湾を領有することによって、日本の経済的な「枢中」になるという新たな地域の自己認識が表明されている。このような認識を受けて、後半部分では日本の経済的な「枢中」になる九州地方の実業家は今後、「台湾ニ対スル商業ノ経営」に第一に着手すべきであり、そのために九州地方内での開港場の選定などを準備するべきであると指摘している。そして九州地方の実業家は個々バラバラでなく一丸となって活動を起こすべきであるとされ、そのための協議の場として九州実業家大会の開催を提唱したことが述べられている。

九州実業家大会は「台湾ニ対スル商業ノ経営」などの方案について九州地方の実業家が協議する場として発起されたのであった。これまで九州同盟銀行会は九州地方の銀行家の同業者団体として、連帯為替の実施や九州規模の企業設立後援活動を行ってきた。その点で九州同盟銀行会は、九州地方の実業家が一丸となって活動するための協議の場である九州実業家大会を開催するさいの発起者として最適任であったといえる。

では九州同盟銀行会が「台湾ニ対スル商業ノ経営」などの方案を協議するために九州地方の実業家に呼びかけた主旨書を受けて、九州実業家大会にはどのような議案が提出されたのか。次に九州実業家大会に出された議案について検討していきたい。

二　提出議案の内容とその背景

九州実業家大会は六月二〇日に福岡で開催され、九州各地から二五三名が集まった。内訳は福岡県一六七名、熊本県三六名、佐賀県三四名、鹿児島県六名、長崎県六名、大分県四名である[19]。福岡、熊本、佐賀からの出席者が多かったことがわかる。九州実業家大会のプログラムは一日目に大会、二日目に委員会および大会報告という構成であった。そして各県三名ずつ選出された委員が審査する二日目の委員会での決議が実質的な大会決議となっていた。選出された委員は、各県トップクラスの実業家・有識者・政治家であった（各県委員は表1を参照）。表1を見ると、小河久四郎や松田源五郎のように銀行の頭取や商業会議所の指導者たちが各県委員のほとんどを占めていたことがわかる。

では各議案の内容について、提出された背景まで含めて検討していく（大会の議案は表2を参照）。第一号から第三号までの議案は、九州地方の紡績会社三社（三池紡績会社・久留米紡績会社・熊本紡績会社）の代表者が六月一二日に

表1　第1回九州実業家大会各県委員

県　名	委員人名	第1回九州実業家大会当時の主要肩書(1895年6月現在)
福岡県	小河久四郎	博多商業会議所会頭・福岡第十七国立銀行頭取・九州鉄道㈱監査役
〃	野田卯太郎	三池紡績㈱取締役・福岡県会副議長(自由党)
〃	堤猷久	門司石炭商組合頭取・筑豊炭鉱鉄道㈱取締役・衆議院議員(福岡県・国民協会)
長崎県	松田源五郎	長崎商業会議所会頭・長崎第十八国立銀行頭取・元衆議院議員(長崎県・国民協会・第2回総選挙)
〃	園田勘三郎	平戸第九十九国立銀行取締役兼支配人
〃	今村千代太	玖島銀行頭取
佐賀県	大島小太郎	唐津銀行頭取
〃	松尾寛三	鎮西出品協会委員長・衆議院議員(佐賀県・立憲革新党)
〃	中野致明	佐賀第百六国立銀行頭取
大分県	末貞友年	大分第二十三国立銀行中津支店支配人・中津銀行監査役・大分貯蓄銀行取締役
〃	野依暦三	中津共立銀行取締役・中津貯蓄銀行専務取締役
〃	賀来藤三郎	共立高田銀行副頭取・醬油醸造業
熊本県	上羽勝衛	宇土第百三十五国立銀行頭取・熊本米穀取引所監査役・熊本県自由党支部有力者
〃	澤村大八	熊本商業会議所特別会員・熊本第百五十一国立銀行頭取・熊本国権党系有力者
〃	中村才馬	熊本商業会議所常議委員兼会計部長・熊本第九国立銀行取締役兼支配人・熊本紡績㈱監査役
鹿児島県	山本盛秀	東京第五国立銀行取締役兼鹿児島支店長・鹿児島独立倶楽部幹部(国民協会系)
〃	安田為僖	鹿児島商業会議所副会頭・砂糖商・鹿児島市会議長(中立・実業家)
〃	宮里正静	鹿児島商業会議所会頭・元鹿児島県大島島司

出典　『九州実業家大会報告』,『福岡日日新聞』,『福陵新報』,『佐賀自由』,『九州日日新聞』,『鹿児島毎日新聞』,『議会制度百年史　院内会派編（衆議院の部）』（大蔵省印刷局，1990年），『鹿児島市議会100年のあゆみ』（鹿児島市議会，1992年），『日本全国諸会社役員録　第三回』（商業興信所，1895年。由井常彦他編『日本全国諸会社役員録　第一巻』〈柏書房，1988年〉所収）。

表2　第1回九州実業家大会提出議案（1日目提出）

議　　案	提　出　者
①門司港ヲ特別輸出入港トナス件	熊本紡績株式会社・久留米紡績株式会社・三池紡績株式会社
②門司港ニ一大倉庫会社ヲ設置スル件	
③九州金融機関ノ円滑ヲ謀ル件	
④九州中央銀行設立ノ急務	小河久四郎,【賛成者】岩崎小二郎
⑤鎮西協会設立ノ件	前田正名(鎮西出品協会副総裁), 松尾寛三(鎮西出品協会委員長)
⑥九州ニ商船学校ヲ設立スルノ件	野田卯太郎(三池紡績㈱取締役), 石野寛平(若松築港㈱社長), 小河久四郎(博多商業会議所会頭), 堤猷久(門司石炭商組合頭取), 林田正次郎(久留米紡績㈱社長), 宮城欣一(対外実業協会会員)
⑦鹿児島港ヲシテ貿易港タラシムルノ件	宮里正静(鹿児島商業会議所会頭)
⑧鹿児島鉄道敷設ハ今日ノ急務	
⑨九州中央銀行設立ノ建議	末貞友年・野依暦三・賀来藤三郎・西野三次郎・宮崎萬一(大分県)
⑩肥前国唐津港ヲ以テ特別輸出入港トナスノ建議案	松尾寛三(佐賀県)
⑪九州実業協会規約編成ノ件	大会発起者

出典　『九州実業家大会報告』。
註　松尾寛三の肩書が第五号議案と第十号議案で異なるのは,『九州実業家大会報告』の記載のママである。

福岡市で協議して大会へ提出したものであった。提案者を代表して野田卯太郎（三池紡績取締役）は第一号議案の提案理由を次のように述べている[20]。

門司港ハ今日モ特別輸出港ナリ、然レドモ米麦石炭其他二種ノ五品ニシテ、綾筵ノ如キ、又吾輩ガ直接関係スル紡績ノ如キハ直チニ輸出スルコト能ハスシテ適切ニ難渋ヲ感セリ（中略）輸入ニシテモ紡績機械ノ如キハ神戸ナリ長崎ナリニ於テ購求セサルヲ得サルナリ（中略）実ニ今日ニテハ斯カル原料粗品ノ如キ又ハレールノ如キ最モ必要ノ品ナリ、殊ニ九州ハ石炭モ多ク器械的工業ニハ最モ適切ニシテ全国中恐ラク此ニ勝ルノ土地アラザルヘシ、故ニ右等原料粗品ハ門司港ニ於テ直接輸出入ノ出来得ルコトニ致シタキ

門司港は一八八九年に特別輸出港に指定されている。特別輸出港は横浜などの開港場と違って、非常に限定された面の強い外国貿易港であった。特別輸出港においては「帝国臣民」に限って外国貿易が許可されていた上に、輸出可能な物品が米・麦・麦粉・石炭・硫黄の五品に限定されていた。また特別輸出港では基本的に外国からの輸入は禁止されていた(21)。そのため野田が述べるように門司港で綿糸の輸出や紡績機械などの輸入を行うことは出来なかった。第一号議案を提出した三池紡績会社などの三社は、開港場（長崎や神戸）よりも門司港を使用した方がビジネス的にずっと有利である。九州鉄道の始点は門司港であり、三社は九州鉄道沿線に会社があるからである。

このようにいろいろ不便な面を持つ門司港を使いやすくするために、九州地方の紡績会社三社は門司港の特別輸出入港化を求める議案を提出したのであった(22)。門司港の特別輸出入港化を求める野田ら紡績会社三社の経営者の念頭には一八九四年七月の綿糸輸出税の免除と、日清間の新通商航海条約による清国市場開放の二点があった。このような紡績会社にとっての大きなビジネスチャンスの到来が議案提出という行動をとらせたのであった。

第二号議案は第一号議案の通過を前提として出されたものである。提案者の野田卯太郎によると、紡績会社は「綿ノ如キハ只今ニテハ大坂」で「購入スルノ外仕方」ない状態であり、「船舶ノ不便ヨリシテ或ハ間ニ合ハサルコトモアレハ、三ヶ月後チニ要スルモノモ予メ一時ニ買入レ置カザルベカラザルコト」があるのだという。そのために大阪で大量に購入した綿花の一時保管のための倉庫が門司港に必要とされた。ただし第二号議案は第一号議案の通過を前提とするものであるとも野田は述べていた(23)。門司港が特別輸出入港とならなければ必要がないからである。

第三・第四・第九号の議案は九州における中央銀行の設立を求めるものであった。野田卯太郎が第三号議案の提案

理由の説明の中で、「銀行者諸君ニ向テハ或ハ失敬ナルベキカ、今日ノ銀行ハ狭少ナルトノ感無キ能ハズ、九州ニハ今少シ大資本ノ銀行ヲ設立シタキトノ希望ナリ」と述べたように、野田ら実業家は九州地方の既設の銀行に不満を抱いていた。

この点は国民新聞の「九州の実業」という記事でも詳しく報じられていた(24)。

東京若くは大坂より距離の遠ざかるに比例して金利は高まり行く習ひなるが、九州の金利は其距離遠きと金融機関の完全ならぬより一層高くして、銀行にして概ね日歩三銭以上三銭五厘を普通とし或は四銭を取るものあり、高利貸し銀行と言はるゝも無理ならぬことなるべし、九州に於ても少しく工業に従事する人々は高利貸銀行の不便利を感ずるを以て、今少し金融機関の整備せんことを欲する人多く、先般九州事業者の会を福岡に開らかるゝや、九州中央銀行に関する議の出でざるに非らざる（後略）

この記事によると、九州地方の「工業に従事する人々」の間で、工業発達のために金融機関の「完全」整備と金利低下が求められていたことがわかる。そのための「九州中央銀行」であった。

一方、第四号及第九号議案は銀行業者自身が提出した「九州中央銀行」構想である。九州地方の金融円滑化のために「九州中央銀行」を設立するというものであった。「九州中央銀行」は九州地方を代表する大銀行として、日本銀行西部支店と九州各地の銀行（国立銀行・私立銀行）との間の連絡を円滑にするための重要な媒介役として位置づけられていた。

第六号議案は対外実業協会定期総会（一八九五年四月二八日開催）時の議案が基になったと考えられる。対外実業協会は一八九四年一二月三日の博多商業会議所臨時総会及協議会で創立が決定された福岡県の経済協会である。対外実業協会創立の理由を『福岡日日新聞』は「今日兵線には勇武なる陸海軍あるも商戦は実業家の任じて当らざるべからざるもの、前途国家の経済上今日より対外実業の進取を策せざるべからず、依て先づ本県下真正の実業家相会し対外実業協会なるものを創設するの必要」があるからだと説明した。そして一八九五年一月一三日に対外実業協会の創立集会および県下実業家大懇親会が開催された[25]。

同年四月二八日の対外実業協会定期総会では「商船学校を九州に設置するの議」という議案が提議された[26]。

東京商船学校は（中略）僅々毎年三十九名の卒業生を得る位にては前途将来海国の目的を達するに於ては前途遼遠なる思を生す、故に我国文明の先導者たる我九州は帝国諸州に先つて東洋の海権を掌握すへき地位に衝れるを以て、此土に適当の学校を設けて海国の偉人を出し、海権の進張を計り、海国百年の長計を確立せん事を希望す

引用部分の前では、海事の重要性が日清戦争によって高まったことが述べられている。そして引用部分にみられるように、九州地方は海事において先導的役割を担う地位にあるとし、九州に商船学校を設立することが提起されている。この議案は出席者が少数であったために議決は延期され、六月中旬に予定される臨時総会に持ち越された。しかし臨時総会が開かれた形跡はない。おそらく「商船学校を九州に設置するの議」が基本となって第六号議案が作成され、九州実業家大会に提出されたのではないかと考えられる。

第七号および第八号議案については、鹿児島商業会議所が鹿児島市内の実業家に対して、九州実業家大会への出席を奨励した文書が参考になる[27]。

拝啓、今回九州同盟銀行発起となり福岡市博多集成館に於て九州実業家大会開設の企図有之、当市実業家諸君の出席を相願度旨、当市両銀行よりの御紹介有之（中略）此際九州実業家の会合は後来非常の利益を見る己《ママ》ならず、当市等は直接利害の分るゝ処も有之様被存候間、何卒奮て御出席有之度（中略）尤も今後当市をして開港場たらしめ、又、九州鉄道延長の事に至るに直接大関係を有すへき事に候間、充分御奮発相成度煩御熟考候也

この文書をみると、鹿児島商業会議所は九州実業家大会への出席が鹿児島港の開港および鹿児島県への九州鉄道の延長に結び付くと考えていたことがわかる。主旨書の内容からすると、鹿児島商業会議所が九州実業家大会について「当市等は直接利害の分る、処も有之」大会だと考えたとしても不思議ではない。九州実業家大会は「台湾ニ対スル商業ノ経営」を考える大会であり、台湾に地理的に一番近い鹿児島港が九州地方の対台湾島向けの「開港場」に選ばれると考えるのも、ごく自然であろう。

そして九州各地から鹿児島港へ人・物資を運ぶためには、九州鉄道の鹿児島県への延長が必要である。一八九四年五月に第一期線となった「鹿児島鉄道」の工期繰り上げ運動は日清戦争中から始まっていた。一八九四年一一月、「鹿児島鉄道」の工期繰り上げの請願を第八議会に行うための運動が開始される。鹿児島県側の「布設急務」の論理は日清戦争によって「今日の時は軍事上より商工上より、九州の鉄道は益々其完通速成を要すべきの機に迫り、一時も其着手を後にすべからさるの」事態となったから、というものであった(28)。しかし第八議会における工期繰り上げ運動は日清戦争中であるから新規事業は行わないという政府側の態度によって失敗する。「鹿児島鉄道」の速成は今後に残された課題となっていた。

第七号および第八号議案は、鹿児島商業会議所が鹿児島港の開港および「鹿児島鉄道」の速成を、九州地方の実業家が一丸となって行う「台湾ニ対スル商業ノ経営」策として認定してもらうために提出した議案であったといえる。

第十号議案については、すでに一八九四年一一月に唐津で日韓貿易のための特別輸出入港指定を求める請願運動が開始されていたことが提出の背景としてあった。唐津興業鉄道（一八九四年四月発起）とセットで考えられていた唐津港の特別輸出入港化を唐津町長らは熱心に主張していた。唐津興業鉄道は既設の九州鉄道との接続を意図しており、唐津港に唐津炭のみならず九州地方の石炭や物資を運びこむことが目標とされていた(29)。唐津港はすでに特別輸出港であったが、唐津のより一層の発展のために特別輸出入港化を目指していた。そこで唐津地方を含む佐賀県第二区の代議士でもある松尾寛三が、九州地方の輿論の後援を得ようとして第十号議案を提出したのであった。

第十一号議案は全部で七条からなる九州実業協会の規約案である。新しく組織される協会の名称を「九州実業協会」とし（第一条）、「実業ノ進取発達ヲ謀ル」ことを目的（第二条）に掲げている。第三条では各県の委員および幹事について定めている。各県委員の定員は一〇～二〇名とし、その中から互選で各県幹事を二～五名選ぶとする。そして各県に「適宜」事務所を設け（第四条）、各県輪番で毎年一回大会を開く（第五条）、というものであった。九州実業協会の規約案をみると、協会の中央本部は設けず、各県事務所が毎年輪番で協会の幹事役を務めるという組織形態であった。このような組織形態は一八九二年に設立された商業会議所連合会に近い[30]。大会発起者は商業会議所連合会をモデルにして、九州実業協会の規約を作成したのではないかと考えられる。

一方、第五号議案は前田正名などの設立した鎮西出品協会からの合同の誘いであった。一八九四年七月、熊本市における会議で設立されたのが鎮西出品協会である。鎮西出品協会の目的は、一八九五年に開催される第四回内国勧業博覧会への九州七県の物産の出品奨励活動であった。そして博覧会の会場内に九州七県からの公費補助および寄付を受けて、「鎮西館」という商品陳列所を建てた。また「鎮西館」では九州七県の物産販売も行っている。鎮西出品協会の総裁には佐野常民、副総裁には前田正名が就任した。

そして前田正名らは第四回内国勧業博覧会終了後の鎮西出品協会の組織改組、すなわち鎮西協会の設立を目指した[31]。鎮西協会は「鎮西出身ノ人士及我鎮西ニ縁故アル人士一致団結シテ鎮西産業ノ発達」を図ることを目的とし、支部を「東京大阪」に、そして「鎮西各要地」に出張所を置く。本部は議案の中では空欄にされていたが置かれることとなっていた。また大阪に鎮西商品陳列所を建てることや「支那朝鮮南洋諸島」への調査員派遣などが鎮西協会の事業として計画されていた。その鎮西協会への合同を求める議案が第五号議案であり、第十一号議案と鋭く対立する性格のものであった。

以上、大会に提出された議案をその背景をも含めて検討してきた。主旨書の内容と関係あるものとして、開港場・鉄道・金融機関の設置に関する議案が提出されている。主旨書の中で「台湾ニ対スル商業ノ経営」のために九州地方の実業家が最初に準備すべきだとしていた開港場に関する議案は、九州地方の中で新領土台湾や清国にきわめて近い位置にある福岡・佐賀・鹿児島の三県が提出している。

これらの点は主旨書を受けて、九州各県の実業家が「台湾ニ対スル商業ノ経営」に強い関心を抱いたことを表している。主旨書の影響力はかなり大きなものであったといえる。

ただし大会に提出された議案は必ずしも「台湾ニ対スル商業ノ経営」に関する議案だけではなかったことにも注意すべきである。野田卯太郎ら九州地方の紡績会社が提出した議案が典型的なものであるが、野田卯太郎らの頭にあったのは日清戦後の清国および朝鮮への輸出であり、台湾ではなかったと考えられる(32)。九州地方の紡績会社の利益を代表する第一から第三の議案は、あくまでも清国および朝鮮への紡績糸輸出のためであった。北部九州地方にある紡績会社にとっては台湾よりも清国および朝鮮の方が市場として魅力があり、かつ地理的にも近かったからである。

このように大会には主旨書に刺激されたこともあって多くの議案が提出された。大会では主旨書が想定したように九州地方の実業家が一丸となって行う「経営ノ方案」を決定することが出来たのであろうか。次に大会決議の状況と、大会決議がその後、どのように実施されたのかについてみていくこととする。

三　大会決議とその実施状況

1　大会決議の状況

まず第一日目の大会における議事状況についてみていく。一日目の大会では第七号と第九号の議案が撤回されている。第九号議案は第四号議案と内容が同じなので単に取り下げただけのようである。問題は第七号議案である。提案者である宮里鹿児島商業会議所会頭は議案の簡単な説明を行った上で第七号議案を撤回している。宮里会頭は「敢テ決議ヲ望ム訳ニアラス、此ノ意見ヲ提出シテ諸君ノ高評ヲ聞ント欲」しただけだ、という意味不明な発言をしたのみで具体的な撤回理由を述べていない。実際は大会出席者からの歓迎されない雰囲気を察して、鹿児島県側が第七号議案を取り下げたというのが事実のようだ(33)。圧倒的に福岡県や佐賀県などの北部九州地方からの出席者が多い中で、門司港および唐津港と利害が絡み強力なライバルとなりかねない鹿児島港の開港を求める議案は大会では受け入れられなかったのである。残りの特別輸出入港関係議案である第一号および第九号議案は「門司港及唐津港ヲ特別輸出入港トナスノ件」という一本化された議案となった。

そして実質的な大会とも言える二日目の午前中に開かれた委員会において、各議案は次のように議決された(34)。まず第五号議案については「本会ハ鎮西協会ニ付大体ハ賛成スルモ之レヲ以テ本会ノ事業トナサズ、其規則ノ如キモ鎮西協会ノ自治ニ任ズ」と決議された。つまり合併しないという結論である。理由として、鎮西協会は「大阪ニ商品陳列所ヲ置ク事、其他外国ニ派遣員ヲ出スコトノ如キ実務的」なものであるが、九州実業協会は「単ニ精神的ノ働キニヨリテ成リ立チタルモノ」であり、両者の性格は異なるので合併しないというものであった。合併しない理由として挙げられた両者の性格の違いは、そもそも両者の組織形態に表れていた。九州実業協会は中央本部を置かず、緩やかなネットワーク的な組織を目指していた。一方で鎮西協会は前田正名の地方実業団運動のような中央本部を置く系統的な組織を目指していた。九州実業協会は前田正名の地方実業団運動とは異なる組織形態だとして鎮西協会との合併を拒否したのであった。第十一号議案は第五条を「毎年四月大会ヲ開キ懇親ヲ敦クシ諸般ノ協議ヲ為ス」と修正され可決された。

「門司港及唐津港ヲ特別輸出入港トナスノ件」については両港とも「均シク同一ノ希望」であるが、「之レヲ区別スレハ何レモ地方論ニ流ル、ノ嫌」があるので、決議は「場所ヲ指定セスシテ単ニ」「九州ニ二ヶ所ノ特別輸出入港ヲ設置スルノ件ハ九州実業協会ノ委員連署シテ政府ニ建議シ及ヒ貴衆両院ニ請願ス」（以下、「九州ニ二ヶ所ノ特別輸出入港ヲ設置スルノ件」と略記）という形に変更されて議決された。

以下、第二号議案は「門司港ニ一大倉庫会社設立ノ必要ヲ認ム」、第三号・第四号・第九号議案は「九州金融ノ円滑ヲ図ルタメ九州商業銀行ヲ設立スルコトノ必要ヲ認メ其取調ハ九州同盟銀行ニ委託ス」（以下、「九州商業銀行ヲ設立スルコトノ必要」）、第六号議案は「九州商船学校設立ノ必要ヲ認メ九州実業協会ノ委員連署シテ政府ニ建議シ及ヒ貴衆両院ニ請願ス尤モ官立ノ組織トス」（以下、「九州商船学校設立ノ必要」と略記）、第八号議案は「鹿児島鉄道敷設ノ件ハ九州実業協会ノ委員連署シテ政府ニ建議シ及ビ貴衆両院ニ請願ス」（以下、「鹿児島鉄道敷設ノ件」と略記）とそれぞれ委員会で文言を改められた上で議決された。

二日目の委員会の議決は、そのまま二日目の午後に開かれた大会報告会で承認され、大会の正式な決議となった。では大会の決議はどのように実施されたのか。以下、検討していきたい。

2 九州実業協会の組織化と建議請願活動

大会決議によって九州各県に九州実業協会の各県事務所を設立することが決められた。そして九州各県の幹事・委員の名前を一八九五年八月三一日までに第一回大会の幹事であった福岡県事務所に通知することとなった。一八九六年五月に第二回大会が開催されたが、そのときに行われた前会幹事小河久四郎の会務報告によれば、一八九五年八月一五日に鹿児島県、同年八月二七日に福岡県、同年一〇月一三日に熊本県、同年一〇月二五日に大分県、同年一〇月二八日に佐賀県、一八九六年三月一五日に長崎県が、それぞれ各県事務所の組織化を終えたという報告を前会幹事の福岡県事務所に行っていた(35)。ただし、これは福岡県事務所への通知日であるため、実態を反映しているとは言い難い。たとえば佐賀県では一八九五年八月二五日に第一回佐賀県実業大会を佐賀市で開催し、その席上で佐賀県委員・幹事を選定していた(36)。しかし福岡県事務所への通知は一〇月二八日と二ヵ月遅れとなっている。

よって福岡県事務所への通知日は実態を反映しているとは言い難い面があるが、その点を考慮に入れても、県によって活動への熱意に差があることは明白である。鹿児島県は第七号議案が受け入れられなかったにもかかわらず、最初に県事務所を設立している。一方、最後に通知してきた長崎県はすでに一八九五年一二月一日に長崎県事務所にあたる長崎県実業協会を設立していたが、福岡県事務所への通知は一八九六年三月一五日と約四ヵ月半後であった。遅れた理由は長崎県実業協会の幹事を三名出すこととなっていた長崎市実業協会の設立が一八九六年三月六日にずれ込んだためであった(37)。長崎県側の動きがきわめて遅かった理由は報じられていない。考えられる理由の一つは長崎県側の意図的なサボタージュの可能性である。九州実業家大会の決議、たとえば「門司港ニ一大倉庫会社設立ノ必要ヲ認ム」や「九州ニ二ヶ所ノ特別輸出入港ヲ設置スルノ件」などはすでに開港地である長崎港にとっては有害なものでしかない。そのような大会決議の推進に積極的に寄与することは長崎港自身の価値を下げるだけである。長崎県側の動きの遅さの背景に九州の他県との駆け引きの面があった点は否定出来ないであろう。

このように県によって熱意に差があったが、九州実業協会各県幹事・委員は一応選定された。しかし、この委員選定の遅さが第九議会時の請願活動の失敗に繋がっていった。

大会二日目の委員会議決の中で「九州ニ二ヶ所ノ特別輸出入港ヲ設置スルノ件」、「九州商船学校設立ノ必要」、「鹿児島鉄道敷設ノ件」の三件は政府や帝国議会へ建議請願をすることとなっていた。そのうち「九州ニ二ヶ所ノ特別輸出入港ヲ設置スルノ件」と「九州商船学校設立ノ必要」の二件は福岡県委員が、「鹿児島鉄道敷設ノ件」は鹿児島県委員が、それぞれ建議請願書を起草し各県委員の調印を集めることとなった。

ここで建議請願活動の顚末が明らかになっている福岡県委員の場合についてみると、(38)福岡県委員が起草した二件の建議請願書は一八九六年一月九日に、まず鹿児島県事務所に送付された。鹿児島県事務所は委員調印の上、二月一八日に福岡県事務所に返送した。その後、大熊博多商業会議所書記が二月二八日から三月上旬にかけて、熊本・佐賀・神崎・鳥栖・大牟田・久留米・小倉・若松などを廻り委員の調印を求めている。

福岡県事務所は、この調子だと「非常の煩労と時日を費やし」ても各県委員全員の調印は集まらないと判断した。そして当時開会中の第九議会に請願書の提出を間に合わせるため、三月一一日に二件の請願書を在京の宮城欣一会員に向けて郵送した。この二件の請願書は総数九〇名が連署（福岡県委員二〇名、佐賀県委員一四名、熊本県委員一八名、鹿児島県委員二〇名、大分県委員一五名、長崎県委員三名）したものであったが、九州実業協会各県委員全員の調印が揃っていない不完全な状態のものであった。

宮城欣一は三月中に貴衆両院に請願書を提出している。しかし請願書は形式が整っていないという理由で不受理となった。一方、政府への二件の建議書は三月一二日に福岡県庁を通じて政府へ送付することが出来た。

九州各県委員の調印が添えられた九州実業協会の建議請願書は、九州地方全体の輿論だということを政府および帝国議会および社会に大きくアピールすることが出来るものであった。一方で九州各地に委員が散らばっている点が、皮肉にも各県委員の調印を集める作業を著しく困難にした。加えて九州実業協会長崎県事務所（長崎県実業協会）のように組織化が著しく遅れた県があり、県によって熱意に大きく差があった。このような理由によって、九州実業協会は建議請願活動を十分に展開することが出来なかった。中央本部を設けていない緩やかなネットワーク組織である九州実業協会の弱点が如実に出た結果だといえる。

その後、不十分だが第二回九州実業協会大会で、この点の改善がなされている。建議請願書を作成するさい、これまでのように九州各県委員全員の調印を集めることは止めて、大会幹事の調印だけを添える形に改められた(39)。現実的な対応がなされたのだといえる。九州実業協会の大会は一九〇〇年の第六回大会まで開催されたようであるが、第二回九州実業協会大会以降、大会決議で建議請願書を提出するさいには、この新形式で行われた。

3　九州倉庫の設立

大会決議では実際に企業の設立を求めるものがあった。「門司港ニ一大倉庫会社設立ノ必要ヲ認ム」と「九州商業銀行ヲ設立スルコトノ必要」という決議である。「九州商業銀行」については九州同盟銀行会内での意見が容易に一致せず設立されなかった。一方で門司港における一大倉庫会社の設立については、既設の門司倉庫株式会社（一八九五年五月開業）を基礎にした九州倉庫となって実現した。以下、九州倉庫の設立状況をみていく。

九州実業家大会後、九州同盟銀行会の加盟銀行間で倉庫会社設立についての話し合いがもたれた。そして時期は

表3　九州倉庫発起人名および発起株数

氏　名	肩　　　書	発起株数	門司倉庫
松田源五郎	長崎第十八国立銀行頭取	500	
上羽勝衛	宇土第百三十五国立銀行頭取	500	
堀部直臣	熊本第九国立銀行頭取	500	
澤村大八	熊本第百五十一国立銀行頭取	500	
伊丹彌太郎	榮銀行頭取(佐賀)	500	
小河久四郎	福岡第十七国立銀行頭取	500	
佐々治	久留米第六十一国立銀行頭取	500	
守永勝助	門司第八十七国立銀行頭取	500	社長
守永久吉	豊陽銀行副頭取(小倉)	500	
神崎德蔵	豊陽銀行取締役兼支配人	500	取締役
十時文四郎	柳川第九十六国立銀行頭取	300	
太田清蔵	筑紫銀行頭取(福岡)	200	

出典　『門司新報』1896年3月8日，前掲『日本全国諸会社役員録　第四回』(商業興信所，1896年。由井常彦他編『日本全国諸会社役員録　第一巻』〈柏書房，1988年〉所収)。

はっきりしないが、一八九五年中に門司倉庫側に合同を申し込んでいたようである。一方の門司倉庫側は一八九五年一二月に守永勝助社長が大株主である京阪地方の有力者とも協議し、会社の拡張を決定している(40)。

そして一八九六年一月二〇日の福岡市での各県銀行家集会の結果、九州倉庫の設立が決まった。新会社である九州倉庫は貨物の保管だけでなく、九州地方の貨物の集散地にある九州同盟銀行会加入銀行および問屋を代理店・出張所とし、銀行・倉庫が相互に連絡を持ち、倉荷証券を発行することをも目的とした。九州倉庫の資本金は五〇万円で、総株数一万株のうち、発起者が三〇〇株ずつ負担することとなった。その後、同年二月に資本金は一〇〇万円と倍増される。また新会社の創立事務は門司倉庫が担当することと決まった(41)。

門司倉庫の守永社長と長谷川専太郎支配人は一八九六年の二月から五月にかけて久留米・熊本・長崎などで新会社の説明会を開き、広く九州各地から株主を募る活動を行っている。そのさい、長谷川支配人は新会社九州倉庫の後援に九州同盟銀行会だけでなく日本銀行西部支店もついていると説明している(42)。

一八九六年三月四日には九州倉庫の創立出願が行われた。九州倉庫の資本金は一〇〇万円・二万株（一株五〇円）とされ、発起人には九州同盟銀行会の有力銀行家が就任している（表3を参照）(43)。これは九州倉庫の後援に九州同盟銀行会がついていることを明確に示したものといえ、九州各地の資産家などに安心して新会社への株式投資を求める意図があったのだと考えられる。

三月二六日の発起人会の結果、九州倉庫の株式募集期日は五月一五日となった。五月二七日の発起人会における株式申込状況報告によると、応募人数は四七八人（応募株数、二万四三八七株）で、募集株一万四五〇〇株に対し、九八八七株の超過であった。(44)

そして六月二八日に九州倉庫の創業総会が開催された。投票の結果、取締役に上羽勝衛・渡邊至・小河久四郎・守永勝助・松田源五郎・佐々治・堀部直臣が、監査役に片岡直温・澤村大八・伊丹彌太郎がそれぞれ当選した。渡邊至と片岡直温以外は発起人である九州同盟銀行会の有力銀行家である。取締役社長には前長崎税関長の渡邊至が就任した。(45)

九州倉庫は一〇月一日に営業を開始する。九州倉庫は本店をそのまま門司に置き、一八九六年中に長崎市・熊本県高瀬町・福岡県大川町若津に出張所を置いた。一八九七年中には高瀬出張所を廃止し、代わりに熊本市に支店を設け、一方で長崎市・大川町の出張所を支店に昇格させている。また一八九七年四月一日には大阪支店を開業し、大阪にも進出した。(46)

九州倉庫は受け取った荷物に対し倉荷証券を発行し、荷主は倉荷証券を九州内の銀行および日本銀行西部支店に再割引してもらえることとなっていた。九州倉庫は倉荷証券の発行によって九州地方の金融を円滑にすることを目指していた。先に「九州商業銀行」の設立はならなかったと述べたが、九州倉庫の設立のみで九州地方の金融が十分に円滑になると九州同盟銀行会の銀行家たちが判断したからだと考えられる。

このように九州実業家大会での議決によって九州倉庫が設立され、九州地方の金融円滑化のための機関をもう一つ新たに追加することに成功したのであった。

おわりに

以上、本章では九州同盟銀行会による九州実業家大会の提唱から、主旨書の分析、そして大会決議による九州倉庫の設立までの過程を明らかにしてきた。主旨書は九州地方の実業家が地理的に近い清国市場や新領土台湾への経済的な進出を行う必要性を述べていた。同時に、九州地方の実業家が台湾などへ経済的な進出を行うために、九州地方内における開港場の設置や金融機関の設立などを主張していた。主旨書の中では対外的な経済進出論を媒介にしてナショナリズムと地方主義とが結び付けられていたことがわかる。また主旨書の中では九州地方は台湾を領有することによって日本の経済的な「枢中」になるという新たな地域認識が表明されていた。

このような新たな地域認識は主旨書によって九州地方の各地に広がり、大会にはさまざまな議案が提出された。そして議案の中には県域を超えた九州地方レベルの会社である九州倉庫の設立のように実行されたものもあった。よって九州実業家大会は実際の企業の設立にまで結びつくような実効性のあるものであったといえる。また日清戦後に九州地方で創出された新しい地域認識は九州域内の地域開発事業の推進力としての役割をも果たしたと評価出来る。そして、これらの動きを促したのはとくに植民地台湾の領有であり、植民地台湾の領有が日清戦後の九州地方に及ぼした影響力の大きさを確認することが出来る。今後もその他の事例などを検討しながら日清戦後の九州地方における植民地台湾の領有の影響について考えていきたい。またそれらを踏まえて、日本「内地」の諸地域と帝国日本の膨張との関係についても分析を進めていきたいと考えている。

註

(1)「内地」については山本有造氏の「「明治憲法」施行時すなわち一八九〇(明治二三)年一一月二九日現在において日本の領土であった本州、四国、九州、北海道、琉球、小笠原島(およびこれらに付属する島嶼)」という定義を採用する。山本有造『日本植民地経済史研究』名古屋大学出版会、一九九二年、六四頁。

(2) 編集委員会「特集にあたって」(『日本史研究』第四六二号、二〇〇一年二月)、及川英二郎「石橋湛山の小日本主義と家族のアナロジー―ジェンダーの視点で読み解く帝国意識の系譜―」(『日本植民地研究』第二八号、二〇一六年六月)、など。

(3) 編集委員会前掲「特集にあたって」二頁。

(4) 駒込武『植民地帝国日本の文化統合』(岩波書店、一九九六年)、長志珠絵「臨界点としての漢字・漢学―帝国の内なる「他者」の行方―」(『日本史研究』第四六二号、二〇〇一年二月)、小林啓治「帝国膨張の論理と国際法」(同著『国際秩序の形成と近代日本』吉川弘文館、二〇〇二年)、松田京子『帝国の視線』(吉川弘文館、二〇〇三年)、山室信一「国民帝国日本における異法域の統合と格差」(『人文学報』第一〇一号、二〇一一年三月)、など。

(5) 山室信一前掲「国民帝国日本における異法域の統合と格差」六三頁。

(6) 古厩忠夫『裏日本』(岩波書店、一九九七年)、阿部恒久『「裏日本」はいかにつくられたか』(日本経済評論社、一九九七年)、芳井研一『環日本海地域社会の変容』(青木書店、二〇〇〇年)、など。

(7) 又吉盛清『日本植民地下の台湾と沖縄』(沖縄あき書房、一九九〇年)、佐々博雄「移民会社と地方政党」(『国士舘大学文学部人文学会紀要』第一五号、一九八三年一月)、有馬学「明治期における地方資本家の対外活動」(九州大学国史学研究室編『近世近代史論集』吉川弘文館、一九九〇年)、拙稿「日清戦後における福岡県の台湾産業調査事業についての一考察」(『史海』第六〇号、二〇一三年五月)、など。

(8) 有馬学前掲「明治期における地方資本家の対外活動」四四五～四四八頁。

(9)『八〇年の歩み』十八銀行、一九五八年、二〇頁。

(10)『東京経済雑誌』第四四号、一八八〇年一一月一五日。ちなみに、総会の開催地はその年の幹事銀行の所在地であった。

(11) 靍見誠良『日本信用機構の確立』有斐閣、一九九一年、一一一～一一三頁、など。

(12)「銀行相互間の為替取引契約。特に、為替銀行が外国にある銀行との間で為替取引を行うために結ぶ契約。手形の取立委託、送金の支払委託、信用状の取次・確認などを内容とする」。『大辞泉〔第二版〕上巻』小学館、二〇一二年、一三七一頁。
(13)『一〇〇年の歩み』十八銀行、一九八〇年、九一頁。
(14)『鎮西日報』一八八六年九月二一日。
(15)『明治廿八年　第一回営業報告』九州生命保険株式会社、〔刊記なし〕、二頁、福岡県地域史研究所所蔵『永江文書』。また九州生命保険株式会社については、『福岡県史　通史編 近代　産業経済（一）』（福岡県、二〇〇三年、一六九八頁）も参照。
(16)『熊本新聞』一八九五年五月二六日。第十二次定式総会の場で誰が大会の開催を言い出したのかは不明である。
(17)『宮崎新報』一八九五年六月九日、『九州日日新聞』一八九五年六月一一日、同年六月一二日、『鎮西日報』一八九五年六月一日、『鹿児島毎日新聞』一八九五年六月二日、『鹿児島新聞』一八九五年六月二日。
(18)主旨書は『九州実業家大会報告』福岡県幹事、一八九五年六月、一～四丁、福岡県地域史研究所所蔵『永江文書』に掲載されているものを用いた。
(19)前掲『九州実業家大会報告』七～一二頁。
(20)前掲『九州実業家大会報告』三六頁。
(21)大蔵省関税局編『税関百年史　上巻』日本関税協会、一九七二年、一四八～一五一頁。
(22)ここで第一号および第十号議案で使用された特別輸出入港という言葉について開港と比較して簡単に説明する。第一号および第十号議案では特別輸出入港という言葉が使用されているが制度としては存在しないものである。開港は通商条約によって外国貿易を行うために開かれた港で、開港場には外国人居留地を設ける必要があった。特別輸出入港は通商条約に基づかない日本独自の判断で開く外国貿易港で、外国人居留地を設けないとされていた。開港と特別輸出入港との大きな違いは外国人居留地を置くか否かであった。
(23)前掲『九州実業家大会報告』三六～三七頁。
(24)『国民新聞』一八九五年七月三一日。
(25)有馬学前掲「明治期における地方資本家の対外活動」四四〇～四四五頁。
(26)『福陵新報』一八九五年四月三〇日、『福陵新報』一八九五年五月一日。
(27)『鹿児島毎日新聞』一八九五年六月九日。

(28)『鹿児島市史』鹿児島市役所、一九一六年、五二七頁。
(29)『佐賀自由』一八九四年一一月二九日。また唐津興業鉄道については、小川功「明治三〇年代における北浜銀行の融資基盤と西成・唐津鉄道への大口融資」(『滋賀大学経済学部附属史料館研究彙報別冊』第五号、一九九八年一二月)を参照。
(30)商業会議所連合会については、小林丈広「都市祭典と政治」(『日本史研究』五二三号、二〇〇六年三月)を参照。
(31)『九州日日新聞』一八九四年一〇月二七日、『福岡日日新聞』一八九五年六月一二日。
(32)『福岡日日新聞』一八九五年四月七日、『福岡日日新聞』一八九五年四月二五日。
(33)「鹿児島県に於ては過般九州実業大会に向ひ、築港論を提出せんとせしも満場の為めに歓迎せられず、遂に議題に上るに及はざりし」(『九州日日新聞』一八九五年九月三日)。
(34)前掲『九州実業家大会報告』四一～四五頁。
(35)『福陵新報』一八九六年五月五日。
(36)『佐賀自由』一八九五年八月二七日。
(37)『鎮西日報』一八九六年三月八日。
(38)『福陵新報』一八九六年三月一三日、『福陵新報』一八九六年五月五日。鹿児島県委員の担当した建議請願については、顛末が第二回大会で十分に説明されていない。今後の課題としたい。
(39)『九州日日新聞』一八九六年五月七日。
(40)『門司新報』一八九五年十二月二五日。
(41)『門司新報』一八九六年一月二四日、『門司新報』一八九六年二月六日。
(42)『福陵新報』一八九六年五月五日、『福岡日日新聞』一八九六年五月一二日、など。
(43)『門司新報』一八九六年三月六日、『門司新報』一八九六年三月八日。
(44)『門司新報』一八九六年五月二九日。
(45)『門司新報』一八九六年六月三〇日。
(46)『九州倉庫株式会社第一回報告書』、『九州倉庫株式会社第二回報告書』、『九州倉庫株式会社第三回報告書』(それぞれに奥附は無い、公益財団法人鍋島報效会所蔵・佐賀県立図書館寄託「不用書類」(鍋980—1)所収)。

戦間期の大都市における「市民市長」
——名古屋・大岩勇夫市政を事例に——

真野素行

はじめに

近代日本都市史研究は一九八〇年代以降、大阪市を事例として原田敬一・小路田泰直・芝村篤樹・松下孝昭らにより都市の政治構造の分析が進められた。そこでは都市の工業化・人口増加による都市問題の深刻化と都市基盤整備の必要によって市政執行部に都市政策に専門的知識と行政手腕を有する専門官僚が就任し、従来の市会の地域資産家層による名誉職配分システムである「予選体制」から行政主導の「都市専門官僚支配」へ転換することが指摘されている(1)。大阪市の「都市専門官僚支配」は、関一という傑出した人物の存在や経済力を背景とした中央からの自立性の高さなどの特殊な条件のもとで、都市専門官僚市長を頂点とする「市の地方自治型」市政が成立したもので、都市一般には適用できないとの批判もあるが、近代都市化に対応して形成された行政・政治のシステムという点で都市史上、普遍的な意味を持つとされる(2)。ただし、「都市専門官僚支配」は、市政運営構造と地域における官僚支配構造の両者を接ぎ合わせた概念であり[3]、都市行政組織内で専門官僚の集団が拡大し制度化されることと、それが地域における支配として確立することとは、別の問題である。都市に形成された専門官僚制が、名誉職として地方自治を担う市会や市民との間でいかなる関係を構築するのかが重要であろう。

近代日本の地方自治において市長は都市問題に対処する都市行政の執行機関の最高責任者であり、市会が推薦した候補者三名から内務大臣が一名（通例は第一候補者）を選び、上奏裁可を経て任命された（大正一五年市制改正後は内務大臣の関与が廃され、市会の選挙で選任）。明治四四年改正市制では執行機関（市役所）の議決機関（市会）に対する自立と優位を狙い市参事会による合議体制を廃して市長の独任制が導入され、市長が都市経営に積極的に手腕を発揮できるよう権限の強化が図られた。市長経歴の統計的分析を行った進藤兵は、この市制改正を経て全国的に官僚化が顕著な大都市を中心に市長の短期辞任が問題化しており、「上位政府型」の市政は安定しなかった[5]。者の市長就職（「上位政府型」）が増加することを明らかにしたが[4]、同時期に市会の政党化と行政組織の官僚化が顕著な大都市を中心に市長の短期辞任が問題化しており、「上位政府型」の市政は安定しなかった[5]。

本章で扱う名古屋市は、六大都市の一つで近世の大藩・尾張徳川家の城下町に由来する都市である。工業化に対応した近代都市に再編するため、郊外に工業地域・住宅地域の建設を目指して他の大都市に先駆けて市域の先行的な大拡張を行ったが、名古屋市の積極的な都市経営は最終的に地元政治家の「市民市長」を頂点とする形態をとるに至る[6]。一九一七年（大正六）の佐藤孝三郎市長から田阪千助市長までの足掛け一一年の間、名古屋市会は一時期を除いて内務官僚など地方行政経験者を市長に招き、「上位政府型」市政が続いたが、助役から昇格した都市専門官僚市長の田阪千助が一九二七年（昭和二）に辞任すると、市会多数派・憲政会系の長老で市会議長であった大岩勇夫が市長となり[7]、一九三八年（昭和一三）まで三期・足掛け一二年にわたる長期市政が展開された。名古屋市では市長が一期四年の任期を満了することも稀で、再選・三選は大岩が初めてであった。大阪・関一市政が都市行政を担う市助役出身の市長の「市の地方自治型」であるのとは異なり、名誉職自治を担う市会出身の市長によるもう一つの「市の地方自治型」市政が成立し、大都市としては例外的に安定して運営された注目すべき事例といえるが、大岩勇夫市政についての先行研究は、大岩勇夫についての簡単な評伝や、社会学の視点から大岩市政と耕地整理・土地区画整理組合の協力関係を指摘した論文はあるもの(8)の、歴史学として大岩市政を実証的に検討した研究はない。本章では名古屋市で「市民市長」が長期にわたり市政を担当し得た理由を、市会との関係を中心に検討する。積極的な都市政策とそれに基づく大規模な事業の展開によって市会議員の利害や地域的利害を従属させ吸収したとされる関市政と同様(9)、大岩市政でも市役所・市会・地元財界（土地区画整理組合など地主層を含む）が結束して都市基盤整備を推進した図式が強調されるが(10)、これは主に大岩市政の後半期のイメージであり、実際には本論で示すように在任期間の前半は順風満帆とはいえなかった。大岩がいかにして逆風を乗り切り、市政環境の変化を経て長期政権の形成に至ったのかを論じる。

本論に入る前に、大岩市長の誕生に至る経緯をみておこう。名古屋市では日清・日露戦争を経て工業化が進展し、急速に人口が増加した。一九〇七年（明治四〇）に熱田町を市域編入して名古屋港が開港した。中心市街地と港のアクセスの整備も進められ、南大津町線道路が改修されて市電が敷設された。一九一〇年（明治四三）三月に開催された第一〇回関西府県聯合共進会を契機に近代都市化を目指した都市経営が開始され、市債発行による社会基盤の整備が進んだ。都市公園（鶴舞公園）や市営墓地（八事）や新運河（新堀川）開鑿が実施され、水道が一九一四年（大正三）九月に給水を開始した。また、日露戦後から「市是」（都市の将来構想）の議論が盛んになり、大正初めに名古屋市市区改正方案が策定されたが実施には移されなかった。名古屋における都市計画の取組みは佐藤孝三郎市政期から開始され、将来都市化が想定される付近町村を先行的に市域に編入して行政主導で効率的整備を行う積極的な「大名古屋」産業都市構想に基づき、市域の大拡張と電鉄（市街電気軌道）市営化が着手された(11)。このほか、都市化の進展

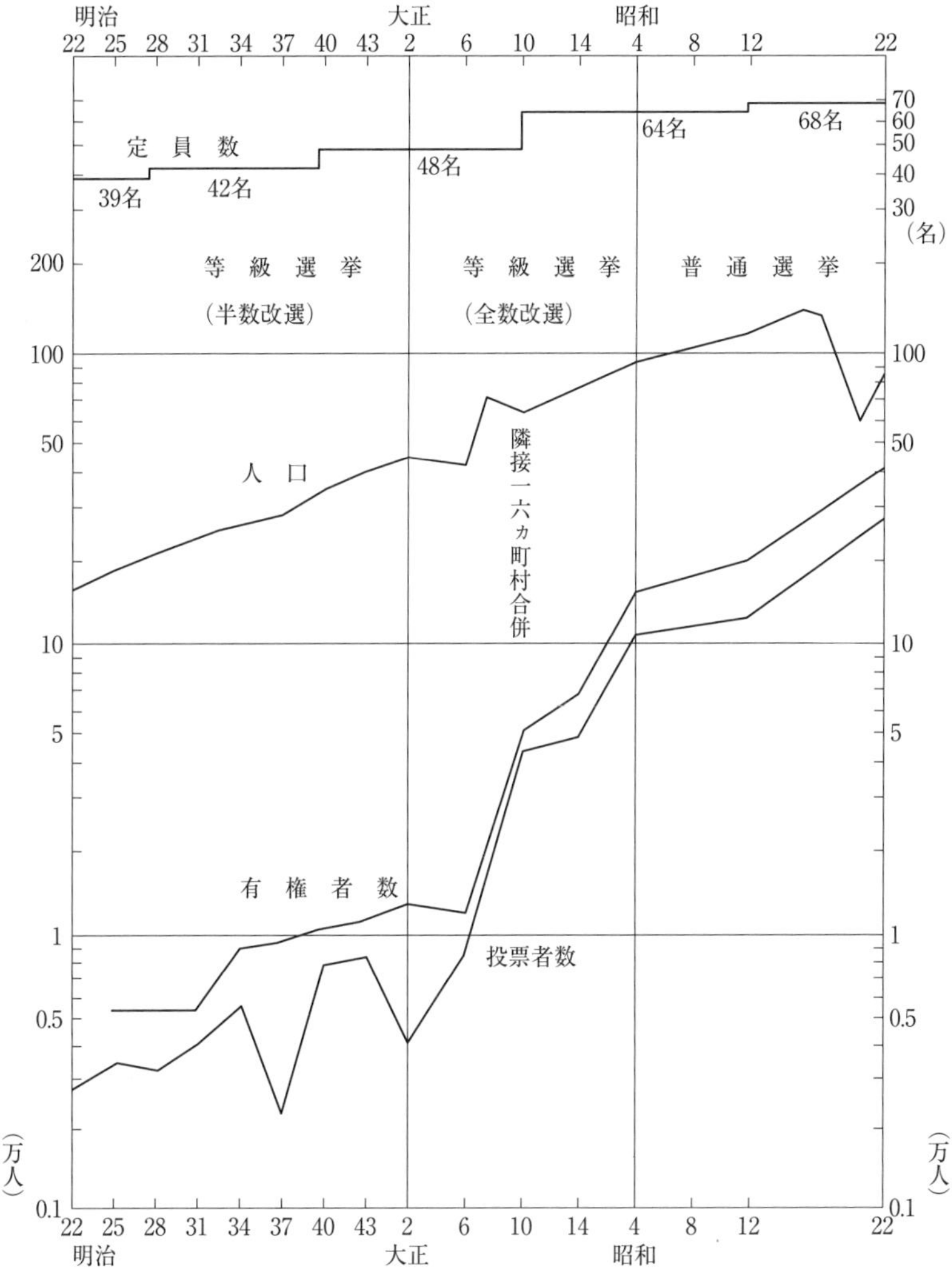

図　明治～昭和戦前期の名古屋市会議員選挙（『名古屋市会八十年のあゆみ』を修正）

に伴う都市問題への対応や市民生活の安定のため市が都市政策を積極化させ、一九一八年（大正七）八月の米騒動から公設市場の開設（同年一一月）へと向かい、職業紹介所・簡易食堂の開設（一九二〇年五月）や市営住宅の建設（同年七月）も始まった。

名古屋市会では大正初めごろまで、納税額による等級選挙（三級制）のため土着の有力商人が多く議員に在職し、とくに一級では富裕層による互選のような状態であった。その後、地方政治においても政党化が進展し、一九一三年（大正二）一〇月市議選後、福澤桃介の影響下に立憲政友会系の市会会派「無名会」が結成された。これに対して有力商人たちの「九日会」や鈴木總兵衛を中心とする勢力は、地元出身の加藤高明との関係から立憲同志会—憲政会系となり、市会も二大政党の対立の構図となった。さらに「大名古屋」産業都市構想に基づいて実施された市域の大拡張や国の選挙制度改革によって、市会議員の顔ぶれが大きく変わった。市域拡張後の一九二一年（大正一〇）一〇月市議選の結果、憲政会系の支配が確立したが、市会に新市域選出の議員が登場したことで地域利害の多様化が顕著になった。これと並行して大正一〇年市制改正で市会議員の選挙権が拡大（直接国税二円以上の条件が撤廃、等級制度が三級から二級へ改正）され、さらに大正一五年市制改正で男子普通選挙制が採用されて一九二九年（昭和四）一〇月市議選から実施された。(12) この過程を通じて市会に地元名古屋財界の有力者が減少し、財界と市政（市役所）の関係は相対的に希薄化した。

一　市会の動向を重視した慎重な市政運営——大岩市政一期目〜二期目前半

一九二五年（大正一四）一〇月市議選後の市会は表のとおりで、民政党系が市政与党として圧倒的多数を占めていたが、市域の大拡張や選挙権の拡大による利害関係の多様化で内部分裂し、市電拡張計画の行き詰まりで求心力を失った田阪市長の辞任を招いた。この反省から、一九二七年（昭和二）七月市会の詮衡を経て同年八月に大岩勇夫が市長に就任すると、民政党系の大同団結の動きが強まり、更新会が結成された。当初は各派の足並みが揃わなかったが、市会の正副議長や市の参事会員などの役員ポストについて申し合わせどおり二年での交代を実施するなどして不満の緩和に努めた結果、同年一一月に民政党系の市議の大同団結が成った[13]。市政与党が一本化したとはいえ、分裂の原因となった市会内の地域的利害や階級間の対立が解消されたわけではなく、議案によって党議が一致せず反対に廻ることもあり、大岩市政は盤石ではなかった。後述する市電拡張問題など前市政の懸案の処理も必要で、市会や市民世論の動向を見ながら慎重な舵取りが必要であった。このため大岩市長は市会の反対が強い議案には、提出者である執行機関の長の立場であっても原案に固執せず柔軟に対応した。大岩市政最初の予算審議となった一九二八年（昭和三）二月市会では、提出した予算案が不況下に増税で不急事業を遂行しようとするものである（政友会系・加藤鐐五郎議員の発言）などと批判を浴びると、大岩は負担が重ければ敢えて原案を固持しないと答え、大幅な減額修正に応じた[14]。原案の修正や否決はほかにも中央卸売市場設置問題や授業料徴収問題など大岩市政期を通じて起きており、市民の代表たる市会の意向を重視する大岩の姿勢は、「市民市長」を印象付けるものとなった。

表　名古屋市議選における会派別獲得議席数

	民政党系	政友会系	無産政党系	中立・その他	計
1925年（大正14）10月	53	7	0	4	64
1929年（昭和４）10月	44	8	4	8	64
1933年（昭和８）10月	34	17	2	11	64
1937年（昭和12）10月	41	15	0	12	68

註　『名古屋新聞』1925年10月29日，1929年10月27日，1933年10月27日，1937年10月27日による。

　大岩市政の第一期は田中義一内閣下でスタートしたため、愛知県知事には政友会系の小幡豊治が就任していた。大岩は市長就任のさいに民政党愛知県支部長を辞任して党籍を離れていたが、県と市の関係が対立的となり市政に悪影響が及んだ。小幡知事が大岩市長の提出した市営バス事業の出願を保留したり、市民病院の建築に際して名古屋市に工事中止の知事命令を発したりして妨害工作をおこない、市の事業開始が遅れることになった[15]。さらに一九二九年（昭和四）七月に民政党の浜口雄幸内閣が成立して知事が交代した後も逆風は続いた。大岩市政期は都市計画の実施時期にあたっており大岩は前市政からの継続事業を推進したが、浜口内閣の緊縮財政により事業実施が抑制された。市の第二期都市計画街路事業は政府の起債認可が難しく遅延を余儀なくされたため、失業救済事業の名目で進められたり、県の都市計画事業として実施されたりした[16]。

昭和戦前期に名古屋の人口は急速な伸びをみせた。一九二五年（大正一四）の七六万八五五八人から一九三〇年（昭和五）に九〇万七四〇四人、一九三五年には一〇八万二八一六人と五年で二割のペースで増加を続けた。一九三〇年一〇月一〇日～一一日には市の人口一〇〇万人到達（その後、国勢調査で未達が判明）と市が進めてきた四大事業（中川運河の開鑿、第三期水道拡張工事、堀留・熱田の下水処理場、市公会堂）の完成を祝して盛大な祝賀会が催された。祝賀会は名古屋市公会堂に東久邇宮稔彦王をはじめ名士約三〇〇〇人を集めて開催され、市内各地では花火や相撲、手踊り等の余興で盛り上がった[17]。百万都市名古屋は、日本で第三位、世界でも第二七位の都市人口に達したとして「世界の名古屋」がスローガンに掲げられ、国際的大都市化が新たな都市課題となった[18]。とはいえ、この時期には名古屋市の具体的な施策としては外国貿易の振興策[19]や中京デトロイト構想に基づく自動車産業の育成[20]などに着手するにとどまっていた。

発足当初の大岩市政にとって喫緊の課題は、前市政からの懸案である市電の路線拡張の行き詰まりの解決であった。まず大岩は、一九二九年（昭和四）一月市会に乗合自動車事業の創設予算を提出し、新市域の交通機関は市電の代わりに市営バス路線を整備して補う構想を表明した。新市域選出の議員からは、提案されたバス路線が市中心部に偏っているなどと批判が出たが、大岩市長と親しい民政党系の宮部鈴三郎議員が早期に新市域へ路線を拡張するよう市が努力することを希望して原案に賛成するなどと発言し、採決の結果、原案通り可決となった(21)。そのうえで昭和六年度予算を審議した一九三一年二月の市会において既定の市電拡張計画の打ち切りが決定された。市政野党の政友会系を中心に打ち切りは公約違反であると追及し、市電運賃の値下げ要求もなされた(22)。市電計画の打切りにより、新市域の交通問題の解決は市営バス事業の成否にかかっており、市会に実行委員が設置されて市営バス計画線の審議や鉄道省など関係機関に認可促進の陳情がなされたが(23)、その後も市会では新市域の議員を中心に交通機関の整備要求が続いた。

この間、大岩市政の一期目半ばの一九二九年（昭和四）一〇月に市会議員選挙がおこなわれた。男子普通選挙制が採用されて最初の市議選で、無産政党がどの程度の議席を獲得できるかが注目された。また、前年の一九二八年に対中強硬外交を主張した田中善立らが民政党から除名され、同年九月に脱党者で憲政一新会が結成されたことを受けて、大岩与党の市会民政党系でも田中善立系の八議員が会派を離れていた。このため議席数は民政系三九、一新会系八、政友系七、中立二となっており、民政党系で市会の過半数を維持できるかが大岩市政の命運を握っていた(24)。選挙戦は各党が候補者の公認を徹底して政党中心となり、各党が政見を新聞紙上に掲げて激しい言論戦となった(25)。選挙結果は前掲表のとおりで、民政党は憲政一新会系の脱党した分は議席を減らしたが市会の圧倒的多数は維持した。対して憲政一新会系は市民の支持を得られず全滅し、野党の政友会系は緊縮財政の大岩市政を消極的と批判したが議席は伸び悩んだ。無産政党は下層労働者の立場から既成政党を批判して工場地帯を中心に得票を伸ばし、少数とはいえ市会に初めて議席を得た(26)。普選実施後の市会は「普選議員だけに口の達者なものが多」く、「日程前（予定した議題以外）の通告質問が多数に上」（括弧内、真野）り、活気づいた(27)。議事を円滑に進行させるため、市側には議員に対して事前に根回しをおこなうなどの対策が必要になった。

大岩は一九三一年（昭和六）七月の市会で市長に再選された。再選には市会の過半数を抑える民政党系が賛成したが、市政野党の政友会系は大岩市長が財界寄りで真の市民市長ではないと反対した。(28)この時期までは市会でも二大政党の対立が基調となっていた。

二　国際的大都市を目指した積極市政の展開――大岩市政二期目後半〜三期目

大岩市政をめぐる環境は二期目途中の一九三二年（昭和七）以降、大きく変化し始めた。五・一五事件で犬養毅内閣が総辞職して斎藤実を首班とした挙国一致内閣が成立し、「政民連携」を合言葉に政権復帰を目指して政党対立が抑制され、熾烈を極めた二大政党の政戦は停止となった。政党内閣期には政権交代のたびに党派的な知事の任用がおこなわれ、市政に悪影響を及ぼしたが、政党政治の崩壊と政党対立の緩和は民政党出身の大岩市長にとり、中央の政治動向に足を引っ張られるリスクが少なくなる点でむしろ好都合であった。さらに大岩市政が三期目（一九三五年八月〜）に入ると、大岩市長自身が岡田啓介内閣下で始められた選挙粛正運動に積極的に取り組むなど、政党と距離をとるようになる。(29)

大岩市政二期目半ばに実施された一九三三年（昭和八）一〇月市会議員選挙は、大岩市政の今後を占う試金石としての意味を持っていた。国際連盟脱退後の「非常時」下で無産政党に代わり「ファッショ」を掲げる反既成政党勢力が台頭するなか、政党政治の崩壊によって既成政党の支持基盤が弱体化して市政与党の民政党系が過半数を割れば、大岩市政の崩壊に繋がる可能性があった。選挙の結果は前掲表のとおりで、不利を予想されていた市会民政党系は現職優先で候補者を厳選して臨み、一〇議席減ながら市会の過半数の議席の死守に成功した。現職市議は聯区（小学校通学区）の町総代（町の自治組織の長）会長や教育会長を兼務していることも多く、日常的な活動を通じて選挙基盤が固められていたと考えられる。一方、前回市議選の大敗から巻き返しを図る政友会は、現職が少ないため政友会系の院外団や町総代から新人を擁立して議席を倍増させたが、与党を過半数割れに追い込むには至らなかった。注目されていた「ファッショ」勢力からは六名が当選した（中立一一名に含まれる）。とはいえ、民政党系・政友会系で合計五一議席を占めており、政党政治の崩壊後も既成政党の地方基盤は強固であったといえる(30)。

大岩市政をめぐる環境の変化の二つ目は、経済状況の好転によってもたらされた。昭和恐慌による不況に対して名古屋市では失業救済を目的として道路の舗装や下水道の拡張などの公共事業を展開した。また、官民を挙げて中小商工業者を対象とした低利資金の融資を進めたり、国産品使用を奨励して内需拡大を図ったりした。これらの施策によって、一九三二年（昭和七）秋には名古屋市など都市部では景気は回復基調となった。さらに貿易の急速な回復・拡大と、軍需費の散布による重工業の急成長により、好況に転じた。この間に名古屋の工業構成は大きく変容し、名古屋経済の柱である繊維生産が回復するとともに機械器具工業が急速に伸び、繊維工業に次ぐ産業に成長した。さらに毛織物・人絹織物や自動車・航空機などの新産業が成長した。貿易の伸張も目覚ましく、綿織物と陶磁器の輸出が急増し、貿易関係の諸団体が昭和恐慌期に次々に設立されて中南米など新販路の開拓も取り組まれた(31)。これにより大岩市政二期目後半の昭和九年度以降は市財政が好転し、積極的に施策を展開できる環境が整った。

不況からの脱出を背景として、市会でも積極的市政への転換を目指した動きが始まった。一九三三年（昭和八）一〇月市議選後、最初の予算審議となる一九三四年二月市会では議員から市政全体を調査研究する必要が提起された。これを受けて市では同年五月に市長の諮問機関として臨時市政調査委員会を設置し、市議全員を委員に委嘱して分野ごとに市の施策が検討された(32)。同年一一月には市会が一九三七年を期して大博覧会の開催を求める意見書を大岩市長に提出した。開催の理由として、一九三七年が名古屋港開港三〇周年にあたっており名古屋市の産業を内外に紹介する好機であること、それまでに名古屋駅の移転新築や国際飛行場・国際的ホテルの建設を実現させて大都市としての発展の一大画期とすることが挙げられ、異議なく採択された。[33]その後、市の主催による名古屋汎太平洋平和博覧会の開催が正式に決定した。市財政は経済の好転を受けて、歳入欠陥による財政整理公債の起債許可や高利債から低利債への借換えなどが進んだことから昭和九年度から「本市財政ノ基礎モ漸ク堅実トナツタ感ジ」となり、一九三五年二月市会の昭和一〇年度予算説明において大岩市長が積極財政への転換を宣言した。[34]続く昭和一一年度予算も経済状況が好調で歳入の増加が見込まれることから積極的財政方針で編成され、名古屋市の財政（歳出純計額）は昭和二～九年度には二六〇〇～三一〇〇万円程度だったが、昭和一〇～一二年度には三五〇〇～四三〇〇万円まで拡大した。[35]

一九三五年七月の市会で大岩市長の三選が決まった。三選には市政与党の民政党系が賛成したほか、大岩市政に反対してきた野党の政友会系も支持にまわった。この背景には、政党政治の崩壊による政争の緩和という外的要因に加えて、大岩の過去二期の堅実で円滑な市政運営の実績が市民の支持・信頼を得ていると評価されたこと、また、国際博覧会の開催が決定していたため大岩市政の継続を望む声が強かったことがあった。[36]

三期目の大岩市政の課題は名古屋の国際的大都市化であり、国際的な博覧会と都市基盤の整備が推進された。名古屋汎太平洋平和博覧会（以下、汎太博と略す）は、一九三七年（昭和一二）三月～五月に名古屋市の主催、愛知県・名古屋商工会議所の協賛で、国外から二九の国と地域、国内は鳥取県以外の全道府県の参加を得て開催された。来場者数は約四八〇万人を数え、昭和戦前期に国内で開かれた博覧会としては規模・入場者数とも最大級であった。開催の趣旨には名古屋港の外国貿易の振興が掲げられた。国際連盟脱退によって日本は国際社会で孤立化したが、政府では環太平洋諸国への貿易相手国の拡大や外国人観光客の誘引を図っており、一九四〇年（昭和一五）には東京で万国博覧会・オリンピックの開催も予定されていた（日中戦争の勃発により一九三八年に中止が決定）。汎太博の開催は当時の国策とも一致するものであり、外務省や大蔵省の協力が得られた。また、汎太博には市が工場立地を進めていた市西南部の臨港地区の開発を促進する狙いもあった。名古屋財界もこの地域の開発に関与していたが、低湿地で嵩上げが必要なために苦戦していた。汎太博は成功を収め、事業収支は収入三三五万四〇〇〇円に対して支出が三二八万円で、単体で七万四〇〇〇円の黒字となった。ほかに道路整備や市電「博覧会線」敷設など関連した都市基盤整備が行政主導で進められ、これらを含めると費用総額は一六〇〇万円余に上った。会場となった市西南部の臨港地域の開発が進み、市が進めていた中川運河沿岸の整理地の分譲も売れ行きが活発化した(37)。

博覧会にあわせて名古屋市は、国際都市にふさわしい都市インフラの整備として名古屋駅の移転新築に伴う駅前の再開発(38)、東山公園に動物園・植物園の整備(39)、国際的水準の名古屋観光ホテルの建設(40)を実施した。また、かねて名古屋財界が要望していた国際飛行場の建設が県の事業として進められ、一九三四年（昭和九）一〇月に名古屋港一〇号地に仮飛行場が開設され、一九四一年（昭和一六）一〇月に同一一号地に本飛行場が完成した(41)。これらの実現には地元の土地区画整理組合の地主や、名古屋財界の協力が不可欠であった。東山公園の整備では、市債を発行せずに費用を捻出する方針が採られ、市有地の売却のほか大岩が自ら地主を説得して用地を寄附させ、世界水準の動物園と植物園を実現した。結果的に東山公園一帯の地価は平均で三倍以上に騰貴し、地主側に利益をもたらした(42)。一方、大岩が名古屋財界の仲介役として頼ったのは青木鎌太郎（愛知時計電機株式会社社長）である。青木と大岩は、ともに地元政財界の重鎮であった鈴木摠兵衛の知遇を得た経歴を持ち、親密な関係にあった。名古屋では一九二一年（大正一〇）市議選以降、財界人の市会離れが顕著になっていたが、一九三二年（昭和七）一一月に青木が名古屋商工会議所の副会頭（のち一九三六年一二月から一九四〇年一〇月まで会頭）に就任すると、名古屋汎太平洋平和博覧会への協力のほか、市庁舎の新築のさいに業者を仲介したり、官民合同で設立された名古屋観光ホテルの代表に就任したりするなど、大岩市政と一体となって活動した(43)。大岩勇夫は地元に精通した「市民市長」の強みを生かして市役所・市会・民間（地元財界や地主など資産家層）の結節点となり、三者の緊密な連携協力のもとで国際的博覧会と国際的大都市にふさわしい都市基盤の整備という一大プロジェクトが進められていった。

おわりに

大岩勇夫市政は、「大名古屋」産業都市構想に基づく都市基盤整備の実施がもたらしたものであったが、その前半期の市政環境は逆風であった。政党政治期の政治的任用により政友会系の知事が誕生し、県・市の疎隔が生じた。また、昭和恐慌と浜口雄幸内閣の財政方針の影響で、市財政も緊縮を余儀なくされた。大岩市長は、前市長時代に市会で圧倒的多数の市政与党が分裂したことに鑑み、市域拡張と普選実施後の状況に対応して市会の意向を重視する市政運営を展開した。市会で反対の強い政策に対しては市提出の原案の大幅な修正も許すという柔軟な姿勢をとったため、市政野党は攻め手を欠き、与党内の利害対立も表面化しなかった。これに対して後半期は市政環境が大きく変わった。政党政治の崩壊によって政党対立が緩和されるとともに、地域経済が不況から脱して市政も積極財政方針に転換した。大岩は政党から距離をとる一方、地元財界の協力を得て博覧会を起爆剤に国際的大都市化を推進した。大岩「市民市長」は、単なる都市の行政責任者（マネージャー）ではなく、都市の政治指導者（リーダー）として、都市専門官僚・地域名誉職・地域資産家層の間を調整し再結合する役割を果たした。

同時期に大都市で例外的に長期市政となった大阪・関市政と名古屋・大岩市政は、ともに「市の地方自治」型であるが、関市政が都市行政を担う都市専門官僚を市長に据えた形態をとり、機能的には行政主導の「都市専門官僚支配」とされるのに対して、大岩市政では名誉職自治を担う地方政治家を市長に据え、市役所・市会・地元財界の協調を重視する市政となった。関が都市政策専門の「学者市長」として在職当時から名高く、市会議員からも畏敬の念を抱かれていたのに対して、(44)大岩は腰が低く、口癖の「ご尤も」から「ご尤も市長」と呼ばれ、どの会合にも顔を出す「こまねずみの如き小まめさ」を身上とし、反対する相手をいつの間にか説得してしまう「受け身の達人」、消極的な名古屋財界から市政への協力を取り付けるのが得意な「高等幇間」とも評された。(45)両者は資質の面では対照的に見えるが、それぞれ長年の市政経験を積んだうえで市長に就任しており、地元の事情に通じ、豊富な人脈と政治的判断力が共通の強みとなっていたと考えられる。

一九三七年(昭和一二)七月に日中戦争が開始されると、大岩市政をめぐる環境は再び大きく変わり始めた。同年一〇月に市会議員選挙がおこなわれたが、今回は「事変のために一般に気乗りうすで、選挙どころの騒ぎではない」(『名古屋新聞』一九三七年一〇月二五日)状態となった。選挙結果は前掲表のとおりで、与党民政党系の勝利となった。全国的には既成政党への批判の高まりを受けて大都市部の選挙で無産右派(社会大衆党)が議席を拡大していたが、名古屋市議選では無産政党は議席なしと惨敗した。前職が強く当選者の八割を占め、民政党の長年の地盤は揺るがなかったが、市政に対する市民の関心の低下は否めなかった。(46)その後、一九三八年四月の国家総動員法の公布を経て戦時体制が構築され、官僚支配が強化されていった。大岩が掲げた名古屋の国際的大都市化という市政課題は消滅し、名古屋の産業は民需から軍需へ転換し、軍需工業都市化に沿った都市計画が推進されていった。(47)こうしたなか、大岩市長は一九三八年(昭和一三)九月に病気を理由に辞意を表明し、同年一二月に辞任した。三期目の後半には高齢に達していた大岩の求心力の低下は否めなくなっていたが、辞任の直接の原因となったのは同年六月に発覚した市職員による支那事変名古屋市後援会義金の横領事件であった。日中戦争で戦死者が増加するなか町総代を通じて市民から集めた義捐金を担当職員が私的に費消したという事件の性質から市民の批判が強く、市会では市政与党の民政党系からも市長の監督責任を問う声が上がり、市長の進退をめぐり紛糾した。これにより市会との関係が決定的に悪化し、事実上の引責辞任に追い込まれることになった。(48)

一九三九年（昭和一四）一月、大岩市長の後任として警察官僚で樺太庁長官や大阪府知事を歴任した有力官僚の県《あがた》忍《しのぶ》を招聘することが決定した。(49)他の大都市でも政党内閣期には政党色のある市長が就任したのに対して、戦時体制下では統制と画一化が進んで地方自治が弱まり、大物官僚市長が誕生するようになったが、(50)名古屋市でも大岩の辞任後は、県忍市長（在任：一九三九年〈昭和一四〉一月〜一九四二年〈昭和一七〉一月）、佐藤正俊市長（一九四二年二月〜一九四六年〈昭和二一〉一一月）と、戦時体制下に官僚出身者が敗戦まで市政を担当した。県市長の就任に対して市会では「大岩市長ガ市民市長ナルガ故ニ根本的解決ヲ得ズシテ……持越サレタト云フ問題ガアル」として「人事行政ノ刷新、電灯市営問題、中央卸売市場設置問題、小学校連区ノ配合」などの根本的解決が「輸入市長県サンノ大キナ使命」とされた。(51)また、民政党系の『名古屋新聞』社説では「市民市長」は積極放漫、変通自在、情実百出、大衆的俗受けの傾向があるのに対し、「官僚市長」は整理緊縮、スローガン・イデオロギーを立てて市政を朝宗させようとする傾向があると指摘し、新市長に対して、市役所の人事刷新、市議の質の向上、財界の市政からの若隠居傾向を改めて市政機関内に抱擁する工夫、小中学教育の充実を期待すると論じた。(52)大岩市政の弊害の打破が叫ばれ、「輸入市長」には、「市民市長」が解決できなかった市政課題への積極的な取組みや、長期市政で生じた馴れ合いと癒着した人事の刷新が求められることになった。

註

(1) 原田敬一『日本近代都市史研究』(思文閣出版、一九九七年)、小路田泰直『近代日本都市史研究序説』(柏書房、一九九一年)、芝村篤樹『日本近代都市の成立』(松籟社、一九九八年)、松下孝昭「大阪市学区廃止問題の展開」(『日本史研究』第二九一号、一九八六年一一月)、同「一九二〇年代の借家争議調停と都市地域社会」(『日本史研究』第二九九号、一九八七年七月)など。なお、都市はその規模や性格が多様なため、より多くの事例研究の蓄積が必要である。六大都市では大阪のほか東京・横浜・京都を対象に研究が進展し、地方中小都市の研究も進んだ。大石嘉一郎・金沢史男編『近代日本都市史研究』(日本経済評論社、二〇〇三年)。

(2) 芝村篤樹「関一の大阪観と市政」(『近代大阪と都市文化』大阪市立大学文学研究科叢書第四巻、清文堂出版、二〇〇六年)。市長の出身類型については、大西比呂志『横浜市政史の研究』有隣堂、二〇〇四年、三四〜三五頁)による。大西は、「上位政府」型(中央官僚の天下り)、「市の地方自治」型(市会や市役所の出身)、「民間」型の三つに分類している。

(3) 桜井良樹『帝都東京の近代政治史』(日本経済評論社、二〇〇三年)序章。

(4) 進藤兵「近代日本の都市化と地方自治の研究・序説」(『社会科学研究』第四六巻第五号、一九九五年二月)。

(5) 大西前掲『横浜市政史の研究』三四頁。

(6) 真野素行「戦間期の市域拡張による都市経営と市政の変容――名古屋市の市電問題を中心として」(『年報 近現代史研究』創刊号、二〇〇九年三月)。

(7) [大岩勇夫の略歴] 慶応三年(一八六七)五月、西加茂郡猿投《さなげ》村に生まれた。一八九一年(明治二四)一月、東京法学院(現・中央大学)を卒業、同時に東京代言人組合に加入した。一八九九年(明治三二)一月、名古屋弁護士会に加入し、同年九月、郷里の西加茂郡から愛知県会議員に当選した。翌年に立憲政友会が結成されると参加し、愛知支部の幹事に就任した。一九一〇年(明治四三)一〇月に名古屋市会議員および市参事会員となり、以後五期連続当選、市会議長にも三回就任した。一九一一年(明治四四)三月に名古屋弁護士会会長、名古屋商業会議所特別議員となった。鈴木摠兵衛の後援で会社経営にも従事し、一九一七年(大正六)から愛知セメント株式会社専務取締役を務めた。また、立憲同志会〜憲政会〜立憲民政党の地方組織の中心として県支部長などを務め、一九一五年(大正四)四月には郡部から衆議院議員に選出されて一期(一九一七年一月まで)務めたが、その後は地方政治に専念した。一九二七年(昭和二)八月に市長に就任すると一九三八年(昭和一三)一二月まで名古屋市長を三期にわたり在職し、大都市としては珍しい市政の安定のもとで都市計画を推進、産業・貿易振興や汎太平洋平和博覧会の開催など名古屋の国際的大都市化を目指した都市経営を展開し、名市長と謳われた。議場では雄弁家ぶりを発揮する一方、温厚で社交的、勤勉な性格で知られた。豊かな声量を活かして義太夫を唸るのが唯一の趣味であった。一九五五年（昭和三〇）七月、死去した。以上、おもに名古屋市市政資料館所蔵の市公文書「昭和二十六年～三十五年　叙勲綴」によった。ほかに鈴木蔵山『衆議院議員候補者評伝逐鹿界之片影』（山田丹心館、一九〇二年）、野村浩司ほか『中京名士録』（名古屋毎日新聞社、一九二〇年）、坂野鎌太郎『中京名鑑』（名古屋毎日新聞社、一九二八年）、早川北汀『中京現代人物評伝』（早川文書事務所、一九三二年）、山口達郎・渡部茂『人と力』（日本公論社、一九三五年）、富永史堂『在名三河郷友名鑑』（在名三河郷友名鑑編纂会、一九三八年）を参照した。なお、大岩が地方政治に専念した理由については「衆議院内部にありては蟬噪蛙鳴、弁を好むか、乃至は野次の徒にあらざれば、容易に其存在を知られず、真面目なる士は何時まで経つても其の資質を認められざるが如き傾向がある。大岩君は自ら顧みて日比谷原頭に名をなすの前途遼遠なるを知り、去つて地方政界に其全力を傾倒すべく、深く期したのである」（早川前掲『中京現代人物評伝』四四頁）とされる。

（8）　評伝として、亀田忠男『大岩勇夫と大名古屋』（地域問題研究所、二〇〇一年）。社会学の視点から、木田勇輔「都市の政策実行・受容能力を規定する文脈的効果——名古屋市における戦前と戦後のコアリション形成」（『東海社会学年報』第二号、二〇一〇年）。

（9）　芝村篤樹『関一』（松籟社、一九八九年）一六八頁。

（10）　木田前掲「都市の政策実行・受容能力を規定する文脈的効果」五七頁。

（11）　『愛知県史』通史編近代二（二〇一七年）二一〇～二一四頁（真野素行執筆）。真野素行「日露戦後名古屋における産業都市構想の形成——名古屋経済会の懸賞論文『名古屋市是』を中心に」（『中部における福沢桃介らの事業とその時代』愛知東邦大学地域創造研究所編、唯学書房、二〇一二年）。

（12）　『名古屋市会八十年のあゆみ』（名古屋市会事務局、一九七〇年）一～九頁。今井清一「大都市市会議員三級連記選挙の比較研究」（『横浜市立大学論叢』人文科学系列、第四〇巻第一号、一九八九年）。真野前掲「戦間期の市域拡張による都市経営と市政の変容」五二～六一頁。

（13）　横井太郎『名古屋市会政争史』（市政研究会、一九二九年）一二九～一三九頁。市会民政党系は市議選後に四名が死亡、一名が辞任、一名が加入して五一名となっていた。

(14) 予算案は総額二〇二六万円で、歳入で六八万円の増税を含んでいたが約二四万円まで減額された。歳出では四八万円の削減となり、大岩市長が計画した鶴舞公園の動物園移転や運動場の拡張等が実施できなくなった。『名古屋市会議録』昭和三年第五号（三月一七日）、名古屋市市政資料館所蔵。『名古屋市会史』第五巻（名古屋市会事務局、一九四二年）一二四八〜一二六一頁。『名古屋新聞』一九二八年三月一八日。『新愛知』同年三月一八日。

(15) ［市営バス事業の出願保留］名古屋市では市電路線を補助する交通機関としてバス事業を計画し、県に申請していたが、一九二八年（昭和三）九月になって小幡知事は市会の議決がないことを理由に保留を通達した。同時に競合する民間事業者からの出願は全て認可したことから、市に対する妨害工作として問題となった。市では一九二九年一月の市会で市営バス事業の創設予算を議決のうえ再申請をおこなった。その後、同年七月に政権交代で小幡知事が免職となり、一二月に許可が指令され、一九三〇年二月から市営バスの運行が開始となった（『名古屋市会史』第六巻、一九四二年、一六〇〜一六八頁）。［市民病院の建設中止騒ぎ］一九三一年に開設された名古屋市民病院の建築のさい、病院敷地内の道路廃却の設計変更の手続きが不履行として一九二八年一二月に小幡知事が工事中止を命令した。一九二九年一月には用地を市に売却した阿由知耕地整理組合内の不正が摘発され、組合長が小幡知事の推薦とされる榎戸利吉に交代となった。その後、小幡知事は免職となったが、榎戸が建築承認の取消しを求めて市と対立し、工事は中断が長引いた。後任の岡正雄知事の再調査を経て、一九三〇年一月に工事が再開された（同書、一八四〜一八八頁）。

(16) 『名古屋都市計画史（大正八年〜昭和四四年）』（名古屋都市センター、一九九九年）一四八〜一五七、一六一〜一六二頁。『新修　名古屋市史』資料編近代三（名古屋市、二〇一四年）八六三〜八六四頁（真野素行執筆）。昭和初期から日中戦争期の政府の財政政策と公共事業支出の推移は、加瀬和俊『戦前日本の失業対策——救済型公共土木事業の史的分析』（日本経済評論社、一九九八年）。

(17) 『名古屋新聞』一九三〇年一〇月一一日夕刊、一二日。『新愛知』一九三〇年一〇月一一日夕刊。

(18) 祝賀会にあたって市長と愛知県知事の声明が発表された。大岩勇夫市長は、内外の先進都市と比べれば名古屋は「文化の淵叢としての実質実態は……遥かに及ぶ能はざる所」で「産業に於ける市民の実力」、「共同生活に於ける市民の態度」、「自治政に於ける市民の理解」が不十分であると指摘し、「明日の本市はどうしても之を世界の名古屋に迄進出せしめねばなりません」と訴え、市民の努力と市政への協力を求めた（「名古屋市告諭第二号　百万市民各位に告ぐ」『名古屋市公報』号外、一九三〇年一〇月一〇日）。岡正雄知事は「今や人口は百万を突破し我国第三位世界第廿七位の大都会となるに至つた」とし、「名古屋市民諸氏は益々国家社会の大勢を考へ、国運の隆盛に貢献し進んでは世界の福祉に寄与するやう切望」した（「世界的進出の都市　百万市民の自重を望む」『名古屋新聞』一九三〇年一〇月一〇日）。また、市では祝賀会に合わせて市民に標語を募集し、一等には「鯱の名古屋よ世界に光れ」が選ばれた（「人口百万記念当選標語」『名古屋市公報』第一三四号、一九三〇年一〇月二〇日）。

(19)　昭和恐慌期以降、名古屋市は外国貿易の振興を図るべく、名古屋商工会議所等とも連繋して積極的な取組みを開始した。とくに名古屋地方の産業規模に比べて名古屋港の貿易額が少ないことが指摘され、名古屋港からの直輸出の拡大が課題であった。市の主な施策は以下のとおり。［海外実務員制度］商工業に従事する者を海外に派遣して販路の開拓拡張、または工業上の技術を習得させる目的で、一九二九年（昭和四）～一九三一年（昭和六）に実施した。シンガポール・スラバヤ・メダン・広東・上海・カルカッタの六都市に各一名が派遣された。［海外見本市］昭和四年度から市が県・商工会議所と提携して海外で見本市を開催した。まず、南洋（スラバヤ・スマラン・バタビヤ）で巡回見本市が開かれ、その後、オーストラリア・アフリカ・中南米へと拡大した。［名古屋市立商品紹介所］中華民国・満州国に設置され、無料で取引の紹介・斡旋を実施した。一九三二年に奉天名古屋商品紹介所を開設、その後、一九三四年に天津、一九三七年に上海に設置された。『大名古屋』（名古屋市役所、一九三七年）五二六～五三四、五四三頁。『大正昭和名古屋市史』第四巻（一九五四年）一二四五～一二六一頁。

(20)　一九三一年（昭和六）に大隈鉄工所・日本車輌製造・岡本自転車自動車製作所の三社が中心となり官庁向け高級乗用車の製作に乗り出し、一九三二年二月にアツタ号を完成させた。この動きの裏には大岩市長の「中京デトロイト構想」があったとされ、市では名古屋を日本の自動車産業の中心地にしようと考えていた。翌一九三三年にはアツタ号の製作に参加した豊田式織機がキソ・コーチの製造を開始し、名古屋市営バスに採用された。これらは営利事業としては成功しなかったが、戦時下に軍需工業が隆盛する基盤となった。『昭和七年産業調査資料第一号』（名古屋市産業部勧業課、一九三二年）三七～四三頁。牧幸輝「中京デトロイト化計画とその帰結――戦前自動車開発の諸相と軍需工業化の影響について」（『オイコノミカ』第四八巻第一号、二〇一一年九月）。

(21)　『名古屋市会会議録』昭和四年第一号（一月二二日）。『名古屋市会史』第六巻、一四六～一六〇頁。

(22)　『名古屋市会会議録』昭和六年第一〇号（三月二六日）。『新愛知』一九三一年二月二二日、二四日、二七日。『名古屋市会史』第六巻、一〇四一～一〇五一頁。

(23)　『名古屋市会会議録』昭和六年第五号（二月二三日）。『名古屋市会史』第六巻、一〇七一～七二頁。

(24)　横井前掲『名古屋市会政争史』一四一～一四三頁。

(25) 各党の選挙公約は、民政党が財政の立て直し、社会政策の実施、商工都市の建設を訴え、緊縮一辺倒でなく場合によっては積極政策もおこなうと主張したのに対して、政友会は大岩市長が浜口の緊縮財政に盲従して市の発展に冷淡であると批判し、積極政策を標榜した。『名古屋新聞』一九二九年一〇月一〇日。『新愛知』同年一〇月八日夕刊。『新修 名古屋市史』資料編近代二（名古屋市、二〇〇九年）九三三頁（真野素行執筆）。

(26) 『名古屋新聞』一九二九年一〇月二七日。『新愛知』同年一〇月二七日。『新修 名古屋市史』資料編近代二、九三四頁。

(27) 『新愛知』一九三三年八月六日、「名古屋市政界今昔物語（第二六回）緊縮内閣に大岩市長嘆息、吏員の減俸を断行」。

(28) 『名古屋市会会議録』昭和六年第一四号（七月二〇日）。『名古屋新聞』一九三一年七月一三日。『新愛知』同年七月一九日。『新修 名古屋市史』資料編近代三、八七四頁。

(29) 岡田啓介内閣下で始まった選挙粛正運動は、既成政党の腐敗で政治不信が広がるなか内務官僚が政党に打撃を与えるために実施したもので、一九三五年（昭和一〇）五月、後藤文夫内務大臣が選挙粛正委員会令を公布し、同年六月に斎藤実を会長とする選挙粛正中央連盟が結成された。これを受けて警察の選挙取締の強化や有権者への啓蒙活動が展開されたが、大岩は市長としてその先頭に立って取り組んだ。同年七月には、市が開催した選挙粛正運動の講演会の席上、大岩市長や講演者から政党を批判する発言があったとして、市会全員協議会で与野党から弁明を求められる事態となった（『新愛知』一九三五年七月二八日）。また、翌一九三六年二月の衆院選のさいにも大岩市長が小学校を通じて父兄に投票を呼び掛けるなど、啓蒙運動を強力に推進したが、行き過ぎがあったとして同年二月市会で取り上げられて問題となった（『名古屋市会史』第八巻、一九五三年、五一～五六頁）。

(30) 『名古屋新聞』一九三三年一〇月一六日、一一月一日。『新愛知』同年九月一五日、一〇月一三日、二七日。『新修 名古屋市史』資料編近代三、八七五～八七六頁。

(31) 『新修 名古屋市史』第六巻、五六一～五七六頁。

(32) 委員会には七部会が置かれた。第一部会（財政関する事項）、第二部会（教育に関する事項）、第三部会（道路および下水に関する事項）、第四部会（勧業および観光に関する事項）、第五部会（保健衛生に関する事項）、第六部会（社会事業に関する事項）、第七部会（公企業に関する事項）。各部委員は東西の大都市および主要都市に出張するなどして事業・施設の視察・審議を実施し、一九三四年（昭和九）一二月に調査報告書を大岩市長に提出した。『名古屋市会史』第七巻（一九五三年）一〇八六～九〇頁。名古屋市市政資料館に第一・三・五・七部の報告書が現存する（市公文書「臨時市政調査委員会財政部一巻　昭和九年」。『臨時市政

調査委員会第三部調査報告書』『同　第五部調査報告書』『同　第七部調査報告書』）。
（33）『名古屋市会会議録』昭和九年第一七号（一一月一九日）。『新修　名古屋市史』資料編近代三、八五八頁。
（34）『名古屋市会会議録』昭和一〇年第二号（二月一二日）。『名古屋市会史』第七巻、一一一〇～一一一頁。
（35）『名古屋市会会議録』昭和一一年第二号（二月五日）。『名古屋市会史』第八巻、三四～四三頁。『大正昭和名古屋市史』第七巻（名古屋市、一九五五年）八六～八七頁。
（36）『名古屋市会会議録』昭和一〇年第一七号（七月二七日）。『名古屋新聞』一九三五年七月二八日。『新愛知』同年七月二八日。『新修　名古屋市史』資料編近代三、八七五頁。
（37）『新修　名古屋市史』資料編近代三、八五八～八六〇頁。『愛知県昭和史』上巻（愛知県、一九七三年）三七八頁。『名古屋汎太平洋平和博覧会会誌』全三巻（一九三八年）。
（38）国鉄名古屋駅はかねてから輸送量の増加への対応、鉄道線路の高架化、貨物と乗客の分離などが課題になっていた。笹島にあった旧駅を北方の現在地に移転新築することになり一九三七年（昭和一二）二月に新しい名古屋駅が完成した。これに合わせて新駅前から東方の中心市街地に向けて広幅員道路が計画され、名古屋市の都市計画事業として昭和一一年度に実施された。また、国際的大都市の玄関となるべき名古屋駅前地区の機能・美観の向上を目的として、市の都市計画事業として名古屋駅前の土地区劃整理が一九三七年四月に告示、昭和一三年度から実施された。自治体による駅前の再開発事業は、当時は先駆的な取組みであり、東京の新宿駅前や渋谷駅前、大阪駅前で事例があるのみであった。『名古屋都市計画史（大正八年～昭和四四年）』二三〇～二三五頁。橘川武郎・粕谷誠編『日本不動産業史』（名古屋大学出版会、二〇〇七年）八四頁。『新修　名古屋市史』資料編近代三、八六四～八六五頁。
（39）一九三二年（昭和七）一〇月、東邦瓦斯株式会社から植物園新設費二五万円の寄附があったことを契機に計画が進められ、一九三四年七月に市と田代土地区画整理組合の間で東山公園に至る街路の用地提供等につき覚書が締結された。同年一一月に約二四万坪に及ぶ用地の四分の三を関係地主の寄付で確保し、一九三五年一月より東山公園の整備に着工、同年四月に開園となった。一九三七年二月に東山公園まで市電の運転が開始され、同年三月にはドイツのハーゲンベック動物園（動物の自然な生活を観察できるように柵を無くして堀のみを設けて放し飼いにする形式が好評を博した）を手本とした大動物園と東洋一の大温室をもつ植物園が開園した。『東山動植物園とともに歩んだ六〇年』（東山公園協会、二〇〇九年）六九～七五頁。『新修　名古屋市史』資料編近代三、八六五〜八六六頁。

（40）名古屋観光ホテルは、一九三六年（昭和一一）一二月に名古屋の広小路通に開業。国際都市には外国人の観光宿泊に適した洋式ホテルが必要であり、懸案となっていた。当時、政府は「外客誘致」を推進しており、国策に沿うものでもあった。土地・建物は名古屋市で用意し、名古屋財界の肝煎りで株式会社名古屋観光ホテルを設立して経営した。『名古屋観光ホテル五十年史』（名古屋観光ホテル、一九八六年）六五〜六六頁。『新修 名古屋市史』資料編近代三、八六〇頁。

（41）一九二九年（昭和四）五月、名古屋市会で国際飛行場設置に関する意見書（市長宛て）が採択され、同時に名古屋商工会議所によって飛行場設置と旅客機の寄航方に関する陳情活動が展開された。一九三四年一〇月、愛知県が名古屋港一〇号地（現・港区潮凪町）に仮飛行場が開設され、定期便が就航して旅客と貨物を輸送した（一九四〇年一〇月まで）。路線は名古屋から、東京行・大阪行・京城（現・ソウル）行であった。一九四一年一〇月に名古屋港一一号地（現・港区空見町）に水陸両用の名古屋飛行場が完成したが、定期便が就航する空港としては利用されず、敗戦後は米軍に接収された。『大正昭和名古屋市史』第五巻、五五一〜五五三頁。『新修 名古屋市史』資料編近代三、八六一〜八六二頁。

（42）花井又太郎「名古屋市東山公園の開設と附近地の受益について」（『都市問題』第二七巻第四号、一九三八年一〇月）。

（43）青木鎌太郎は名古屋出身。時計の製造販売業を手掛けていたが、一九〇一年（明治三四）に愛知時計電機社長の鈴木摠兵衛（明治期の名古屋財界を牽引した奥田正香の後継者で大正期に名古屋財界の中心人物になる。立憲同志会〜憲政会系の政治家としても活躍した）に誘われ同社に入った。日露戦争以降、海軍を中心に軍需生産で業績を拡大させ、常務を経て社長に就任した。企業の専門経営者から大株主となり資本家化した新興の実業家であった。中央政界への働きかけにも積極的で「名古屋の青木大使」の異名をとった。政治との関わりに消極的な中京財界において「政商」の青木は貴重な存在であった。青木鎌太郎『中京財界五十年』（中部経済新聞社、一九五一年）。杉浦英一『中京財界史』下（中部経済新聞社、一九五六年）九七〜九九頁。牧幸輝「中京財閥と青木鎌太郎」（『立正経営論集』第四八巻第二号、二〇一六年三月）。

（44）芝村前掲『関一』一六九頁。

（45）早川前掲『中京現代人物評伝』四四〜四五頁。山口・渡部前掲『人と力』一六一〜一七〇頁。

（46）『名古屋新聞』『新愛知』両紙とも戦争報道に多くの紙面が割かれる一方、市議選関係の記事は少なくなり、市政の争点や各党の選挙対策等はほとんど報じられなかった。このため当初から投票率の低調が予測されており、大岩市長が先頭に立って有権者に投票を呼び掛けたが、棄権率は三割八分六厘で、前回（一九三三年一〇月市議選）の三割四分五厘、前々回（一九二九年一〇月市議選）の二割九分より悪化した。『名古屋新聞』一九三七年一〇月二六日、二七日。『新愛知』同年一〇月二四日。『新修　名古屋市史』資料編近代三、八七六～八七七頁。

(47)『新修　名古屋市史』資料編近代三、八九二～八九三頁。

(48)『名古屋市会会議録』昭和一三年第一四号（七月二六日）。『名古屋新聞』一九三八年九月二一日。『名古屋市会史』第八巻（一九五三年）一〇五三～八六頁。『新修　名古屋市史』資料編近代三、九〇六～九〇七頁。

(49)『名古屋市会会議録』昭和一四年第一号（一月九日）。『名古屋市会史』第八巻、一一九七～一二〇二頁。高木傭太郎「国策研究会と名古屋――国策研究会理事縣忍の名古屋市長就任をめぐって」（『戦時下の中部産業と東邦商業学校』愛知東邦大学地域創造研究所、唯学書房、二〇一〇年）。

(50)『京都市政史』第一巻（京都市、二〇〇九年）八～九頁。

(51)一九三九年二月市会での政友会系・松永秀則議員の発言。『名古屋市会会議録』昭和一四年第四号（二月一六日）。なお、大岩市政で解決できなかった市政課題として指摘されている電灯市営問題と中央卸売市場設置問題の経緯は、以下のとおり。［電灯市営問題］かねてから名古屋市内に電力を供給する東邦電力の電気料金が高いとして市民の不満が高く電価値下げ運動が展開され、重要な市政課題の一つになっていた。市と会社側の交渉の結果、一九三二年（昭和七）四月に市会で値下げが決定したが、一九三三年四月に市との間の電気事業に関する報償契約が期間満了となることから、市営論が盛んになった。市が東邦電力株式会社に対して市内の電力供給事業の買収を申し込むに至ったが、政府が電力の国家管理を視野に公営を認めない方針に転換したため、市営化は実現しなかった（『名古屋市会史』第七巻、二一六～二一九頁。浅野伸一「電力業と地方自治体との公共規制をめぐる対立――名古屋市における報償契約、電気料金引下げ、事業買収交渉」『ヒストリア』二三九号、二〇一三年八月）。［中央卸売市場設置問題］六大都市で中央市場が設置されていないのは名古屋市のみになっていたが、民政党系の有力な市会議員の磯貝浩を筆頭に熱田魚市場の卸売業者・仲買業者らが強硬に抵抗し続けていた。一九三四年一月、大岩市長は市会に中央卸売市場設置の可否を決定すべく調査費を予算に計上したが、市政野党の政友会系・中立のほか、熱田魚市場のある南区選出の市議が超党派で反対したため、採決で反対多数で否決となり、中央卸売市場の実現は遅れることになった。のち戦時下に国家総動員法のもとで物資統制が進められたことを受けて、一九四二年（昭和一七）八月市会で中央卸売市場建設に関する議案が提出、可決され、中央市場の設置が確定

した（『名古屋市会史』第五巻、一五一～一六〇頁。第七巻、九一五～九二八頁。第九巻、九六二～九六九頁。小出保治『名古屋市中央卸売市場史』名古屋市、一九六九年、二九～五九頁）。
(52)　『名古屋新聞』一九三九年一月一〇日、「名古屋市長県忍氏に望む」。

戦前における名古屋飛行場建設の動向
――民間飛行場の位置づけに着目して――

大山僚介

はじめに

ライト兄弟によって動力機付飛行機による初飛行が行われたのは一九〇三年（明治三六）一二月であるが、日本で初飛行が行われたのは、その七年後の一九一〇年（明治四三）一二月であった。日本における初飛行が、臨時軍用気球研究会がヨーロッパに派遣して飛行機購入・技術習得を行わせた日野熊蔵歩兵大尉・徳川好敏工兵大尉によって達成されたことからも明らかなように、飛行機は当時の先端的な軍事技術として日本に導入され、その後も発展していった。一方で、大正期に来日した外国人飛行家（チャーレス・F・ナイルス、アート・スミスなど）によるアクロバット飛行、大阪朝日新聞社が一九二五年（大正一四）に行った初風・東風による訪欧飛行、一九三七年（昭和一二）に朝日新聞社が行った神風号によるロンドンへの長距離飛行、一九三八年（昭和一三）の航研機による長距離飛行記録の樹立、一九三九年（昭和一四）の毎日新聞社のニッポン号による世界一周飛行などに、当時の日本の人々は熱狂していた。当時の人々にとって飛行機は、最新の兵器でありながら、人類の進歩を象徴する文明の利器でもあったのである。

戦前の日本における軍隊と地域社会の関係性を、静岡県・愛知県を中心に検討した荒川章二は、一九二六年（大正一五）に浜松に飛行連隊が設置されたさいに、地域の側が飛行連隊の先端科学文明のシンボルという文化的側面を重視して、積極的に受け入れたことを指摘している。(1)また以前筆者は、石川県における軍用飛行機献納運動を分析し、民衆が自発的に飛行機献納へと向かった要因として、飛行家への憧れや飛行機を「科学の進歩」と捉える意識があったのではないか、と指摘した。(2)こうした研究などから筆者は、航空機への憧れや文化的イメージは、航空機を持つ軍隊の受容・支持や軍隊観の変化に関わるのではないか、という問題関心を持ち、その背景にある当時の航空イメージや普及の必要性が喧伝された航空思想の研究を行ってきた。(3)

一九二九年（昭和四）、日本航空輸送株式会社が東京―大阪―福岡―蔚山―京城―平壌―大連間、大阪―上海間の一部としての大阪―福岡間の定期航空を開始し、基点となる東京・大阪・福岡に飛行場が開設された。定期航空の開始に伴い、松江・富山・新潟をはじめ各地方にも飛行場が開設されていった（二一〇〜二一三頁の表参照）。そして同時期には、満洲事変・上海事変をきっかけとして、全国の県民・企業などから陸海軍へ軍用飛行機の献納が行われた。一九三二年（昭和七）の段階で、陸軍に五九機、海軍に一八機が献納されたという。(4)また一九二八年（昭和三）の大阪防空演習を皮切りに、名古屋・水戸附近・北九州・関東と防空演習が各地で行われた時期でもあった。民間飛行場の建設と軍用飛行機献納や防空演習は、一見無関係にみえるが、これらは少なからず関連していた。たとえば一九三三年（昭和八）に開設された富山飛行場は、もともと富山県における軍用飛行機献納運動がきっかけとなって建設運動が展開された飛行場であった。そして飛行場建設による地域の発展が願われつつも、もう一つの側面として地域防空の拠点としての機能が期待されていた。[5] また愛知県西加茂郡挙母《ころも》町（現豊田市内のトヨタ自動車株式会社元町工場の一部）にあった非公共用飛行場の衣《ころも》ヶ原《がはら》飛行場（一九三五年〈昭和一〇〉設置許可）では、飛行場を中心とした「飛行町」建設構想などもあったが、のちには同飛行場を拠点とする日本防空義勇飛行隊の創設・同飛行場が「防空飛行場」として位置づけられるなど、目指す飛行場の方向性に大きな転換があった。[6] 民間飛行場の位置づけは、時代状況

滑走区域	水陸	出典
東西1000m 南北1000m	陸	
大阪築港外水面一帯	水	
福岡湾東寄水面一帯	水	
松江市白潟埋立地先宍道湖水面	水	
長700m 幅250m	陸	経営者は稲垣注10b 論文に依拠
長600m　幅150m 長427m　幅150m	陸	
東西550m 南北750m	陸，水	
長700m　幅300m 長600m　幅300m	陸	
東西850m 南北920m	陸	「逓信省告示第3310号」(『官報』第2693号，1935年12月23日)
東西550m 南北150m	陸	
東西790m 南北800m	陸，水	「逓信省告示第1169号」(『官報』第2818号，1936年5月27日)
東西750m 南北820m	陸	「逓信省告示第413号」(『官報』第3039号，1937年2月22日)
東西780m 南北700m	陸	同上
東西900m 南北800m	陸	同上
東西約946m 南北約703m	陸	「逓信省告示第1888号」(『官報』第3431号，1938年6月13日)
東西800m 南北830m	陸	
東西600m 南北200m	陸	「逓信省告示第832号」(『官報』第3666号，1939年3月28日)，経営者は風間註(11)論文
東西700m 南北620m	陸	「逓信省告示第1682号」(『官報』第3726号，1939年6月9日)

表　1939年10月現在の日本（植民地も含む）の公共用飛行場一覧

設置年月日	飛行場名	所在地(当時の標記)	経営者
1929. 4. 1 (1931. 8. 25北多摩郡立川町より移転)	東京飛行場	東京市蒲田区羽田江戸見町	国
1929. 4. 1	大阪飛行場	大阪市大正区船町	国
1929. 4. 1	福岡第二飛行場	福岡県糟屋郡多々良大字名島	国
1932. 11. 17許可	松江飛行場	島根県松江市灘町	松江市
1933. 10. 3許可	富山飛行場	富山県婦負郡倉垣村	国
1933. 10. 13許可	新潟飛行場	新潟県北蒲原郡松ヶ崎浜村	国
1934. 10. 1許可	名古屋飛行場	名古屋市港区稲永新田地先第十号埋立地	国際航空協会
1934. 11. 22許可	都城飛行場	宮崎県北諸県郡五十市村	都城市
1935. 12. 26※	那覇飛行場	沖縄県島尻郡小禄村字当間	国
1936. 3. 23	広島飛行場	広島県佐伯郡大竹町	国
1936. 6. 1※	福岡第一飛行場	福岡県糟屋郡和白村奈多	国
1937. 3. 11※	仙台飛行場	宮城県宮城郡七郷村	国
1937. 3. 11※	青森飛行場	青森市大字羽白字池上	国
1937. 3. 11※	札幌飛行場	札幌市北二十四条西五丁目	国
1938. 6. 13許可※	米子飛行場	鳥取県西伯郡加茂村	米子市
1939. 1. 15	大阪第二飛行場	兵庫県川辺郡神津村	国
1939. 3. 28許可※	愛国長野飛行場	長野市川合新田，同稲葉長野県上水内郡大豆島村	国
1939. 6. 9許可※	愛国金沢飛行場	石川県河北郡川北村	金沢市

や防空意識の高まりなどを背景に変遷していたのである。よって筆者は、地方における飛行場の建設過程の分析を通して、当時の人々の航空に対する認識の一端を明らかにすることができると考えている。

日本国内の民間飛行場（公共用飛行場）に関する先行研究についてはすでに整理したことがあるが[7]、ここで簡単にみておこう。『日本航空史　昭和前期編』では、戦前の公共用飛行場を中心とした民間飛行場について解説し、一九二七年（昭和二）六月の航空法施行・一九二八年（昭和三）の日本航空輸送株式会社設立以降、飛行場が各地に設置されていった様子を概観している[8]。個別の飛行場の研究では、平木国夫の羽田空港（東京飛行場）の研究[9]や稲垣森太による青森飛行場・富山飛行場に関する研究[10]、風間紀による長野飛行場の研究[11]、上田卓爾による金沢飛行場・富山飛行場の研究[12]、村本外志雄による金沢飛行場の研究[13]、各自治体史[14]などがあり、開設経緯やその運用、軍事転用などについて基本的な事実が明らかにされているが、民間飛行場の建設が当時どのような論理で推進されたのかという点についてはあまり関心が向けられていない。こうした研究のなかでも、とくに筆者

滑走区域	水陸	出典
東西600m 南北600m	陸	
東西600m 南北600m	陸	
長600m 幅200m	陸	
東西950m 南北600m	陸	「朝鮮総督府告示第40号」(『官報』第3042号，1937年２月25日)
直径600mの円形地	陸	
東西900m 南北700m	陸	
東西800m 南北800m	陸	「台湾総督府告示第111号」(『官報』第2898号，1936年８月28日)
東西1200m 南北500m	陸	「台湾総督府告示第５号」(『官報』第3036号，1937年２月18日)
東西700m 南北1000m	陸	「台湾総督府告示第169号」(『官報』第3243号，1937年10月22日)
東西600m 南北860m	陸	「台湾総督府告示第250号」(『官報』第3470号，1938年７月28日)

市史編さん専門委員会，2017年３月）表１の公共用飛行場の部分のみを引用した。
れぞれ『官報』により確認した。

設置年月日	飛 行 場 名	所在地(当時の標記)	経 営 者
1929. 5. 1	蔚山飛行場	朝鮮慶尚南道蔚山郡蔚山面三山里	国
1929. 5. 1	京城飛行場	朝鮮京幾道高陽郡龍江面汝矣島	国
1933. 3. 23	新義州飛行場	朝鮮平安北道義州郡光城面豊西洞	国
1937. 1. 31※	大邱飛行場	朝鮮慶尚北道達城郡解顔面立石洞	国
1931. 1. 16	大連飛行場	関東州周水会周水屯郭家屯及泡崖屯	国
1935. 9. 24	台北飛行場	台湾台北州七星郡松山庄	国
1936. 7. 13※	宜蘭飛行場	台湾台北州宜蘭郡宜蘭街金六結	宜蘭街
1936. 12. 20※	台中飛行場	台湾台中州豊原郡大雅庄埔子崁，大甲郡沙鹿庄公館	台中州
1937. 6. 26※	台南飛行場	台湾台南州新豊郡永寧庄鞍子及十三甲	台南州
1938. 5. 22※	台東飛行場	台湾台東庁台東郡卑南庄利家	台東庁

出典　拙稿「衣ヶ原飛行場の建設—航空イメージの変遷に着目して—」(『豊田市史研究』 8，新修豊田
註　設置年月日の項で許可とあるものは，完成日ではなく設置許可日を示す。※印がついたものは，そ

が注目したいのは塚﨑昌之による伊丹飛行場（大阪第二飛行場）に関する研究である[15]。軍事利用計画や戦時中の機能を中心に検討を行い、防空飛行場や軍民共用飛行場構想などがあったことを明らかにした重要な研究であるが、飛行場の軍事利用の側面に主眼が置かれ、地域が飛行場に期待したであろう軍事以外の側面にはあまり注目していない。また、一九二〇〜三〇年代にかけての飛行場の位置づけの変遷にも注目すべきであろう。よって本章では、名古屋飛行場の建設過程を事例として、地域における飛行場の位置づけの変遷を跡づけてみたい。

　名古屋飛行場についての先行研究としては、『あいちの航空史』が、開設から敗戦後米軍に接収されるまでについてエピソードを交えつつ概説している[16]。また『名古屋港史—建設編—』では、埋立工事などの概要が記されている[17]。近年刊行された『新修 名古屋市史 資料編 近代

三』では、名古屋港管理組合所蔵の新出史料などが収録・解説され(18)、名古屋飛行場に関する研究状況を大きく進めたといえる。ただ、当時どのような議論があったのか、地域の側が飛行場に何を期待していたのか、といった点はこれからの検討課題である。

ここで名古屋飛行場の開設から海軍へ管理替えされるまでの流れを概観しておこう(19)。定期航空が始まったにもかかわらず、名古屋は当初素通りされたことなどから、飛行場開設の必要性がさけばれ、市会への意見書や商工会議所の陳情書が出されるようになった。一九三二年（昭和七）から愛知県は名古屋港への飛行場新設計画を進めた。一一号地で進められた本飛行場の建設には時間がかかるため、一〇号地への仮飛行場の建設も並行して進められ、一九三四年（昭和九）一〇月に仮飛行場が開港、東京―大阪線の定期航空が寄航するようになった。結局、本飛行場の正式開設は一九四一年（昭和一六）一〇月までずれこみ、そのころには国内のローカル線は廃止されていたため、定期航空の再開は実現しなかった。

名古屋飛行場を取り上げる意義は、①一九二〇年代後半に飛行場開設の議論がはじまるも飛行場の開設まで時間がかかったために、議論の変遷を長期間追うことができる点、②筆者が以前検討した富山飛行場は日本海側の中小都市のものであり、それとは異なる太平洋側の大都市での事例を検討することができる点、にあると考える。

使用する史料は、『新修　名古屋市史　資料編　近代三』収録史料、『名古屋商工会議所月報』、地元新聞の『新愛知』『名古屋新聞』などである。『昭和五年版　日本新聞年鑑』（新聞研究所、一九二九年）によると、『新愛知』は政友会系、『名古屋新聞』は民政党系でどちらも名古屋市に本拠を置いており、「我国地方新聞中の第一流たるのみならず、その設備、紙幅内容に於て、東京大阪の大新聞に比較して少しも遜色がない」と評価している。発行部数について、『新愛知』は一九二九年（昭和四）八月三一日現在で五五万三〇〇〇部、『名古屋新聞』は一九二九年一月末日現在で一八万六〇〇〇部であった。新聞に関しては、名古屋飛行場に直接関わる記事だけでなく、広く航空に対する認識が窺える記事にも目配りしながら検討を進めたい。

そして本章が対象とする時期は、名古屋飛行場設置の議論が始まる一九二〇年代末～一九三四年の仮飛行場の開設までである。この時期は、満洲事変・上海事変の影響で、航空や飛行場に対する認識にも変化がみられる時期であり、飛行場の位置付けの変遷を考察するには重要な時期であると考える。

一　満洲事変・上海事変以前の飛行場

1　名古屋防空演習・ツェッペリン伯号の来日

一九二九年（昭和四）七月一九日～二一日、第三師団主催による名古屋防空演習が行われた。土田宏成は防空演習について、防空訓練を行いたい軍と関東大震災後に都市防衛への関心をたかめていた大阪市の利害が一致し、一九二八年（昭和三）に大阪防空演習が実施され、その後名古屋防空演習・水戸附近防空演習と全国的に防空演習が行われていき、「防空演習が日本社会に定着した」と評価した[20]。この評価に異論はないが、名古屋防空演習を毎日のように報道し、百貨店で防空演習協賛の毒ガス展覧会（『名古屋新聞』一九二九年七月一二日付）なども開催していた『名古屋新聞』が、名古屋防空演習に対して相当批判的な見解を社説で展開していたことは注目に値する。『名古屋新聞』以上の発行部数であった『新愛知』でも連日防空演習に関する報道をしており、七月二日からは毎日防空演習関連の記事が掲載されている。しかし管見の限り批判的な報道はみられない。

一九二九年七月一九日付の『名古屋新聞』には、「空は世界の公道である　空襲などは夢とならん」と題する社説が掲載されている。一〜六に分かれているこの社説の一ではまず、ようやく日本の民間航空も成長して定期航空の安全率が向上し、世界の航空のレベルに達しつつあることが喜ばれている。そして「この際たま〳〵名古屋を中心として今日から数日間大規模の軍民協調防空運動が行はれるのを見て吾人は窃かに苦笑を禁ずる事ができない」と、二〜三にかけて名古屋防空演習に対する次のような批判を展開した。

円通無碍の空中から無防禦の地上都市を襲撃することの惨禍と、その非人道的所業の罪悪なることはすでに欧洲戦争が明かに我等に示して居る、……地上戦の凶器ダムダム弾が国際法上夙に使用を厳禁されてをるのに、それよりも、数百千倍の残忍なる殺傷、破壊の能力を有する空中よりの爆撃や、焼夷や、流毒が、将来文明国の間に国際闘争の具として使用するを容認されやうとは思はれない、

空中からの爆撃が悲惨な結果をもたらすことは第一次世界大戦の結果すでにわかっているのであり、文明国間の戦争で将来空爆が容認されるとは思えないとしている。そしてさらに次のように述べている。

文明と人類の進化が良心を麻痺し、人道を滅却するにあらざる限りは当然空襲の如き蛮行が黙過されやうとは信ぜられないことである、吾人は幸か不幸か市民を鞭撻して空襲に処するの訓練を試むるが如きことの無用に終るべきを確信する。

つづく四では、むしろ日本は「空の解放を世界に宣言する」のが賢明であるとし、「もはや、鎖空時代ではない、防空沙汰など滑稽である」と、防空演習をするのでなく、もっと世界に航空路を開いていくべきであるとした。五では今回の防空演習は「一のエーア・デス・プレーに過ぎない」としつつ、一九二七年に戦前最大の民間航空団体である帝国飛行協会[21]が開催した名古屋でのエア・ディスプレーと対比している。民間航空思想の涵養と事業資金の公募を目的とした帝国飛行協会のエア・ディスプレーとは、防空演習が「趣旨目的を異にしてゐることは明白で」あり[22]、国

防をゆるがせにすべきでないのはもちろんだが、非実践的な便宜主義による防空訓練がかえって大衆を誤らせることを恐れるとしている。六ではすでに企画されたものであるから、これに賛同し協力するとはいっているものの、継続的に防空演習について報道していたはずの『名古屋新聞』が、防空演習にかなり批判的姿勢であったことは明らかである。

防空演習に対する批判といえば、一九三三年（昭和八）に実施された関東防空演習を批判した『信濃毎日新聞』主筆桐生悠々《きりゆうゆうゆう》の「関東防空大演習を嗤ふ」(23)（『信濃毎日新聞』一九三三年八月一一日付）が著名であろう。桐生の批判の要点は、すでに東京の上空に敵機が来ている段階で迎え撃っても、東京は関東大震災当時と同様の惨状となるのであり、本来は領土上空に入る前の日本海岸あるいは太平洋沿岸で敵機を撃退しなければならない、こうした作戦計画の下で防空演習を行わなければ、実戦では何の役にも立たない、といったものであった。この桐生の社説と比べると、『名古屋新聞』の社説は桐生とは異なる論理、すなわち「大きな惨禍が予想されるため、空襲は今後起こりえない」という論理で批判している点が注目される。このような論理は実はかなり以前からみられるものであり、たとえば帝国飛行協会初代会長の大隈重信は、航空機による爆撃は惨烈なため、航空機が完全に発達すれば戦争が終結すると主張した(24)。また一八六二年、ヴィクトル・ユゴーは、飛行機の普及が国境を無意味にするため国家間の戦争は起きなくなり、「平和革命」が起きるという未来像を描いたという。オーヴィル・ライトも、第一次世界大戦末期、飛行機が戦争を恐ろしくしたために今後どの国も二度と戦争を起こさないだろう、と述べたという(25)。現在でも行われている空爆について知っている現代の人間からすると、こうした言説は楽観的にみえるかもしれないが、当時においては一定程度受け入れられていた考えだったのである。

前述したように、『新愛知』も連日名古屋防空演習について報じている。社説で防空演習を取り上げてはいないが、自社主催で七月三日〜一三日まで、名古屋市を中心とした県下各地で防空思想普及映画会を開催する（『新愛知』一九二九年七月三日付）など、積極的に防空演習に関わっていた。防空演習は化学戦争の第一頁を開くものであり、新兵器を使って国家総動員の意気ごみでやるのだから、「軍隊ばかりの演習でなく演習の範囲に居住する住民は直接銃や剣は持たないが演習に参加して居るも同様である」と、住民の積極的な参加を促す主張をしていた（『新愛知』同年六月三〇日付）。『名古屋新聞』のような防空演習に批判的な言説は一切みられない。

しかし航空に対する認識を探る上で興味深い記事が同時期の『新愛知』の記事に見られる。それが一九二九年八月一九日の飛行船ツェッペリン伯号来日に関する社説である。これはドイツのツェッペリン伯号が世界一周の途中で茨城県霞ヶ浦へ立ち寄ったものであったが、全国紙のみでなく、地方紙である『新愛知』『名古屋新聞』もこの前後には毎日のようにツェッペリン伯号について報道している。『新愛知』は三度これに関する社説を掲載したが、筆者がとくに注目したいのは、科学の発達や飛行船の平和的使命に着目した『新愛知』の二つの社説「昭和の黒船来」「ツエ伯号を迎へて」である。『新愛知』同年八月一八日付「社説　昭和の黒船来」では、ツェッペリン伯号を迎えるにあたって、それを世界的な離れ業とみたり、お祭り騒ぎするだけではなく、なぜこのような壮挙が可能となったのか、さらに将来どのようなことが起こるのかを厳正精密に思考しなければならないとしつつ、次のように述べた。

更にわれらが特記せねばならぬことは、最初は専ら軍事上の目的に出発し、現にヨーロツパ大戦当時には空中の悪魔といはるゝほどの暴威を振つた航空船が、今やその存在目的を一変して全く使命を平和の範囲に局限して世界文化の偉大なる貢献者となつたことである。

このように変化した理由としては、世界の大勢が戦争から平和にうつったことを挙げており、「かくの如く殺人機が文明の利器に変形して行くところに伏在する重大なる意義は、我が国民の特に玩味せねばならぬ点」と述べている。

八月二〇日付「社説　ツエ伯号を迎へて」では、世界は今や航空時代に入りつつあり、飛行船の発達は科学の発達がもたらす必然の結果とする。現代文明の基調であり、われわれの生活にも密接に関わる科学の発達が空中征服をも実現しつつある今日において、①科学知識がますます普及して日常生活を明るく、合理的に簡易にすること、②科学の成果を世界平和と人類の幸福のために利用すること、の二点が最も念願すべきこととしている。②については、「空の威力たる飛行機飛行船をして、世界平和の破壊者、人類福祉の殺傷者たらしめる事なく、これを国際交通、国際経済の機関たらしめること」とし、①②が実現しなければ、科学はますます人類を不幸に陥れるとした。そして戦争の道具としての役割と、平和・世界交通経済の機関として国際的親善と修交をなすことと、飛行船の真の使命がどちらにあるかは明らかであるとし、世界が平和を切望し、海軍軍縮が課題となるなかで、軍艦以上に威力を備えようとしている「飛行船及飛行機をして、その禍害、破壊力をほしいまゝにせしめざらんことを切望せざるを得ない」と説いた。最後にはツェッペリン伯号の成功は科学の偉大さとともに悪用される科学の危険も感じさせるものであり、科学の価値と使命を哲学的に考えざるを得ないと締めくくった。飛行船の使命が、軍事的なものから平和的なものへと推移しつつあること、科学の発達が人類を豊かにすることがあると同時に、破滅的な結果をもたらすかもしれないことを、ツェッペリン伯号の来日から読み取っているのである。

名古屋防空演習が行われた一九二九年段階で、地元新聞においても防空演習を明確に批判する言説が存在した。また防空演習批判というかたちではないが、航空機の軍事的使命ではなく、平和的使命をとくに強調した言説も展開されていた。名古屋飛行場開設の議論は、このような状況下で開始されたのである。

2　名古屋飛行場開設を目指す運動の開始

『名古屋新聞』一九二九年（昭和四）五月三日付夕刊において、名古屋防空演習の実施決定が報道された。その少し後の五月一〇日、名古屋商工会議所役員会の決議に基づいて、名古屋に飛行場を設置するよう商工会議所から大岩勇夫市長に考慮を促すこととなった（『新愛知』一九二九年五月一二日付）。実際の経過をみると、五月一〇日の役員会で「飛行場設置方陳情ノ件」について議員総会に提案することとされ、五月一五日の総会で市長・県知事・各大臣に陳情することが決定された(26)。『新愛知』五月一二日付の記事では飛行場設置の提案理由について、航空輸送の発達促進が必要であることは現代産業文化の発達から当然の要求であり、とくに名古屋のように東西の中間に位置し、新興の気運盛んな都市においては飛行場の設置は産業の発達および軍事上よりしても緊急の問題とされている。しかし、五月二一日付で市長・県知事・各大臣に実際に出された「飛行場設置方に関する陳情」の内容は、日本航空輸送株式会社が設立されたにもかかわらず、大阪や福岡のような適当な飛行場がないのは、「新進の一大都市として交通上洵に遺憾」としていて、軍事の観点はみられない(27)。五月一八日には、「国際飛行場設立臨時委員会設置意見書」が名古屋市会議長竹内兼吉から大岩名古屋市長に出され、市会で可決された(28)。提出者は高桑善六・松尾守隆であった。意見書では、定期航空がはじまったにもかかわらず、名古屋に飛行場の設備がなかったために「此ノ文化ノ交通ヨリ全ク除外セラル、状況ニアリ」、また名古屋が飛行機製作の中心地であるのに、所沢あるいは各務原《かかみがはら》に試作機を輸送する必要がある点からしても飛行場を設置すべきと述べている。提案者の一人であった高桑による提案理由の説明でも、「名古屋ニ飛行場ノナイト云フコトハ、文化ニ産業ニ頗ル至大ナル損害デアル」とし、①名古屋が航空機産業の中心地であること、②将来の都市は飛行場がないと交通文化から除外されること、の二つの理由から、名古屋に飛行場が必要であると説いている。②に関わる部分では、「文化ノ魁」をなすものは交通通信の至便にあるのであり、東京・横浜から空中輸送される信書や商品見本などは、京都・大阪はもちろん九州地方にまで到達しているにもかかわらず、名古屋だけが陸送によらなければならないのは、「三大都市ノ名古屋トシテハ誠ニ遺憾ナ事ト考ヘルノデアリマス」と述べている[29]。いずれにしても、防空の観点から飛行場を捉える視点はなかったことがわかる。

同年一一月一二日には、商工会議所から逓信大臣宛に「航空旅客機ノ寄航方陳情」が出された[30]。この陳情ではまず、名古屋は近年長足の進歩発達を遂げ、陸海交通の便が良好なだけでなく各種産業の発達もみるべきものがあり、鉄道旅客数・通常郵便物数を実際にあげている。そして商機その他の関係から交通の敏速を願う声が多くなったため、航空機の寄航をお願いしたいと説明した。富山飛行場の建設を推進した富山県当局や富山商工会議所の言説には、飛行場を建設することによって、さらなる都市の発展を目指そうという論理がみられた[31]。それと比べるとこの陳情や先に挙げた陳情には、大阪、福岡と並んで十分に発達した大都市名古屋に飛行場がないのは、大都市としてふさわしくない、という論理があるように思われる。

この陳情に関しては、同年一一月九日の商工会議所総会で説明がなされている[32]。なぜ航空機の寄航が必要なのか、名古屋の産業・経済上の現状を踏まえた説明があった後、竹内兼吉が、「軍事上ノ見地ヨリ一言述ベタイ」と、追加で説明をしている。まず第三師団は中部日本の中枢である名古屋の防空についてこれまで熱心に唱導しており、防空演習という甚大な体験を名古屋が得たと述べ、さらに次のように説いた。

軍事上ノ見地ヨリモ、我名古屋市ガ如何ニ我国ノ重要ナル位置ニ在ルト云フコトハ今更申スマデモナイノデアリマス。ソレガ故ニ機会アル毎ニ航空上ノ知識ヲ涵養シ、之ガ普及発達ヲ期セネバナラヌコトハ、之ハ殆ド全市民ノ必要ト思フコトデアリマス。

軍事的な観点から説明したものであるが、あくまで航空機を日常的に市民の目に触れさせることによって航空上の知識を涵養しようというものであり、飛行場そのものの軍事的機能に着目した説明ではなかった。

以上みてきたように、名古屋防空演習という都市防空を明確に意識させるイベントが行われたにもかかわらず、満洲事変・上海事変以前の飛行場をめぐる言説には、都市における飛行場の役割として防空の拠点という側面を期待する声はなかった。満洲事変・上海事変以後、こうした言説はまた変容していく。それについては第二節でみていきたい。

3　空軍の制限をめぐる報道

これまで検討してきた一九三〇年（昭和五）前後の時期には、軍縮に関する報道が多くなされ、新聞の社説でもたびたび取り上げられている。民間飛行場とも関連するものでいえば、満洲事変の直前となる一九三一年（昭和六）五月九日付『名古屋新聞』には、「空軍を制限すべし」という社説が掲載された。この社説では、一九三二年からの国際連盟一般軍縮会議の最大の目標が、「空軍の徹底的制限にあること」、そして「空軍の制限なくしては、世界平和の確保、国民負担の軽減に到底望まれないものである」と主張している。「航空機が戦時、如何にその殺人機械としての性能を発揮するかは欧洲戦争の経験によつて」よく知るところだが、航空機による非戦闘員をも対象にした無制限な破壊的行為が文明国間の戦争において許される道理はなく、空軍制限はこの点を十分考慮しなければならないとする。戦時に航空機を大量に製造し、空軍の拡張が無制限に行われる可能性があるが、これを防ぐため軍縮条約草案二八条に民間航空機および航空施設の軍用化の計画を禁じる規定があるという。しかし、「これはあつてなきに等しく実際の効果を期待することはできない」と、軍縮草案が空軍制限に関してほとんど無力であることを指摘し、国際軍縮会議に空軍制限に関する一層の努力を求めている。ここで言及している軍縮条約草案二八条とは、次のものを指しているると思われる。(33)

第二十八条

一　締約国ハ非軍用航空機材ガ純然タル非軍用ノ目的ノ為殊ニ能フ限リ最大ノ安全及最大ノ経済的効果ヲ与フル為製造セラレ得ル様、右機材ノ製造ニ当リ軍事的特性ヲ之ニ有セシムルコトヲ指定スルコトナカルベシ

この規定自体は無力であると批判しているが、名古屋飛行場建設の議論が進められているさなかに、民間航空の軍事転用への制限が軍縮問題の焦点の一つとして紹介されていることに注意しておきたい。このような論説を掲載しているなかで、民間飛行場の戦時の軍事転用や防空の拠点としての利用ということは、新聞社として主張できなかったのではないだろうか。

二　満洲事変・上海事変以後の飛行場

1　『名古屋新聞』の論調の変化

これまでの研究において、満洲事変後、日本国内で防空への関心が高まることが指摘されている。藤井忠俊は、全国で飛行機の献納が行われる中、六大都市では共通して防空兵器の献納が行われたことを指摘した。(34)また土田宏成は、満洲事変・上海事変での日本軍機による中国空襲が日本人にショックを与え、都市防空への関心をたかめたことを指摘している。(35)実際に、とくに『名古屋新聞』は、満洲事変・上海事変後、これまでの主張を大きく変化させた。

一九三二年（昭和七）三月一四日の社説「われらの空を護れ　百万都市の空は裸体だ」では、次のような主張を展

開した。

名古屋の空は裸体である。名古屋の上空は、敵襲に対する防備は皆無に等しい。百万都市名古屋の空を守らなければならぬ。新興産業都市名古屋は中部日本の心臓である。中部日本の心臓を守れ。名古屋の上空を守ることは、中部日本を守る所以である。

そして大阪で防空設備が設けられようとしている具体例を挙げ、名古屋でも必要であると述べている。空襲などありえないとしていた従来の主張を一変させていることは明らかであろう。実際の動きとしても、松坂屋の屋上に高射砲や聴音機を備えつけることが計画され（『名古屋新聞』一九三二年三月一七日付）、新市庁舎や新名鉄局舎の屋上にも防空設備を整えることが計画された（『新愛知』四月一五日付夕刊・一六日付、『名古屋新聞』一九三二年四月一五日付夕刊）。一九三三年（昭和八）一月一五日には、防空兵器（高射砲や聴音機）の献納式が行われている（『名古屋新聞』一九三三年一月一五日・一六日付など）。『新愛知』も、『名古屋新聞』の「われらの空を護れ」のスローガンに対抗してか、一九三二年三月二一日付で「社説　空中国策を樹立せよ」を掲載している。満洲事変・上海事変で日本軍の空軍が活躍したことを挙げ、この実例に刺激されて愛国機の献納が盛んになっているが、この流れに乗じて軍用機の充実のみでなく、根本的な空中国策を樹立すべきと提唱している。飛行機の軍事的用途・平時における用途の両方をあげつつ、「文化的に見ても将来頼むべきは飛行機であり、国防的に見て恐るべきもまた同じく飛行機である」とする。そして「摩天楼上に高射砲を備て空の護りとするもとより不可ではないが」と、防空設備を屋上に設けようとする計画を若干批判しつつ、国防の完全を期するには空軍拡充が必要であるとした。単に都市防空だけを主張するのではない点で、『名古屋新聞』とのスタンスの違いがみられる。

2　名古屋飛行場の位置づけの変化

以上のような主張の変化がみられるなかで、名古屋飛行場の位置づけについても、変化が現れてくる。愛知県においても軍用飛行機献納運動が展開されていたが、[36]『名古屋新聞』一九三二年（昭和七）四月一四日付夕刊では、愛国号の献納から愛国飛行場の献納へと転換しようとする動きがあると報じられた（『新愛知』上では管見の限り同様の記事はみられなかった）。献納飛行機の資金が締切の二〇日を前にしても十分に集まっていないなかで、高知市が愛国機土佐号の代わりに愛国飛行場を建設しようと計画しているのを知り、次のような議論が起こってきたという。

かねて百万名古屋市民の要望する定期航空飛行場設置問題がその後行悩みの状態となつてをり、加ふるに軍用機の生命は二年ほどで廃棄されるので、この際いつそ右飛行場の建設に愛国義金をふりむけ軍用飛行場と併用しては如何との議がもちあがつた、

「軍用飛行場と併用」とあるように、以前にはなかった軍民共用飛行場という発想が、満洲事変・上海事変を経ることで浮上してきたのである。この報道から九ヶ月ほどあとの一九三三年（昭和八）一月一二日付『名古屋新聞』の記事で、帝国飛行協会が全国に三〇〇の飛行場を設ける計画をしていることが報じられている。ここで帝国飛行協会が建設しようとしていた飛行場とはどのようなものであったのか。帝国飛行協会は一九三三年に『航空日本の建設』という冊子を刊行しているが、その付録「航空日本の建設」では、飛行場について「飛行機と飛行場とは……絶対不可分」としたあと、次のように述べている。

島帝国の我が国では防禦基地として絶対的に飛行場が必要なのであります。飛行場のない都市防禦の為めには我が飛行機は遥か遠方より飛行しなければならず、かくては臨機の間に合はぬのみならず、極めて優秀な敵飛行機

の防禦は絶対不可能であります。飛行場は都市の将来発展の為め、或は其の防空の為め、断然必要であつて、飛行場建設は目下の急務であります。

飛行場を都市の防空に利用するという考え方は、帝国飛行協会によっても説かれていたのである。結局、実際の動向としては、一九三二年七月一〇日に報国第六号、八月二一日に愛国第四九号の命名式が行われているため、資金が飛行場にまわされるということはなかったと思われる。

遠藤柳作愛知県知事から名古屋飛行場の埋立工事について、一九三三年（昭和八）三月一四日の市会に正式に提出されることとなった（『新愛知』一九三三年三月一三日付夕刊、『名古屋新聞』一九三三年三月一三日付夕刊）。『名古屋新聞』の記事では、見出しに「貿易国防の一大要衝」とあり、『新愛知』『名古屋新聞』どちらの記事にも、名古屋港における貿易と相まって航空港としての機能も発揮し、空・水・陸の三方面における輸送上の円滑を期して、一方で非常時局における国防上の重大使命に対しその一助をなさんとする計画である、という内容が書かれている。正式な計画においても、飛行場に国防的役割が付与されるようになったのである。

3　「航空場埋立工事計画説明書」

遠藤愛知県知事から後藤文夫内務大臣宛に「航空場埋立工事計画説明書」が提出され、本飛行場を建設する計画の航空場埋立工事に関して一九三四年（昭和九）九月一日付で設置許可が下りた(37)。この説明書には、飛行場が果たすべき国防上の役割が、より明確に記されている。まず有事のさい、中部日本の物資が集散する中心地である名古屋港は最も警戒する必要があり、加えて港を中心として軍需工業を含む工場地帯があるため、真っ先にこれらの地域を襲撃されるおそれがあるとし、防衛方法について次のように述べている。

〔市内に防空施設を設けるといっても…筆者注〕防衛ノ第一線ニ立ツヘキモノハ航空場ヲ有スル防空設備タルヘシ
……一旦緩急アレハ本航空場ヲ防空場トシテノ利用ニ供シ
熱田神宮ノ防衛及百万市民ノ保護ヲナスハ一挙両得ノ策ニシテ空中輸送並国防上ノ使命ヲ全カラシムルコトヲ得
ヘシ

有事のさいには「防空場」として機能し、熱田神宮の防衛および市民の保護を行うということが明記されている。

ただし、名古屋商工会議所の満洲事変・上海事変以後の陳情をみると、事変前と主張が変化していないことにも注目したい。一九三二年（昭和七）五月二五日付で、伊藤次郎左衛門商工会議所会頭から逓信大臣（同様の内容で第三師団長・陸軍大臣にも出されている）宛に、応急の設備として、第三師団管下の小幡《おばた》ヶ《が》原《はら》陸軍演習場の一部を日本航空輸送株式会社に貸与し、臨時発着場とできないか、という陳情が出されている(38)。その陳情では飛行場が必要な理由について、「名古屋市ハ近年長足ノ進歩ヲ為シ各種産業ノ発達ト共ニ商機其他ノ関係ヨリ運輸通信ノ迅速ヲ希ヒ日本航空輸送株式会社定期航空路ノ寄航ヲ望ムモノ益々多キヲ加ヘ来リ」と述べているのみであり、防空的観点はみられない。

地元新聞の仮飛行場開設時の主張についてもみてみよう。まず、仮飛行場が開設された当日に掲載された『新愛知』（一九三四年〈昭和九〉一〇月一日）の「社説　国際仮飛行場成る　名古屋市の世界的進出」の要点は次の三つであった。すなわち、①文明は常に新しい武器の発明によって促進せられ、最初は国防目的に発達するが、徐々に一般生活に利用されるようになって文化の画期的躍進をとげること、②国民主義と国家主義は相反するようだが、善き国民は善き世界人でなければならず、ラジオや飛行機の普及が人種と国家との異同を超越する大きな結合の紐帯をつくろうとしていること、③国際仮飛行場の開設が名古屋市の世界的進出の足場となること、である。では、『名古屋新聞』はどのような主張をしていたのか。仮飛行場の開設前日の「社説　名古屋航空港開場の意義」（『名古屋新聞』一九三四年九月三〇日付）では、仮飛行場開場について「今回の挙は地方を尊重する傾向の現れとして喜ぶものである」と、これまでとはまた違った観点から評価し、中央集権すぎる日本のあり方を批判している。最後も、「名古屋なのに航空輸送会社及び監督官庁たる逓信省当局が地方の重要さを認めてこれを実現したのは地方尊重すべしといふ思想のうごきと解して祝福と期待とを捧げるものである」と、地方尊重の表れという観点からの評価しかしていない。『名古屋新聞』も、また主張が一転していたのである。

筆者が以前検討した富山飛行場の場合、満洲事変・上海事変以降は、商工会議所も飛行連隊の誘致と飛行場の設置を同時に唱えるなど、防空的観点が意識されるようになっていた。富山の地元新聞『富山日報』の主張については詳細に検討していないが、富山飛行場の軍事利用について熱心に報道していた。しかし名古屋においては、異なる姿勢がみられたのである。

以上のことから、帝国飛行協会が主張したような民間飛行場を有事のさいには防空の拠点としても使用する、という議論が、単純に浸透していかなかった地域もあったことがわかる。少なくとも名古屋においては、愛知県が国（内務省）に提出した飛行場の利用方法と、商工会議所・地元新聞が主張したそれとは、ズレが生じていたのである。

おわりに

本章の内容をまとめておく。第一節ではまず、地元新聞の航空に対する認識を検証した。満洲事変・上海事変以前の地元新聞の主張をみると、『名古屋新聞』は名古屋防空演習に対して批判的な社説を掲載し、『新愛知』はツェッペリン伯号の来日に関する記事において、飛行船（航空機）の軍事的使命ではなく、平和的使命に着目した言論を展開していた。一九二九年から名古屋飛行場の開設を目指す運動が始まるが、商工会議所の陳情・市会の意見書の内容では、防空の拠点としての飛行場の役割を期待する声はなかった。一九三〇年前後には軍縮条約に関する報道がなされていたが、民間航空の軍事転用への制限が空軍軍縮の焦点の一つとして紹介されていた。

第二節では、満洲事変・上海事変以後の飛行場をめぐる言説などを検討した。まず新聞の論調は一変し、『名古屋新聞』は「われらの空を護れ」と名古屋への防空設備の設置を主張した。また名古屋飛行場の位置づけも変化し、飛行機の献納ではなく、軍と併用して使用する愛国飛行場の建設を訴える主張が登場し、正式な計画においても飛行場に国防的な役割が付与されるようになった。県は国に対し飛行場が有事のさいに防空場になると説明した一方で、商工会議所・地元新聞は必ずしも飛行場の国防・防空的役割には着目していなかった。帝国飛行協会が説いた飛行場の建設によって都市発展にも都市防空にもつながるという主張が、必ずしも浸透していない地域もあったのである。富山においては、県当局だけでなく地元の商工会議所も防空の役割をも担う飛行場の建設を推進したため、工事の段階から後の軍事利用を意識して陸軍の要望が反映され、実際に軍事演習等でも積極的に利用が進められることになったと思われる。しかし名古屋の場合には、工事の段階で軍の要望が入る、あるいは軍事演習に積極的に利用されるということが管見の限りみられない。こうした差が生まれたのは、飛行場を軍事的な方面でも利用しようとする地元の要望が少なかったことも原因の一つなのではないだろうか。

本章では、一九三四年の仮飛行場の開設までしか検討できておらず、今後は仮飛行場開設以後の飛行場の位置づけの推移を検討する必要がある。またなぜ名古屋では必ずしも飛行場が防空的観点から捉えられなかったのか、という点について、本章では十分に分析することができなかった。筆者はその要因の一つとして、一九三七年に開催された汎太平洋平和博覧会に端的に現れているように、名古屋が「国際都市」を目指していたことがあるのではないかと考えているが、その詳細な分析は今後の課題としたい。

註

(1) 荒川章二『軍隊と地域』(青木書店、二〇〇一年)。
(2) 拙稿「満洲事変期の石川県における民衆の戦争熱について―軍用飛行機献納運動を事例に―」(『北陸史学』五八、二〇一一年)。
(3) 拙稿「一九三〇年代初頭における飛行場建設と航空思想―富山飛行場の建設過程を事例に―」(『日本史研究』六五二、二〇一六年)。
(4) 藤井忠俊『国防婦人会―日の丸とカッポウ着―』(岩波書店、一九八五年)の第一章「献金現象と軍拡」、同「昭和初期戦争開始時における大衆的軍事支援キャンペーンの一典型―軍用機(愛国号・報国号)献納運動の過程について―」(『駿河台大学論叢』六、一九九二年)。
(5) 拙稿前掲「一九三〇年代初頭における飛行場建設と航空思想―富山飛行場の建設過程を事例に―」。
(6) 拙稿「衣ヶ原飛行場の建設―航空イメージの変遷に着目して―」(『豊田市史研究』八、二〇一七年)。
(7) 拙稿前掲「一九三〇年代初頭における飛行場建設と航空思想―富山飛行場の建設過程を事例に―」二〜三頁。
(8) 日本航空協会編『日本航空史　昭和前期編』(日本航空協会、一九七五年)。
(9) 平木国夫『羽田空港の歴史』(朝日選書、一九八三年)。
(10) 稲垣森太「旧青森飛行場の歴史と現存する遺構」(『東奥文化』七九、二〇〇八年a)、同「旧富山飛行場の建設・運用と軍事転用の経過」(『近代史研究』三一、二〇〇八年b)。
(11) 風間紀「長野飛行場の設置経緯―日本航空発達史との関連をもとめて―」(『市誌研究ながの』六、一九九九年)。
(12) 上田卓爾「金沢飛行場・富山飛行場の建設と戦前の民間航空事情について」(『星稜論苑』四三、二〇一四年)。
(13) 村本外志雄『金沢の空　飛行機ものがたり』(村本外志雄、二〇〇九年)。
(14) その地方の航空の状況や飛行場の建設過程、その後の運用について、比較的詳細に取り上げているのは、伊丹市史編纂専門委員会編『伊丹市史　第三巻』(伊丹市、一九七二年)、福岡市役所編『福岡市史　昭和編資料集 前編』(福岡市役所、一九八三年)、富山県編『富山県史　史料編Ⅶ 近代下』(富山県、一九八三年)、同『富山県史　通史編Ⅵ 近代下』(富山県、一九八四年)、新潟

市史編さん近代史部会編『新潟市史　資料編七 近代Ⅲ』（新潟市、一九九四年）、同『新潟市史　通史編四 近代（下）』（新潟市、一九九七年）、長野市誌編さん委員会編『長野市誌　第六巻 歴史編』（長野市、一九九七年）、新修名古屋市史編集委員会編『新修 名古屋市史　資料編 近代三』（名古屋市、二〇一四年）など。
(15) 塚﨑昌之「伊丹飛行場の成立の背景と戦時期の軍用飛行場の実態」（『地域研究いたみ』三九、二〇一〇年）。
(16) 中日新聞社会部編『あいちの航空史』（中日新聞本社、一九七八年）。
(17) 名古屋港史編集委員会編『名古屋港史―建設編―』（名古屋港管理組合、一九九〇年、一二七～一三〇頁）。
(18) 前掲『新修 名古屋市史　資料編 近代三』二五～三九、八六一～八六二頁。
(19) 名古屋飛行場の概要については、前掲『あいちの航空史』、前掲『新修 名古屋市史　資料編 近代三』の解説を参照した。
(20) 土田宏成『近代日本の「国民防空」体制』（神田外語大学出版局、二〇一〇年）。
(21) 帝国飛行協会は一九一四年に設立された民間航空団体で、航空関係者の補助や懸賞競技大会の開催などの民間航空の後援、航空思想の普及として機関誌の発行や講演会・映写会・航空ディスプレーなどを行っていた。
(22) 帝国飛行協会が関西で開催した航空ディスプレーで、実際には航空の文化・文明的側面と国防的側面の両面の重要性が訴えられていたことについては、拙稿前掲「一九三〇年代初頭における飛行場建設と航空思想―富山飛行場の建設過程を事例に―」七頁参照。
(23) 信濃毎日新聞社編『信濃毎日新聞に見る一一〇年　昭和編』（信濃毎日新聞社、一九八三年、一八二頁）に同記事が収録されている。
(24) 荒山彰久『日本の空のパイオニア　明治・大正一八年間の航空開拓史』（早稲田大学出版部、二〇一三年）。
(25) 田中利幸『空の戦争史』（講談社現代新書、二〇〇八年）。
(26) 『名古屋商工会議所月報』（二五八、一九二九年六月、五八～五九、六五頁）。
(27) 同右、七〇～七一頁。
(28) 前掲『新修 名古屋市史　資料編 近代三』二五～二六頁。
(29) 『名古屋市会々議録　昭和四年』（一一号、五月一八日、三七六～三七八頁、名古屋市市政資料館所蔵）。
(30) 『名古屋商工会議所月報』（二六四、一九三〇年二月、六〇頁）。

(31) 拙稿前掲「一九三〇年代初頭における飛行場建設と航空思想―富山飛行場の建設過程を事例に―」一一～一五頁。
(32)『名古屋商工会議所月報』(二六四、一九三〇年二月、五四～五六頁)。
(33)「軍縮条約案(仮訳)」(『日本外交文書　国際連盟一般軍縮会議報告書　第一巻』)。
(34) 藤井前掲『国防婦人会―日の丸とカッポウ着―』。
(35) 土田前掲『近代日本の「国民防空」体制』。
(36) 愛知県における飛行機献納運動については、江口圭一「満州事変と民衆動員―名古屋市を中心として―」(古屋哲夫編『日中戦争史研究』吉川弘文館、一九八四年、一六三～一六七頁)に詳しい。
(37) 前掲『新修　名古屋市史　資料編　近代三』二九～三〇頁。
(38)『名古屋商工会議所月報』(二八八、一九三二年六月、六〇～六二頁)。

〔追記〕本章の脱稿後、一ノ瀬俊也『飛行機の戦争1914-1945――総力戦体制への道』(講談社、二〇一七年)が刊行された。戦前の日本人にとって飛行機とはどのような存在だったのか、とくに航空に関する軍事リテラシーの形成を中心に論じた著作である。当時の国民の航空に関する認識を考える上で、非常に示唆に富む内容となっている。

アジア・太平洋戦争期の行政査察と政治力強化

関口哲矢

はじめに

本章は、アジア・太平洋戦争期に実施された行政査察に着目する。行政査察は、国務大臣および内閣顧問のなかから行政査察使が任ぜられ、随員とともに生産現場を視察する取り組みであり、終戦までに一三回実施された[1]。本章では、査察が実施されるたびに方法や組織に対して改良が施されたことにより、生産増強という経済的な目的だけでなく、中央政府による地方の統制が強化されていった点を重視したい。この行為を〝政治力強化〟と評価できるかという点にまで言及できればと考える。

筆者は拙著[2]において、日中戦争からアジア・太平洋戦争期を対象とし、内閣が自身の機能を強化し、政戦両略の一致を実現させるためのさまざまな取り組みを扱った。いずれも強力な戦争指導体制を構築する目的をもつ行為である。分析にあたっては、「国務大臣単独輔弼責任制を克服し首相の機能強化をはかったうえで、「国務」事項と「統帥」事項の調整、すなわち政戦両略の一致を実現し国家意思決定を円滑に行うという目的をもつ」行為を〝内閣機能強化〟

と定義した。一方で、「総力戦体制という状況の下で〝内閣―議会―国民〟の関係を強化するという目的をもつ」行為を〝政治力強化〟と区別している。〝政治力強化〟の具体例として、内閣委員及各省委員や内閣及各省参与委員――いずれも帝国議会議員から任命――に官僚政治の弊害を是正することが求められたり、内閣及各省参与委員が行政査察の委員に任命されることによって内閣と国民をつなぐ役割が期待されたりしたことを明らかにした。(3) しかし制度の内容を中心にみたため、行政査察によって実際に中央と地方がどのような結びつきに変化したのかまでは検討できなかった。行政査察を〝政治力強化〟の実践と理解するには、査察を通じて中央と地方の関係が密になっていく様子を提示する必要があろう。

では、先行研究は行政査察に対して、どの程度明らかにしているのか。政治的視点が濃い研究と経済的視点が濃い研究に大別し確認してみたい。まず政治的視点からの研究をみる。

村井哲也は、行政査察と閣内の政治的対立を関連づけた。査察報告書にもとづき一九四三年（昭和一八）一一月に設置された軍需省を、従来の企画院体制の打破および「東條〔英機〕―星野〔直樹〕ライン」の確立ととらえ、画期的な動きと評価する。(4) 古川由美子は行政査察が生産増強にもたらした影響を、各査察の特徴をふまえて示した。査察の過程や結果が政策の形成や決定にあたえた影響を追う視角は村井と共通している。(5) 官田光史は行政査察を、内閣及各省参与委員の後継である内閣行政委員及各省行政委員の役割に力点をおいて分析した。行政査察から「戦時査察」へと変更させる構想を、「政策決定・政策実施における行政委員の主体化」をもたらす措置と評している。(6) 以上から、村井や官田は政治体制の変革に、古川は生産増強の方策にそれぞれ着目することで、行政査察が政治・経済両面に与えた影響の大きさを指摘していることがわかる。

次に経済的視点からの研究をみたい。吉田秀明は第一〇回行政査察を事例とし、電波兵器の必要性が高まり「技術交流」が深まっていく過程をたどる。とくに査察の処理過程――報告書の内容や事務処理委員会の活動――についてくわしくふれている。(7) 査察方法の工夫については、沢井実も第一〇回査察を事例に種々紹介している。(8) 特定企業から他企業への「技術交流」が強制的に行われていたことを示した点、生産品目の技術的な向上を目的とする改善策に言及している点、査察を効率的かつ効果的に行う組織編成等の工夫にふれている点が有益な成果といえよう。そのほか、大宮誠は海上輸送力の向上にかんして数値的な分析にもとづく改善提案を紹介し、(9) 佐藤達男は〝技術革新〟をテーマに、報告書で厳しい評価を受けた中島飛行機に対する原因の追及を行う。(10) 総じて、生産増強のための技術の向上や効率性の追求という観点から、査察の手法の是非を検討するものが多い。生産増強にかんする情報収集および適切な指導の実施という指命を行政査察が担う以上、経済面に重点がおかれるのは自然な着眼といえる。

しかし先行研究を全体的にみると、行政査察が生産増強の手段を追求する経済的利益だけではなく、政治面にあたえる影響も決して少なくなかったことがわかるだろう。前述のように村井は「東條・星野ライン」という政治体制を東条内閣期に特有の現象と定義づけたが、筆者は一三回実施された一連の過程で、内閣の交代に左右されることなく生じた政治的な変化はなかったのかという点に関心をもっている。また先行研究にたりないのは、査察の開始からその成果が国策へと結実するまでの過程に不明な部分が多いという点である。査察の目的や改善策の検討、報告書の開示など、個々の行為は明らかにされているが、それぞれが相互にどう結びついているかまでは十分に意識されていない。これら二点の課題にむきあうことで、査察が生産増強のみならず、内閣による政治力の底上げを狙った取り組みだったのかを判断できると思われる。

行政査察における〝政治力強化〟を、中央政府が査察の実施や事務処理といった各個の作業を系統化させる取り組みととらえたとき、実際にこの取り組みは試みられ地方統制の強化にいたったのか。この点が確認できれば、行政査察という取り組みに経済的な利益とは別の、政治的な狙いが含まれていたことへの根拠となる。内閣の思い描く戦争指導体制のかたちを一層明確にする手がかりにもなろう。(11)

一　行政査察の開始と以後の変化

第一回行政査察の実施にあたり、鈴木貞一国務大臣兼企画院総裁が行政査察使に任命された。訓令は次のような書式であった。

第一回行政査察使ニ与フル訓令(12)

一、第一回行政査察ハ鶴見、川崎地帯鉄鋼事業ヲ中心トスル各種行政、生産輸送等ノ綜合的査察ヲ行フモノトス

一、第一回行政査察ハ昭和十八年五月十日頃ニ於テ実施スルモノトス

一、第一回行政査察ハ特ニ左記ノ諸点ヲ目的トス〔㈠〜㈤が列記、内容略〕

昭和十八年四月二十八日

内閣総理大臣　東條英機

書式にはその後、さまざまな見直しがくわえられていく。第二〜五、七回は第一回とさほど変化はなく、第一回をもとにして作成されたと考えられる。しかし第六回では、「査察使ハ必要ナル一切ノ関連部内ヲ実□〔視〕調査スルコトヲ得ルモノトス　但シ陸海軍所管事項中機秘密保持ニ関スル事項ニ就テハ予メ主務大臣ニ協議スルモノトス」とされ、査察使の権限があえて明記されている。(13)第一二回でも「行政査察使陸海軍所管事項中前項㈧□ニ関スル措置ヲ為サントスルトキハ予メ主務大臣ニ協議スルモノトス」との項目が付加され、所管大臣との協議を義務づけることで査察使

の権限を制約している。[14] なんらかの事情で、「行政査察使及関係職員」を対象とした「行政査察事務章程[15]」の「第五条　行政査察ニ際シテハ指揮命令ニ関スル措置ハ之ヲ為サザルモノトス」や「但シ適当ナル勧奨乃至指導ヲ行フガ如キハ妨ナキモノトス」という規定のうち、とくに軍事に関連する査察への配慮をうながす必要が生じたのであろう。

そのほかに変化した点は、次の通りである。

・第一〇回…留意すべき事項を個条書きにするのではなく、「電波兵器ノ急速増産ヲ図ルコトヲ目的トシ特ニ生産能率ノ点ニ留意シ必要ナル行政査察ヲ行フモノトス」との一文におさめて簡略化した。[16]

・第一一回…「未稼働重要物資ヲ緊急ニ戦力化スル為別紙八月十八日閣議決定ニ基キ之ヲ実施スベシ」とし、閣議決定の「未稼働重要物資ノ緊急戦力化ニ関スル件」〔「第一　方針」「第二　要領〔更に四項目に分類されている〕」「備考」〕という構成〕を添付する形式になっている。[17] したがって、ほかの回よりも内容がこまかく記されている。

査察の対象品目によって、文章表現や内容が変更されていることがうかがえよう。第一〇回は文の削ぎ落としである。逆に第一一回は「未稼働重要物資ノ緊急戦力化ニ関スル件」にこまかい規定を委ねることで、「実施スベ」き内容に重きをおく工夫といえる。書式の変化は、度重なる査察の中で査察使の役割を徹底、ないしは見直す意味をもっていたと考えられる。

書式以外では、査察の実施予告が興味深い。第八〜一〇回の実施に際しては、各回で品目が異なるにもかかわらず、第八回査察前の一九四四年（昭和一九）六月八日に「第八回（食糧）、第九回（勤労）、第十回（電気兵器）行政査察ノ件[18]」と題されて申請が行われた。査察を行う理由と実施の予定時期、査察使の候補者なども一つにまとめられている。「急速ナル向上ヲ図ル為六月ニ於テ之ヲ行ヒ度イト只今計画中デアリマス」とあることから、申請と準備が併行して行われたと推察できる。「予メ御許ヲ戴キ何レ改メテ勅命ヲオ願ヒ申上ゲ度イト存ジマス」ともあり、正式な申請は各回の査察ごとに行われるという段取りが組まれていた。

予告することによって、査察の実施前に、査察を行う側、受け入れる側双方への意識づけが期待できる。三つの査察を同時期に行う点からは、それぞれの査察を相互に関連させることで生産増強全体の成果の底上げをはかろうとする内閣側の狙いがうかがえる。事実、東条首相は、一九四四年一月の第八四回帝国議会で「今後ハ国民生活及ビ勤労行政等ハ固ヨリノコト、廣ク必要ナル方面ニ亙ツテ之ヲ行フ如ク十分考慮シテ参リタイ所存デアリマス」との意欲を語っていた。従来の査察とは性質を異にするため、「其〔査察〕ノ方法ニ付キマシテハ、更ニ種々ノソコニ工夫ト改善トヲ画シテ参リタイト存ズルノデアリマス」とも加えている[19]。たとえば、食糧面の査察にあたっては農相経験者の有馬頼寧が要望を出しており、それは「東京、大阪の食糧事情の査察だけでなく生産地の現状、すなはち消費側、入荷側の査察と併行して生産と都会の市場へ送り届けられるまでの経過とその実体をよく査察してほしい」というものであった[20]。また第一一回の査察使に豊田貞次郎が決定したのと同じタイミングで、査察使経験者である藤原銀次郎軍需相が「原価計算、経理及賃金統制令統制会等ヲ全廃シテハ如何トノ提案」をしたこともあった[21]。査察の品目が変化することによって、おのおのの分野に通じている者の間で、査察の重点から経済全般にいたるまで、見直しを求める動きが生じていたことをおさえておきたい。

以上でみたように、査察の実施にあたっては、前例を参考にして手続きの簡略化がはかられるだけでなく、目的や品目におうじて手順や実施方法に変更が加えられた。計一三回実施された査察は、各回が完全に定形化された行為だったのではなく、臨機応変に最良の方法を選びとっていった点に特徴がみいだせる。不断の改善努力という姿勢に、査察を軌道にのせ定着させようという内閣の意識が反映されていると考えてよい。

では、現場での査察過程や、査察の結果を生産増強へといかす取り組みには、どのような特徴がみいだせるのか。

第二、三節では、査察の効率的な実施について考えてみたい。

二　現地での効率的な査察

査察を行う側は、地方において現場の担当者と様々な意見を交換し、必要におうじて指示を下した(22)。また内閣は、行政査察使に対して「査察ノ結果ニ基キ速ニ其ノ成績及将来ニ対スル対策意見等ヲ報告ス(23)」ることを求めた。

報告義務にこたえるため、査察側はさまざまな工夫を施している。航空機の増産策を模索する第三回査察では、各査察班に所属する随員が現場に対してそれぞれ質問を行った。一九四三年（昭和一八）九月二〇日付の「第三回行政査察各班質問事項(24)」をみると、「一、総務班　士気、規律」「二、生産班　㈠綜合性　二十四時間制ノ徹底上ノ問題」などの項目が立てられ、班ごとに質問内容がまとめられている。「秘　第三回行政査察各班着眼事項(25)」もほぼ同じ内容で構成されている。各班が実際に質問したのが前者であり、後者は質問した後にまとめ直された史料と考えてよい。あらかじめ質問事項を洗い出しておくことは、限られた査察期間に効率よく成果を得る工夫といえよう。なお、同じ第三回には、「極秘　第三回行政査察ニ当リ採リタル臨機措置(26)」も実施された。「現場ニ於テ速急ノ解決ヲ必要ナリト認メ陸軍、海軍、商工省、逓信省〔「逓信省」のみ後貼り〕、鉄道省等各関係随員ノ手ニ依リ臨機措置ヲ為シタル」ものであることから、随員の判断によって行動に移す権利が急遽認められたものと考えられる。

また第八回では、厚生省に対して「行政査察施行上必要有之候條左記ニ依リ資料提出相成度依頼ニ及ビ候」との依頼が出されている。「資料」は、「第八回（食糧）行政査察要求資料並ニ質問事項〔内容略〕」の中にある○印について、提出をうながすものであった。「資料ヲ提出セザル分（○印以外ノ分）ニ関シテハ事情聴取ノ場合各随員ノ質問ニ応ジ応答スベキコト」からは、提出形式と面会形式を併用した調査方法を企画していた様子が読み取れる。(27)査察の効率的な実施のため、査察使の裁量と随員の協力によってさまざまな工夫が施され、実行に移されたのであった。限られた日程の中で最大限の成果を生み出そうとするこうした取り組みは、生産増強の具体策を内閣に示さなければならないという使命感、あるいは切迫感のあらわれと理解できる。

その使命を遂行するために、査察品目によって随員の構成が変えられたことや、専門分野ごとに随員の集団が構成された効果も大きいといえよう。査察使はもちろん、随員に対しても査察品目に精通した専門家が配され、彼らの指摘する改善点の多くは査察の実施に反映された。(28)第二回査察は主に石炭と鉄の生産現場ゆえ、査察メンバーは関係の各統制会から選定されている。(29)さらに陸海軍や関係各官庁から随員の申し出が多数あり、各随員のもとに専門的な知識をもつ随員がおかれるという構成がとられた。(30)第六回の査察でも、専門家を網羅した査察陣が編成されている。(31)経理に長じた随員を加えるように行政査察使である藤原銀次郎が提起し、首相や陸海軍が同意している点も特徴としてあげられよう。(32)

第八〜一〇回では、「戦時食糧問題が単に当面の現象を追ふのみでなくより根本的な食糧国策を樹立せんとする意図」から教授陣が選ばれ、貴衆両院議員や中央食糧営団、大政翼賛会などの代表者も加わった。「食糧政策を各方面より再検討せんとする」この人選には、「従来の行政査察の方向を改善補強」するものとの評価がある。(33)たとえば、第九回の鈴木貞一査察使の随員選定に際し、貴衆両議院や産業報国会労働科学研究所の権威者などが任命されたことに対して、「実情に即した勤労部面の隘路を衝くものとして期待され」たと評された。(34)

第一一回査察では、随員が各班を構成した上で、「〔一九四四年〕十一月以降ノ地方班ノ作業モ別途送付セル事務処理要領ノ日程ニ基キ既ニ把握セル鉄鋼ノ活用ニ主力ヲ傾注シ第二次現場査察ハ地方班長ノ裁量ニ依リ必要ト認ムル範囲ニ於テ適宜実施スル様[35]」という対応がなされた。「地方班ハ多数ノ班ニ分レ査察ヲ分章〔掌〕スル為各班ニ流通班員ヲ附スルコト困難ナルヲ以テ各班ト流通班トノ連絡ニ付適当ノ方途ヲ講ズルコト」との配慮もみられる[36]。現場での事情聴取のほかに、査察の実施方法についても随員が深くかかわっていたことが確認できる。

有益な結果を得なければいけないという査察側の使命感は、訓令が発せられたあとに内閣から出される追加指示によっても高められたと想像できる。第七回と推定される査察の訓令発令後には、行政査察使の山下亀三郎に対して訓令の「電文案[37]」が用意されていた。この電文案は首相と内閣書記官長の連名で、「一、査察ノ結果猶予ナク実行ニ移スヲ適当トスルモノハ適宜施行方手配シ其ノ内容ヲ報告スベシ　右ニ関シ軍ト関係アルモノハ予メ軍当局ト打合ヲ為シ其ノ了解ヲ経ルヲ要ス」、「二、査察間必要アレバ適時中間報告ノ為帰京スベシ」という行動を求めるものであった。すでに発令済みの訓令を唯一のものとはみなさず、新しい指示を出そうとする積極的な姿勢が興味深い。査察の場面ごとに発せられる種々の指示が、査察関係者に対して報告義務を意識させる効果をもたらしたと考えることができよう。

三　査察結果を内閣に伝える工夫

1　第一回査察における結果報告

次に、地方での査察結果を内閣へ伝達するための工夫をみる。一九四三年（昭和一八）五月五日通達の「㊙第一回行政査察実施要領[38]」には「一、目的　二、査察事項　三、随員査察主務分担事項　四、査察計画提出　五、査察日程　六、報告」といった項目がみられ、「六、報告」で「行政査察使ハ其ノ査察ノ結果ニ基キ速ニ其ノ成績及将来ニ対スル対策意見等ヲ報告ス」（前掲）ることが求められていた。「五、査察日程」には、査察初日と第三日（五月一五日）、第六日（一九日）以外の各日の終わりに「随員打合」と記され、「随員ハ五月二十二日随員打合迄ニ査察ノ結果並ニ将来ニ関スル意見ヲ書類ヲ以テ査察使ニ報告スルモノトス」とある。五月一五日に鉄鋼統制会から寄せられた「行政査察使ニ対スル回答事項」(39)には、「昭和十七年三月末　在庫減少理由」や「不良屑鉄ノ処理状況」、「権限委譲及工場管理制度実施ノ効果」といった項目が盛り込まれていた。査察対象品目と関連が深い団体の反応を取り入れ、査察使や随員が報告書の内容に反映していったことが読み取れよう。

以上の過程を経て仕上げられた「極秘　第一回行政査察報告書」(40)は、内閣によって「神奈川県知事　商工省東京工務官事務所長　東京鉄道局長　厚生省労務官事務所長　横浜海務局長　横浜税関長」に送付されている(41)。それに対して、神奈川県知事である近藤壌太郎は、内閣書記官長の星野直樹に「第一回行政査察報告書受領ニ関スル件」(42)を送った。行政査察使が査察結果を「報告ス」る先が内閣官房ないしは内閣書記官長であることと「行政査察使ハ内閣総理大臣ノ監督ヲ承ク」(43)ことから、報告書は内閣官房を通じて首相へ達していたと考えてよい。一方で、報告書とは別に、「六月五日（土）総理大臣報告」、「六月八日（火）閣議報告」、「六月十日（木）顧問会報告」、「八月二十七日（金）緊急実施事項ノ実施概要閣議報告」、「八月卅日（月）緊急実施事項ノ実施概要上奏」といった手段によっても、査察結果は閣内にもたらされていった(44)。すでに初回から、結果を国策に反映させるための伝達経路が形成されていたといえよう。

2　中間報告による査察結果の伝達

ただし、査察結果が説得力をもって国策決定の場へ上げられるには、結果のみが伝達されるだけでは不十分である。

査察の実施と併行して、専門の実務担当者によって分析された情報が閣内へもたらされる必要が徐々に生じていった。

　大麻唯男を査察使とする第八回行政査察は、一九四四年（昭和一九）七月七日〜二二日に実施された。「食糧ニ関シ之ヲ実施シ特ニ東京都、大阪市ニ付現場査察ヲ行フ」のが目的である。査察にあたって、大麻には「食糧配給ノ基準」や「配給機構並ニ末端配給ノ実施状況」などの一一項目が訓令されている(45)。

　注目したいのは、査察中の七月一三日に、「主食糧需給関係主査　三浦随員」、「空襲対策関係主査　沢村随員」の連名で大麻へ「意見上申ノ件(46)」が出されている点である。これは「現下緊迫セル情況ニ鑑ミ左記（内容略）事項ハ之ヲ急速実施スルコトヲ適当ト認メラレ候仍テ此段及意見上申候」という動機から発せられた。一七日には「乳幼児、妊産婦、病人等ノ関係主査　小林尋次」、一八日には「屎尿問題対策委員会主査　東畑精一」といった面々も上申を行っている(47)。ここに記されている委員会の名称と氏名は、七月一八日に大麻から東条英機首相へと報告された「第八回（食糧）行政査察経過(48)」にふくまれている左上の表の「委員会名」と「主査随員」とおおむね一致する。前掲の「三浦随員」「沢村随員」「小林尋次」「東畑精一」らは行政査察関係委員会を主催し、討議結果や請願事項、自身の見解を大麻に報告していたと考えられよう。〝行政査察関係委員会→行政査察使→閣内〟というボトムアップの報告過程が推定できる。

第八回（食糧）行政査察関係委員会

委員会名	主査随員	備考
屎尿対策委員会	東畑	
乳幼児及妊産婦栄養確保ニ関スル委員会	小林	
栄養基準委員会	暉峻	
加工食品委員会	坂口　土岐	
配給基準委員会	暉峻	
物価委員会	杉本	
空襲対策委員会	沢村	
輸送対策委員会	菱谷	

　一方、〝閣内〟では〝内閣→関係各機関〟というトップダウン形式の情報伝達が徹底された。たとえば一一項目からなる訓令のうち「妊産婦、乳児、病人用特殊食料品並ニ幼児ノ食糧状況」については、七月一七日に行政査察使が首相へ「妊産婦及乳幼児ノ

栄養ニ関シ中間報告ノ件」[49]を送付し、一九日には内閣書記官長から厚相や農商相へと回送されている[50]。報告の文末は「不取敢及中間報告候也」とされ、のちに新たな報告を行う可能性を含ませていた。「食糧配給ノ基準」の報告である「第八回行政査察中間報告（第二号）ニ関スル件」[51]も、七月一八日に内閣へ送付され、二日後には厚生省へ「動員学徒ニ対スル食糧配給ニ関スル件」[52]と題して回送されている。「現下工場事業場等ニ動員セラレ居ル学徒ニ対スル食糧加配問題ハ緊急解決ヲ要スル問題ト被認候」との観点で作成された中間報告の中から、厚生省に関連が深い「動員学徒ニ対シ職種別ニ応ジ労務者ト等量ノ食糧配給ヲナスヘキ」という事項が選択されたのであった。全体的な査察状況を内閣が把握し、個別の対応が必要である事項については関係各機関へ個別に伝達するという振り分けがなされていたと考えられよう。

なお、第八回査察の中間報告は、七月一四日の「第八回行政査察中間報告（第一号）ニ関スル件」と、一八日の「第八回行政査察中間報告（第二号）ニ関スル件」〜「第八回行政査察中間報告（第四号）ニ関スル件」の四回が確認できる[53]。各件には通し番号が付され、四件がそろうことで報告が完結するという体裁をとっていた。前にふれた一八日の「第八回（食糧）行政査察経過」には「又之ト併行シ別記委員会ヲ設置シ夫々各主査随員ヲシテ検討セシメタリ尚（中略）夫々主査随員ヨリ意見ノ上申アリタルヲ以テ其ノ都度中間報告ヲ提出セリ」との記述がみられる。委員会の運営中に報告すべき事項が出てきた場合、そのつど内閣に報告することが意識づけされていた。一四日の初回報告から「（第一号）」と通番が付されているため、報告が複数回にわたって発生することを当初から想定していたことがうかがえよう。内閣はこのこまめな報告を内容ごとに整理し、関係各機関へと情報を提供していったのである。

3　「査察本部」による伝達の円滑化

現地と内閣の相互連絡を密にする取り組みとして、第一一回査察時に確認できる「査察本部」の役割にも注目したい。「査察本部」は在京の組織であり、「査察会議」と「総務班」「倉庫関係活用班」などの六つの班で構成されていた。「査察会議」は「関係各庁及民間ノ主要査察員ヲ以テ組織シ基本的事項ノ決定及推進ニ当ルモノトス　議長ハ行政査察使トス」るものである。

「査察本部」は「各班員中ヨリ各地方ニ若干名ヲ特派シ各地方班ノ査察ニ参加」させ「査察使現場査察中ハ必要ニ応ジ若干名東京ニ在留シ連絡ニ当ルコト」を目的に据えた組織であった。一方で、査察地に配置された「各地方班」は、「査察本部ト密接ナル連絡ヲ保チ各地方独立ニ併行シテ現場査察ヲ実施」したり「査察本部査察個所ニ付テハ之ト協力シテ査察ヲ実施」したりすることを担当した。査察を取りしきるのは行政査察使であるが、その行政査察使が「査察会議」を統括することで「査察本部」と「各地方班」を連携させ、実務レベルで中央と地方の情報交換を主導していたのである。(54)

「査察本部」の規定をもう少しこまかくみてみたい。一九四四年（昭和一九）九月二二日に決定された「査察本部」の「庶務事項」では、「一、査察本部日程参加者ノ決定　二十五日（月）午前中ニ各省幹事ニ於テ取纏メ内閣ニ提出セラレタキコト」、「二、巡回特別班　班長ニ於テ巡回日程ヲ作成シ二十六日午前中ニ内閣ニ提出セラレタキコト　本班ノ庶務係各一人ヲ決定シ同時ニ通報セラレタキコト」、「三、地方班ノ第一次査察日程ノ作成　各軍需監理部ニ於テ地方班ノ査察日程ヲ作成シ二十七日中ニ内閣ニ届ク様提出セラレタキコト（間ニ合ハサルトキハ最少〔小〕限度地方班査察員ノ第一回会合ノ日取其ノ他計画ノ大□〔綱〕ヲ通知セラレタキコト）」が課題に上がっている。「査察本部日程参加者」は「イ　随員タル査察員及査察本部査察員」と「ロ　其ノ他特ニ参加ノ要アルモノ」に大別され、(55)「査察本部附査察員名簿」や「地方班査察員名簿」も作成されていた。(56)「査察本部」が率先して、中央・地方を問わず、組織の構成や今後の段取りを念入りに事前検討している様子がわかる。また、「査察本部」内には「機械生産審査委員会」といった各組織が設けられ、陸海軍や軍需省関係者が参集する案も用意されていた(57)。これらの中央の組織を拠点とし、「各地方班」との協力方法については、査察を進めながら確立していこうとの意図があったのではないか。目が行き届くところで査察の状況を管理しようとする内閣の狙いが垣間みられる。内閣と査察地の情報交換をこれまで以上に円滑に行おうとする意識が、具体的なかたちになってあらわれている点は、中央による地方の統制強化とみなすことができよう。

四　事務処理委員会による結果の整理

閣内に逐次もたらされた査察結果に加え、査察が終わったあとの総括も、生産増強策を国策に反映させる上で重要な手続きであった。すでに指摘したように、第一回査察から「緊急実施事項ノ実施概要閣議報告」（一九四三年八月二七日）や「緊急実施事項ノ実施概要上奏」（三〇日）がなされ、査察結果を生産増強に活用していく取り組みがみられた。加えて二八日の閣議には「極秘　第一回行政査察ノ結果ニ依ル緊急実施事項ノ実施概要報告(58)」が上程されている。その内容は、「関係各省ニ於テ緊急実施スベキ事項トシテ決定諒解ヲ得タル十六項目ニ付其ノ後ノ実施概況ヲ見ルニ次ノ如シ」や「緊急実施事項十六件中其ノ多クハ概ネ既ニ措置セラレツツアル」という経過報告であった。「関係省ハ尚一段ノ努力ヲ要スベク特ニ官吏訓練ノ徹底、工場防空及港湾防空ノ強化ニ関シテハ茲ニ新ニ閣議決定ヲ得テ関係各省ニ於テ急速且強力ニ実施スルコトト致シ度」との具体的な要請も行われており、閣議決定を契機として生産増強に弾みをつける意図がうかがえよう。

以後の査察では、「事務処理委員会」を運営することで、閣議上程の前、すなわち査察結果が整理される段階に重きがおかれていった。一九四三年（昭和一八）一〇月二一日に行われた藤原銀次郎による第三回査察の報告では、査察の終了後に、結果の概要が閣内へ報告されている。[59] この報告に加えて、査察終了から約一カ月後に、閣議決定を経て、藤原を委員長として開催された「第三回行政査察事務処理委員会」の「第一回議事録」が作成された。[60] 委員会の構成員は「概ネ第三回行政査察ニ参加シタル者ヲ以テ之ニ充ツルモノトス」、「必要ニ応ジ関係各庁担当官ノ出席ヲ求ムルモノトス」であり、「委員会ハ概ネ昭和十八年中ニ其ノ事務ヲ了スル」とされた。「〔行政査察の〕報告ノ実施ヲ関係各庁ニ移シ之ガ実施ヲ円滑迅速ナラシムル」とあることから、査察結果を実行に移す責任官庁を特定した上で、具体的な対応に着手しようとの狙いがあったと考えられる。[61]「第一回会合ノ議事ハ別紙〔内容略〕説明担当者ヨリ各々其ノ後ノ実施経過ノ説明ヲ致サレ度此段御準備相成度候」[62] ともあり、責任官庁に対して経過報告を課していることが確認できる。[63] 一二月二三日には「第三回行政査察報告事務処理委員会報告書」[64] が完成し、藤原査察使から首相に報告され、「事務取纏メ軍需省ニ引継クコトト」なった。査察前の内閣顧問会議では、藤原の持論をいかに生かすかという方法について星野内閣書記官長が検討することを決定していたが、[65] 今回の軍需省への引き継ぎによって、査察結果を生産増強にいかす道筋がついたとみてよい。審議結果にもとづく責任官庁への対応要請が事務処理委員会の特徴であり、以後の査察でも同種の委員会は継続していく。

続いて第五回査察の事務処理をみてみたい。一九四四年（昭和一九）一月八日の査察終了から約一カ月後の二月一五日、五島慶太査察使が内閣顧問会議で報告を行い、一八日には「第五回行政査察報告事務処理委員会ニ関スル件」[66] が閣議決定されている。「第五回行政査察報告ノ実施ヲ関係各庁ニ移シ之ガ実施ヲ円滑迅速ナラシムル為内閣ニ本委員会ヲ設置スルモノトス」とあるゆえ、設置意図は第三回と同じく、審議結果にもとづく具体的な対応の要請にあったと考えられる。やはり第三回と同じように「本委員会運営ニ関シ必要ニ応ジ関係各庁担当官ノ出席ヲ求ムルモノトス」とも定められており、委員会が一方的に要請を行うのではなく、専門的な事項について関係各機関との意見交換を目的とするものであった。

最後に第一〇回査察の事務処理も確認しておく。前述したように、第八回の中間報告では「第八回（食糧）行政査察関係委員会」によって随員が各委員会を統括し、査察使に連絡する体制が導入されていた。第一〇回の事務処理でも同種の組織が確認できる。一九四四年七月二〇日に「秘　第十回（電波兵器）行政査察報告事務処理委員会」(67)の設置が検討され、二六日には「発会式」が開催された(68)。同委員会は「第一部会、第二部会、第三部会及技術交流小委員会」に分かれ、部会は定期的に会合をもった(69)。「査察期間生産技術班ニ参加アリタル方ニ通知シナルベク其参集ヲ求ムルモノトス（別ニ内閣ヨリ連絡ス）」からは、各会の活動が内閣の承認を得ていることが確認できる。〝内閣―各会長―査察関係者〟という縦の連携を保ち、最終的には首相へ報告書が提出される仕組みになっていた(70)。第二部会の「第十回行政査察報告事務処理委員会第二部会第六回会合議事録」(71)が第三部会の美濃部〔洋次〕へも配布されていることからは、部会間という横の連携を保っていたこともうかがえる。各部会で成果が得られるごとに、現場へフィードバックもされていた。その様子は、たとえば「運輸班」による「一九、九、二〇現在」の「極秘　第十回（電波兵器）行政査察関係其ノ後ノ推進措置シタル事項ノ概要」(72)からうかがえる。

以上、生産増強の具体的な措置を実行に移すため、内閣は事務処理に対しても改良を施していった。国策へと結実させるにあたり、国策決定の場に上げられる手前で具体策を得る作業はとくに重要といえる。ゆえに内閣は、関係者との関係を密に保つことで正確な情報をすい上げ、必要におうじて指示をあたえていったのである。

おわりに

一九四三年（昭和一八）三月に東条内閣下で運用を開始した行政査察は、政府関係者が現場を視察し、生産増強の具体策を得る実践的な取り組みであった。内閣によるこの生産現場の状況把握の取り組みを拙著では〝政治力強化〟と評価したが、本章ではさらにふみ込み、査察のどのような場面に内閣と地方の結びつきが認められるのかを探った。その結果、査察中には現地において効率的に査察を進めるための工夫や、実務者による中間報告をはじめとする報告義務の意識づけなど、査察を行う側が積極的に改善を試みている様子を確認することができた。事務処理では委員会を設置し、査察の成果を最大限に生かそうともしている。査察の対象品目は各回で区切られていたが、手法の面では連続性と発展性をもっていたことがわかるだろう。書式の変化からもわかるように、過去の方法を踏襲するだけではなく、回を重ねるたびに新たな工夫を模索することによって、内閣は査察を軌道にのせていったのである。こうした努力により、行政査察使をはじめとする関係者の意見や報告書といった各種情報が閣内に浸透していき、中央政府が地方を管理する度あいも徐々に増していった。査察は地方に対して、内閣の管理下にあることを意識させる契機になったといえよう。

以上から、行政査察には現場で得られた貴重な成果を中央政府へと確実かつ迅速に伝達させる仕組みづくりという側面があり、生産増強という課題を利用するかたちで中央が地方を統制しようとの狙いを含むものであったといえる。政治的な思惑の濃いこの行為が行政査察のもたらした運用面での特徴であり、〝政治力強化〟の具体的な根拠になるのではないか。

ただし、〝政治力強化〟の取り組みをさらに精緻に評価するには、行政査察をもとにした政策提言が、どの程度、国策として結実したのかを洗い出してみる必要があろう。もう一つ必要なのは、戦争の末期に内閣が本土の防衛をいかに行おうとしていたかを考えることである。本土決戦が現実味をおびる中で、中央政府の権限を地方に委譲する取り組みがみられるようになった。一九四三年（昭和一八）設置の地方行政協議会から一九四五年の地方総監府への移行はそのあらわれである。行政に軍の機能を包含させようとするこの変化が〝地方への権限委譲〟を特徴とするのに対し、行政査察は〝中央による地方管理〟を特徴としている。併行して行われたこの対応の違いに一貫性や整合性はみいだせるのか。今後はこれらの課題に取り組むことで、内閣による〝政治力強化〟の論拠をさらに補強していきたい。

註

（1）査察の全体像は、古川由美子「行政査察に見る戦時中の増産政策」（『史学雑誌』第一〇七編第一号、一九九八年一月）を参照。内閣顧問は東条英機内閣期の一九四三年三月に設置され、小磯国昭内閣期の一九四四年一〇月に制度が刷新された。東条内閣期の「内閣顧問臨時設置制」には、「重要軍需物資ノ生産拡充其ノ他戦時経済ノ運営ニ関スル内閣総理大臣ノ政務施行ノ枢機ニ参セシムル」とある（国立公文書館所蔵「御署名原本・昭和十八年・勅令第一三四号・内閣顧問臨時設置制」Ｒｅｆ．Ａ〇三〇二二八〇二八〇〇、ＪＡＣＡＲ、アジア歴史資料センター）。

（2）『昭和期の内閣と戦争指導体制』（吉川弘文館、二〇一六年）。以下も「拙著」と記述。

（3）拙著の「第一部第四章　戦時期における帝国議会議員の活用と政治力強化」（初出は二〇〇九年）。「　」は拙著の註(2)（一七九頁）。

（4）村井哲也「東條内閣期における戦時体制再編（下）―一元的経済機構の創設を目指して―」（『東京都立大学法学会雑誌』第四〇巻第一号、一九九九年七月、のち『戦後政治体制の起源――吉田茂の「官邸主導」』藤原書店、二〇〇八年、に収録）。「東條―星野ライン」という用語は同論文、五六四頁などで提起されている。

(5) 古川前掲註(1)論文。また古川は別稿で、第四回査察とそのあとに行われた鈴木貞一・山下亀三郎両内閣顧問による再点検をもとに、輸送能力が重視され対策が練られていく過程も明らかにしている(「戦時期における九州石炭輸送」九州大学石炭研究資料センター『エネルギー史研究―石炭を中心として―』第一八号、二〇〇三年三月)。

(6) 「 」もふくめ、官田光史『戦時期日本の翼賛政治』(吉川弘文館、二〇一六年)の「第二部 「翼賛政治」体制の成立」「第四章 内閣各省委員制の展開」一七一頁。

(7) 吉田秀明「通信機器企業の無線兵器部門進出―日本電気を中心に―」(下谷政弘編『戦時経済と日本企業』昭和堂、一九九〇年)。

(8) 沢井実「太平洋戦争後期における「共同研究」の諸相―海軍科学技術審議会と真空管増産研究―」(『大阪大学経済学』第六〇巻第二号、二〇一〇年九月)。

(9) 大宮誠「アジア・太平洋戦争期の日本海海上輸送」(『現代社会文化研究』第五二号、二〇一一年一二月)。

(10) 佐藤達男「戦時期中島飛行機の航空エンジン事業―三菱重工業との比較において―」(『立教経済学研究』第六七巻第一号、二〇一三年七月)。

(11) したがって本章では、査察の経済的な検討は行わない。以下、引用した論文や史料中の括弧(「 」型のもの)や傍点などは、とくに断らない限り筆者による。判読不能な文字は□で補い、推定が可能な場合はルビを付した。史料中の旧字体等は適宜現代表記に改めてある。新聞は『朝日新聞縮刷版 昭和一九年一～三月』(日本図書センター、一九八七年)と毎日新聞社発行『毎日新聞縮刷版』の各月号を使用した。すべて朝刊である。

(12) 国立公文書館所蔵「公文雑纂 内閣行政査察使 巻十二 昭和十八年」(二A―〇一五―〇〇、纂〇二八四三一〇〇、リール番号〇七五六〇〇)に収録。

(13) 同右に収録の「第六回行政査察使藤原銀次郎ニ与フル訓令」。

(14) 国立公文書館所蔵「公文雑纂 内閣行政査察使関係 昭和二十年」に収録の「第十二回行政査察使八田嘉明ニ与フル訓令」(三A―〇一五―〇〇、返青五一〇〇六〇〇〇、リール番号〇〇三六〇〇)。

(15) 外務省外交史料館所蔵「閣議決定事項ノ実施状況調査関係一件」(Ref. B〇二〇三一三一八〇〇〇、JACAR、アジア歴史資料センター)に収録。

(16) 国立公文書館所蔵「公文雑纂 内閣四九 行政査察使関係 巻四十九 昭和十九年」に収録の「第十回行政査察使子爵大河内正

敏ニ与フル訓令」（二A—〇一五—〇〇、纂〇三〇四一一〇〇、リール番号〇八二一〇〇）。
(17) 国立公文書館所蔵「第十一回行政査察使豊田貞次郎ニ与フル訓令」（前掲「公文雑纂　内閣四九　行政査察使関係　巻四十九　昭和十九年」）。
(18) 前掲「公文雑纂　内閣四九　行政査察使関係　巻四十九　昭和十九年」に収録。
(19) 以上は、国立国会図書館帝国議会検索システム（ホームページ上で公開）の「第一類第一号　予算委員会議録　第七回　昭和十九年一月二十八日」。『毎日新聞（大阪）』一九四四年一月二九日付、一面、「国民生活等へも行政査察拡充」にも同種の記事あり。
(20) 『毎日新聞（大阪）』一九四四年六月一四日付、三面、「〝食糧査察使〟に望む」。
(21) 軍事史学会編『大本営陸軍部戦争指導班　機密戦争日誌 下』（錦正社、一九九八年）一九四四年八月二九日条、五七七頁。
(22) 保科善四郎『大東亜戦争秘史—失われた和平工作—』（原書房、一九七五年）八一頁。
(23) 前掲「公文雑纂　内閣行政査察使　巻十二　昭和十八年」に収録の「㊙　第一回行政査察実施要領」。
(24) 国立国会図書館憲政資料室所蔵「美濃部洋次文書—戦時経済政策史料—」（東京大学附属総合図書館所蔵、国策研究会旧蔵）（YE一〇〇—M二〇—憲政—九七）（リール番号九七、M一：四五：二〈〇〇〇—〇〇〇七四二三〉）に収録。
(25) 同右（YE一〇〇—M二〇—憲政—九六）（リール番号九六、M一：三五〈〇〇〇—〇〇〇七四一二〉）に収録。
(26) 同右（YE一〇〇—M二〇—憲政—一〇〇）（リール番号一〇〇、M一：六五：一二〈〇〇〇—〇〇〇七五九二〉）に収録。
(27) 以上は、「第八回行政査察関係資料提出方依頼ノ件」（「収受文書（内閣関係）第一五冊（昭和一九年）」三A—〇〇二—〇一—三二、昭四七厚生〇〇〇三二一〇〇、リール番号〇〇一七〇〇、に収録）。
(28) 註(22)に同じ。
(29) 『毎日新聞（大阪）』一九四三年七月一八日付、一面、「藤原行政査察使けふ東北へ出発」。
(30) 桑原忠夫『藤原銀次郎〈一業一人伝〉』（時事通信社、一九六一年）一七六～一七九頁。
(31) 同右、一七四～一七六頁。
(32) 同右、一六六頁。
(33) 以上は、『東京朝日新聞』一九四四年六月二二日付、一面、「両査察使随員発令」。
(34) 『毎日新聞（大阪）』一九四四年七月一日付、二面、「民間人も任命」。

(35)「豊田行政査察使」から「各軍需監理部長殿」への「電報」で、日付は「昭和十九年十一月二日」。前掲「美濃部洋次文書」(YE一〇〇―M二〇―憲政―九九)(リール番号九九、M一:五七:一四〈〇〇〇―〇〇〇七五六二〉)に収録。

(36) 前掲「美濃部洋次文書」(リール番号九九、M一:五六:八〈〇〇〇―〇〇〇七五二二〉)に収録の「流通実務処理上他班トノ関連事項」。

(37) 前掲「公文雑纂　内閣四九　行政査察使関係　巻四十九　昭和十九年」に収録。この起案・施行は一〇月一〇日と記されている。しかし、山下亀三郎が行政査察使を務めたのは第七回行政査察(実施期間は四月二一日~五月九日)であり、史料の日付と一致しない。他方、この簿冊には「第七回行政査察使山下亀三郎ニ与フル訓令」も収録されており、こちらは一九四四年四月一四日決定、一五日施行とある。本章では査察回の真偽には立ち入らず、「電文案」の存在を重視した。

(38) 前掲「公文雑纂　内閣行政査察使　巻十二　昭和十八年」に収録。

(39) 国立公文書館所蔵「米国から返還された公文書(返青・内務省等関係)」(Ref. A〇六〇三〇一八九二〇〇、JACAR、アジア歴史資料センター)に収録。

(40) 註(38)に同じ。

(41) 同右に収録の「第一回行政査察報告書送付ニ関スル件」。

(42) 註(38)に同じ。

(43) 国立公文書館所蔵「御署名原本・昭和十八年・勅令第一三五号・行政査察規程」(Ref. A〇三〇二二八〇二九〇〇、JACAR、アジア歴史資料センター)。

(44)「　」は、前掲「米国から返還された公文書(返青・内務省等関係)」に収録の「極秘　第一回行政査察報告書」(Ref. A〇六〇三〇一八九四〇〇、JACAR、アジア歴史資料センター)。「顧問会」は生産増強を検討する内閣顧問会議のことと考えられる。拙著の「第一部第三章　アジア・太平洋戦争期の内閣顧問と内閣機能強化構想」(初出は二〇一二年)を参照。六月一二日には天皇へ「行政査察報告」が奏上されている(伊藤隆・廣橋眞光・片島紀男編『東條内閣総理大臣機密記録』東京大学出版会、一九九〇年、一九四三年六月一二日条、一九二頁)。

(45) 以上は、前掲「公文雑纂　内閣四九　行政査察使関係　巻四十九　昭和十九年」に収録の「第八回行政査察使大麻唯男ニ与フル訓令」。

(46) 前掲「公文雑纂　内閣四九　行政査察使関係　巻四十九　昭和十九年」に収録。
(47) 以上は、同右。
(48) 同右。
(49) 同右。
(50) 同右に収録の「妊産婦及乳幼児ノ栄養ニ関スル件」。
(51) 前掲「収受文書（内閣関係）第一五冊（昭和一九年）」に収録。
(52) 同右。
(53) いずれも前掲「公文雑纂　内閣四九　行政査察使関係　巻四十九　昭和十九年」に収録。
(54) 以上は、前掲「美濃部洋次文書」（YE一〇〇—M二〇—憲政—九五）（リール番号九五、M一：一一：一二〈〇〇〇—〇〇〇七二二七〉）に収録。「査察会議」の存在は、第一一回査察中の一九四四年九月二〇日に確認できる。
(55) 以上は、同右（リール番号九五、M一：一一：七〈〇〇〇—〇〇〇七二二二〉）に収録。
(56) 同右（リール番号九五、M一：一一：九〈〇〇〇—〇〇〇七二二四〉）（リール番号九五、M一：一一：一六〈〇〇〇—〇〇〇七二三一〉）にそれぞれ収録。
(57) 同右（リール番号九五、M一：一一：五〇〈〇〇〇—〇〇〇七二六五〉）に収録。
(58) 前掲「米国から返還された公文書（返青・内務省等関係）」（Ｒｅｆ．Ａ〇六〇三〇一八九六〇〇、ＪＡＣＡＲ、アジア歴史資料センター）に収録。
(59) 前掲「美濃部洋次文書」（リール番号一〇〇、M一：六五：一三〈〇〇〇—〇〇〇七五九三〉）に収録の「報告書」。
(60) 以上は、同右（リール番号一〇〇、M一：六五：二〈〇〇〇—〇〇〇七五七九〉）に収録の「第三回行政査察事務処理委員会第一回議事録」。
(61) 以上は、同右（リール番号一〇〇、M一：六五：一一：B〈〇〇〇—〇〇〇七五八九〉）に収録の「㊙ 第三回行政査察報告事務処理委員会ニ関スル件」。
(62) 同右（リール番号一〇〇、M一：六五：一一：A〈〇〇〇—〇〇〇七五八八〉）に収録。一例ではあるが、藤原委員長から軍需省の「美濃部〔洋次〕機械局長」への要請が確認できる。

(63) また藤原自身は木戸幸一内大臣を訪ねて「航空機査察の実情其他の話を」しており（木戸幸一著、木戸日記研究会校訂『木戸幸一日記　下巻』東京大学出版会、一九六六年、一九四三年一二月二日条、一〇七二頁）、矢次一夫が主宰する政策ブレーン機関の国策研究会では「矢次〔一夫〕君の藤原銀次郎査察使の航空工業査察の結果に付報告あ」った（内政史研究会・日本近代史料研究会編『大蔵公望日記　第四巻―昭和十七～二十年―〈内政史研究資料別集Ⅱ―一、日本近代史料叢書Ａ―三〉』内政史研究会ほか、一九七五年、一九四三年一〇月二一日条、一五三頁）。査察の情報が閣内外の要人に浸透していく様子がうかがえる。

(64) 前掲「美濃部洋次文書」（リール番号一〇〇、Ｍ一：六五：一四〈〇〇〇―〇〇〇七五九四〉）に収録。

(65) 前掲『藤原銀次郎〈一業一人伝〉』一六二～一六六頁。

(66) 国立公文書館所蔵「公文類聚　第六十八編　昭和十九年　巻三　官職門　官制　内閣」（二Ａ―〇一二―〇〇、類〇二八〇〇一〇〇、リール番号〇六八二〇〇）に収録。

(67) 前掲「美濃部洋次文書」（リール番号九五、Ｍ一：一三：一七〈〇〇〇―〇〇〇七三一三〉）に収録。

(68) 同右（リール番号九六、Ｍ一：二二：二三〈〇〇〇―〇〇〇七三五九〉）に収録の「第十回行政査察報告事務処理委員会発会式次第」。

(69) 同右（リール番号九五、Ｍ一：一三：四〈〇〇〇―〇〇〇七二九六〉）に収録の「第十回行政査察報告事務処理委員会議事概要」。

(70) 以上は、同右（リール番号九七、Ｍ一：五一：八〈〇〇〇―〇〇〇七四五一〉）に収録。一九四四年一二月二三日付「電波兵器行政査察報告事務処理委員会報告書ニ関スル件」（前掲「美濃部洋次文書」〈リール番号九五、Ｍ一：一三：五〔〇〇〇―〇〇〇七二九七〕〉に収録）では、綜合計画局から小磯国昭首相に対し報告書が提出されたことが確認できる。

(71) 同右（リール番号九六、Ｍ一：二二：二〇〈〇〇〇―〇〇〇七三五六〉）に収録。

(72) 同右（リール番号九六、Ｍ一：二二：四六〈〇〇〇―〇〇〇七三八二〉）に収録。

尾張藩の「幕末文化」と地誌編纂

羽賀祥二

はじめに

林屋辰三郎は「日本における市民文化の形成」をテーマとして掲げ、化政期から文明開化期に至る文化の共同研究を組織し、『化政文化の研究』、『幕末文化の研究』、『文明開化の研究』という三部作を完成させた。『幕末文化の研究』は天保八年（一八三七）から明治四年（一八七一）を「幕末文化」の時期として設定し、この改革の時代に出現した文化的諸事象とそれに関係した人々の活動の所産を多様な側面から明らかにすることをめざした(1)。天保飢饉が収束し、天保改革が始まる時点から廃藩置県までを一つの時代区分としたことは、天保改革から西南戦争までを明治維新の時代とする、広義の明治維新の時期区分の考え方とおおよそ一致する。いいかえれば「幕末文化」論とは、幕末維新期の多様な文化事象を「文明開化」の文化とは区別しつつ、独特な特徴を持つものとして把握しようという試みにほかならない。

天保期から身分制解体の指標となる廃藩置県ないしは西南戦争までの文化を「幕末文化」として理解することは、

「文明開化」という視点から幕末維新期の文化事象を把握してきた研究を相対化する意味で重要な問題提起であった。本章では尾張藩の「幕末文化」の一端について、それを支えた儒者・文人のグループと、彼らの文化的蓄積の最大の成果とも言える地誌編纂を通じて考えたいと思う。

幕末の尾張藩では二つの優れた地誌が編纂された。『尾張志』と『尾張名所図会』である。いずれも当時の尾張藩の指導的文人によって編纂されたものだが、それらは同時期の他藩における地誌・図会の内容を凌ぐ水準にある。両書は尾張藩の「幕末文化」の到達点であるといってよい。『尾張志』（天保十五年〈一八四四〉序）は尾張藩主に献上され、藩庫に収蔵された。他方、『尾張名所図会』は前・後編からなるが、前編は天保十五年、後編は明治に入って刊行を見た（永東書店、一八八〇年〈明治十三〉）。そして『尾張志』も廃藩置県後二〇年ほど経て、一八九一年から九三年にかけて愛知博文社から刊行された。こうして天保三年（一八三二）に始まった編纂事業は六〇年かかり、ようやく締めくくりを迎えた。十九世紀末になって両書は広くその存在を知られるようになり、その後の愛知県内の郡町村誌の編纂に材料を提供し、尾張地域史の発展に寄与したのである。

『尾張志』の編纂の責任者は深田正韶（香実）だった。『尾張志』の完成を祝って、弘化四年（一八四七）十一月二十三日、編纂御用掛の用人・滝川又左衛門（忠貫）宅で祝宴が開かれた(2)。ここに編纂関係者八名、すなわち総裁深田正韶、輯録岡田啓、同中尾義稲、校訂植松茂岳、絵図小田切忠近、書写梶原昭豊、同小沢列根、同杉本良承が参加し、それぞれ和歌を詠んだ。しかし深田の門人で、明倫堂典籍を勤めた細野要斎(3)によれば、編纂作業では岡田の力がもっとも大きかったという。『尾張名所図会』もまた、在野の文人・野口道直の協力を得て、岡田が中心になって編纂したものであった。尾張の「幕末文化」を支えたのは地誌編纂に尽力したこうした儒者・文人たちであった。

彼らは学問や知識への探求心が強く、それを通じて深い学識を培った、個性豊かな人たちだった。そして知識や書物、古書画などの情報交換を通じた密接な交流を保っていた。深田は天保会という会合を主催していた。また野口や小田切が参加していた同好会という文人たちの集まりもあった。これらの会には藩士だけではなく、野口のような町人も参加していた。領内の町人や農民を吸引する力が幕末の尾張藩内には働いていたのである。彼らの交流の一端を明らかにすることが、尾張藩の「幕末文化」の特質へ迫ることになるだろう。さらにこうした儒者・文人の学識がもっともよく示されたのが、地誌編纂の事業であった。儒者・文人グループとその文化的事業としての地誌編纂に焦点を当てながら、尾張藩の「幕末文化」の位置を考えたい。

一　深田正韶と地誌編纂

深田正韶（通称は増蔵、号は香実、安永二〈一七七三〉～嘉永三年〈一八五〇〉）は、正益（九皐）の長子として生まれた。深田家は正室（円空）が尾張藩初代藩主の徳川義直に奉公して以降、代々儒学をもって藩に仕えた家柄である[(4)]。祖父厚斎は本草学者として著名であった松岡玄達の門人で、その学頭を務め、また父正益も儒学だけではなく、和歌・詩文・琵琶にも通じ、藩内随一の人物と評された。正韶は明倫堂教授石川香山、在野の儒者中村習斎から「崎門の学」（山崎闇斎学）を受け、藩主斉朝や支藩高須松平家の侍読を勤めた。また垂加神道を高木秀條に伝授され、豊坂翁と号した[(5)]。深田は和歌に造詣が深かったが、その歌道は公家の芝山持豊や武者小路実純に学んだ。細野の「香実深田先生紀徳之碑」によれば、歌学は二条家の伝授を受けたという（後述）。その他、易学・筆道・仏道・茶道などにも通じた学識深い儒者だった。深田は温潤にして気宇壮大、綿密に事を処し、教育者として意を尽くした人物で、多くの人々がその教えを乞うて門前に集ったという。しかし細野は深田の晩年について、「初年の勇猛精密なるが如くならず、崎門を慕ふて程朱の学をなすの気象ある事なし、就中筆に上せ給ひし卑近の事に、太だ疎なる事あるを覚ゆ」と、闇斎学に流れ、他方で俗事に筆を任せた姿勢に厳しい目を注いでいた。

儒者の家としての深田家六代（正室―正清―正倫―正純―正益―正韶）は幕末に藩内から深く敬愛されていた。正韶の下へは深田家歴代の文章を求めて来る者もいた。天保八年（一八三七）八月、岡田啓と野口道直も正韶に初代正室以来の詩文・真蹟を求め、正韶はそれぞれに添え書きを付けて贈っている。[6] 正韶の初代への敬意は強かったようで、学問を林道春・堀正意に受け、その才学を聞いた徳川義直が召し抱え、『類聚日本紀』や『神祇宝典』の撰述に当たらせたこと、また将軍徳川家光に謁見したなどの事績を添え書きした。まさに藩初以来の藩学を支えた自家の学統に誇りを見せていた。

深田の神道・国学・和歌など多くの論は深田自身や細野の随筆に残されており、それらの検討によって深田の思想は明らかになるだろう。この問題は今後の課題とし、ここでは深田の侍読としての活動をうかがわせる著作にだけ触れておきたい。深田は徳川家康以下の将軍や徳川義直、そして徳川光圀・保科正之・池田光政・細川重賢・上杉治憲など、名君たちの言行録を『稽徳編』（三十一巻）と題して編集し、文化四年（一八〇七）藩主斉朝に献上した。深田は二十九歳で斉朝の侍読となって、四書五経の素読を授ける一方、この著作を斉朝に奉呈したのである。[7] 水戸藩主徳川斉昭はこの名君言行録に興味を持ち、深田に写本を求め、斉昭は写本三〇部を諸役所に配り、平生読むべきことを命じた。[8]

深田は『尾張志』の序文（天保十四年春）を書いているが、それは尾張藩による地誌編纂事業を総括的に述べた文章だと言っていい。[9] 深田は領内の地理・歴史、そして現状を記述することを「輿地之学」と呼び、それを散逸した古代風土記を継承する事業だと考えていた。近世前期以降多くの地誌の序文では、編纂事業に関して、古代日本の風土記とともに、『書経』のなかの伝説上の帝王禹貢が国土を九つに分け、それぞれの地理・物産などを調査した事業に言及するのが一般的であったことに対して、深田が風土記のみを地誌事業の原点だと記したことは中国地誌を相対化しようとしたことを示している。しかも文体もそれまでの地誌で一般的であった漢文体を避けて、漢字仮名交じり文で記述された。「其文雖以国字者、為使不齟齬和漢古今之事物也」と深田は書いている。日本と中国では別々の事物である以上、それぞれの言語の語彙で表現すべきだという主張だった。『張州府志』の補訂を命じた深田への達にも、「張州府志之儀、元来漢文に認有之候付、和漢之時勢令齟齬事共相見候（中略）仮名交り之和文に取直候はゞ、便利にも可相成候間、右之通撰述仕候様との御事候」とあった[10]。

領内の地理、町村の現況、寺社、古蹟、人物などの事物を網羅し、記述する地誌（歴史地理書）の編纂は、尾張藩では元禄年間に始まる。その動きのおおよそがわかる史料が近松彦之進（尾張藩士、元禄十〈一六九七〉～安永七年〈一七七八〉）が書いた「尾張南方名所記序」（元文四年〈一七三九〉）である[11]。この名所記は近松が徳川宗春（第七代藩主）の知多郡巡覧に供奉したとき、和歌の名所を探索した記録である。

この「序文」によれば、元禄十一年（一六九八）第三代藩主徳川綱誠（泰心院、承応元〈一六五二〉～元禄十二年〈一六九九〉）が横井時庸、福富親茂、吉見幸和、天野信景、小出晦哲に地誌の編纂を命じた。福富は桶狭間古戦場跡や長久手古戦場跡に史蹟であることを明示する標石を建て、吉見は尾張東照宮の祠官・神道学者、天野は随筆『塩尻』の著者で、吉田神道批判の急先鋒として著名な学者だった。しかし綱誠の死去で事業は中断されることになり、草稿は城内に保存された。近松は各国の「好古の士」が「（編纂を）私になすハ潜（ママ）上不敬ならん」とし、しかも調べ尽くすことは不可能で、志ある者がいても断念してきたという。近松の「尾張南方名所記」も知多郡内の一部の名所に限られており、後世において「国志」が編纂されるさいの補足資料となればという思いから叙述したのであった[12]。

近松の「尾張南方名所記」のほか、十八世紀初頭の尾張藩には、天野信景の『尾張名所社閣記』（成稿年等不明）、伊董隋庸（船手代伊藤久兵衛）が元禄から正徳年間に領内を巡歴して古蹟名所を記した『海邦名勝志』（別名『尾張名勝志』享保七年〈一七二二〉序）があった。[13] その後、本格的な地誌『張州府志』が徳川宗勝（第八代藩主）の命を受けて、松平君山（秀雲、元禄十〈一六九七〉～天明三年〈一七八三〉）らによって編纂された。それからしばらくして、徳川宗睦（第九代藩主）は稲葉通邦に『張州府志』の補訂作業を命じ、その作業を受けついで、天保三年から深田・岡田啓・植松茂岳らが『尾張志』の編纂を行い、完成させたのである。[14]

深田は『尾張志』序文で事業の協力者として、岡田啓・植松茂岳・中尾義稲の三人の名を挙げた。深田は、自らは「稽査引拠之学」（考え調べて引用して拠り所にすること）に乏しく、また文章を磨いたり整えたりする才能に欠いているとし、三人の才能がその不足を補ったと感謝した。植松は才人で、言葉に発し筆を進めればそのまま文章となる。彼は編書や訓詁に通暁しており、学問に多年励み努めて来た人物である。また中尾は国学を好み、古書に通じており、岡田啓とともに多くの書物を博覧し、考証で根拠を明らかにした。深田はこのように彼らを評し、その功績は後世まで伝わるだろうと述べた。

細野は弘化二年（一八四五）に初めて岡田宅を訪問したが、その印象を「蔵書万巻の名、府下に高し、和学の考証家なり、古事来歴地理等を暗記す、一見識を主張するといふには非ず、諸家の非をあげて、其弁説滔々たり、古今の諸家を称するに頗る不遜なり」と書き残している。[15]「考証家」としての才能を認めながらも、他人の説をあげつらって満足するような不遜な性格を批判的に書き留めていた。また、『尾張志』や『尾張名所図会』の編纂も考証をめぐっての対立や文体の違いなど、内部での軋轢もかなりあったようだ。

二　天保会と同好会

深田は「天保会」という会を主催していた。天保改元の年に始めたことから、その名を付けたという。[16] 深田は「天地万物、人倫綱常、大小幽明、変幻奇怪」などあらゆる事物を記録し、後世に残すことを願っていた。門人であった細野が抄録した「天保会記」抄本六冊が残り、その巻末に識語（嘉永三年〈一八五〇〉十二月）を書いている。深田は友人や弟子に「雅俗古今」に拘わらず、その見聞した事柄を記録させた。抄本には、古文書や文献・法令などからの写し、多くの人からの聞書き、和歌の書き抜き、朝幕の儀式、祭礼などが載せられている。天保会で話題を提供したのは、石黒済庵・高木秀條・岡田啓・氷室長翁・深田精一・神谷三園らであった。[17] 朝廷の儀式についても詳しく、公家との関係も想定されるが、こうした点も含めてさらに天保会の実態は明らかにされる必要がある。

天保会とともに、幕末尾張藩の儒者・文人たちの交流を示す団体が同好会であった。万延元年（一八六〇）六月、同好会の同人たちはそれぞれの書画を揮毫し、表装して大きな掛物とした。揮毫したのは二三人の同人であっ

備　　考	A	B	C
後還俗し，上月興名を称す	○		×
文久２年７月21日歿		○	
致仕して伴翁を称す	○	○	
明治元年10月19日歿	×	○	×
致仕して要斎を称す	○		
慶応２年９月３日歿	○	○	
明治４年２月２日歿	○	○	○
万延元年７月13日歿			
致仕して遼山を称す，明治６年12月９日歿	○	○	○
	○	○	
明治４年６月23日歿			×
致仕して六之を称す	○	○	○
文久元年10月３日歿			
	○	○	
安政６年８月24日歿	○	○	没
明治６年７月28日歿	○	○	×
明治２年２月19日歿	○	○	×
明治２年３月21日歿			×
慶応元年３月18日歿	○	○	×

者。Aは『感興漫筆』第20巻240～241頁，Bは

表1　万延元年同好会書画叢出品者（細野要斎『感興漫筆』第21巻186〜189頁）

筆　名	出品	姓名等	字・通称等	身分・職
天笑	題額	釈円龍	字雲阿，号天竺花・月道人	尊寿院現住，権僧正
橘義雄	歌	奥田義雄	通称主馬・鉄太郎，号君川	千石以上寄合
柳斎老人	詩	水野良胤	通称伴右衛門，号柳斎	黒門頭
海城	歌	柴田博	通称龍渓，号海城・弘器，居号龍廼屋	寄合医師
要斎	詩	細野忠陳	通称為蔵	明倫堂典籍
允中	詩	首藤允中	字子和，通称柳右衛門	馬廻組
忠順	歌	長戸忠順	通称良太郎	徒新組鍬助男
岸鴻山	詩	岸上武綱	通称源八郎，号鴻山	書院番
啓	歌	岡田啓	通称六兵衛，号文園	明倫堂謁者
晋	詩	鏡島養昭	通称七郎右衛門	大番頭
栗斎	画	細野一得	通称原太郎	忠陳子
春江	画	小田切忠近	通称伝之丞，号春江，居号歌月庵	大番組
蛙頬斎	画	神谷克楨	通称喜左衛門，号三園	馬廻組
麦水	画	川崎茂春	通称六之丞	小普請組与頭
鈍阿	歌	平出亀寿	通称順益	医師(古今堂)
千虎	画	川崎千虎	通称源六	茂春子
雀巣庵	画	吉田高憲	通称平九郎，居号雀巣庵	大番組
芸里	発句	渡辺綱雄	通称善兵衛，号芸里，居号神仏庵	先手物頭支配浮人同心
正信	歌	水野正信	通称三四郎	大道寺家臣
碧海生	詩	尾崎忠愛	字子民，通称将曹	小普請組
穆叟	歌	林信善	通称茂右衛門	大番組与頭
忍斎	詩	都築泰義	通称安三郎，号忍斎	使番
梅居	画	野口道直	通称市兵衛，号梅居，居号汲古堂	下小田井村菜蔬市長

註　Aは安政3年6月13日，Bは同年7月23日，Cは安政7年5月13日の同好会。○は出席者，×は欠席
『感興漫筆』第22巻384〜385頁，Cは『感興漫筆』第21巻181頁，による。

た。この掛物は小寺玉晁が所蔵しており、小寺は明治維新後にこれら同人たちの出品と姓名・通称等を記録し、『連城叢書』に収録し、それを細野が書き写したのである[18]。小寺は『東西紀聞』、『連城漫筆』など多くの幕末風聞書の記録者として著名な人物である。万延元年の同好会に書画を揮毫した同人たちを表1に示した。なおA・B・Cは会が活発だった安政三年（一八五六）と七年の同好会参加者である。ここには岡田啓・小田切春江・神谷三園・水野正信・野口道直などもいるが、この表に名を連ねているのはいずれも尾張藩の「幕末文化」を担った著名な人物であった。

　細野によれば、同好会は天保年間に始まり、月一度の会合があり、二十数

年の積み重ねがあった。同好会には「修文練武之士」、「詠歌賦詩之客」、「琴棋書画之儔」、「逸居方外之侶」が集っていた。彼らは歴史・故実・書画などを持ち寄って、鑑定し、議論を交え、それぞれの識見を高めていったという。小寺はその足跡を後世に残すために、書画を貼り付けた軸物を作ったのである。

往古を慕う者、今を喜ぶ者、典故を探索する者、物品を鑑別する者が、伸び伸びと高談し、静かに聞き、あるいは奇書を繙き、新説を写す。人の心が同じでないように、求めることもそれぞれで異なっている。それぞれが事に従い、その感情に適うように、お互いが益を得て、その識見を高めている。この会が同人を広く包み込んで衰えない訳がここにある。異を好んでいるのになぜ同好会というのか。同人は多いが、善を好み、悪を好まない。好徳にして好色でなく、好倹にして好奢ではない。また好譲にして好争ではない。書物を蓄え、読み、買うことを好んで、書を売ることを好まない。（原漢文）

細野は和気あいあいとして、自らの興味をかなえようと、同人たちと交わりを重ねていた同好会の様子をこのように書いた。

細野がこの会に参加したのは、渡辺善兵衛を介してのことだったようだ。渡辺善兵衛[19]（寛政十二〈一八〇〇〉～明治六年〈一八七三〉）は、神仏庵・芸里・颪詠などと号し、通称は善兵衛、尾張藩の同心であった。俳諧・仏学を好み、長久手合戦の考証に熱心で、「長湫合戦大全」を編集せんとしたというが、人は彼を「畸人」だと見ていた。嘉永五年（一八五二）十二月九日、細野は渡辺宅を訪れ、古器物・古書画や多くの蔵書に驚くとともに、「近年好事の客、同盟、会をなす」という話を聞いている[20]。この「同盟」が同好会のことだろう。渡辺は毎月十二日を会日とし、野口道直、神谷喜左衛門、平出順益[21]、岡田啓、茜部伊藤吾、長坂小七郎、大島銅八、水野伴右衛門、清寿院、延命院などがその主要な参加者だった。

細野らは明治になって同好会を懐古する会合を何回か持っている。一八七八年（明治十一）、細野は「小寺玉晁老人尾陽太平記日記十二」を引用する形で「同好会盛なりし頃の記」を書いている。[22]そこでは安政三年七月二十三日の同好会に参加した二二名の名を上げている。表1の中に見られない人物で、他の年月でかならず参加している人物には、石原東一郎、小寺玉晁、長坂小七郎、太田一馬などがいる。細野によれば、同好会は安政年間がもっとも盛んだったという。安政三年には毎月、会が開催されていたようで、六月十三日は細野が亭番を勤め、善福院を借りて開催している。[23]七月の会は寄合奥田主馬宅で開かれ、小寺の他に、野口道直、小田切春江、水野正信（幕末風聞書『青窓紀聞』編者）など二十数名が集まった。[24]

三　野口道直の地誌調査

『尾張名所図会』の編纂に貢献した一人が野口道直（通称市兵衛、号梅居・汲古堂、天明五〈一七八五〉～慶応元年〈一八六五〉）であった。野口は幕末の尾張藩を代表する旺盛な知識欲を持った文人であり、春日井郡下小田井村で代々青物問屋を業としていた商人であった。野口の略歴と業績については、天保五年（一八三四）三月に開かれた野口の五十歳の賀宴に際して、深田正韶が書いた由緒書が重要な史料である。[25]

それによると、元和八年（一六二二）、初代尾張藩主の徳川義直が城北を流れる庄内川に枇杷島橋の架橋を命じ、道直の祖先、市兵衛（姓は菅原、氏は野口）に橋の警護を命じた。市兵衛はその経費として除地を与えられ、以後二一〇年余、連綿として続いている。野口家は藩初から続く由緒ある家柄だった。野口は国学を好んで、万巻の書物を蔵していた。著書として「六国史校本」、「宗祇法師伝」、「古今伝授集説」、「集外歌仙伝」、「群書一覧拾遺」、「群書年表」、「張州人物略誌」、「張州名勝詩歌集」、「連歌師系譜」、「梅居筆記」などがあった。また蔵書の内には古今伝授を中興した宗祇に関係した書画もあった。たとえば宗祇に古今伝授を授けた東常縁から伝えられた『古今和歌集』、道澄法親王が描いた宗祇肖像画である。野口は宗祇を慕い、自らも和歌・連歌を好み、各地を遊歴して「文雅風流」を楽しんだと、その文人としての姿を深田は書いている。

長年野口と深く交わり、死後遺族から墓碑の題字の揮毫を求められる仲であった細野は、野口の生涯を振り返り、「梅居、和歌をよくし風流好古を事とす、老て克壮、常に謂ふ、吾気力壮年に較するに少しも衰へず、吾は百歳の寿を保んと欲すと」と、その弛むことのない旺盛な活力を驚嘆するとともに、「好古の談」を交わせなくなった唯一無二の友人を失ったことを悲しんだ。(26) 死去する前月の慶応元年二月には、野口の老妻が細野を訪ね、「野口梅居翁八十一寿帖」への題言を求めた。前年九月から野口は起居できないほど重病となり、つながりが深かった人々が寄書した「寿帖」を編もうとしたのだった。細野は題言に次のように記した。幕末における文人生活の一端をうかがわせる内容で興味深い。

翁の家は代々青物問屋を業とし、豊かだった。つとに読書を好み、和歌を嗜み、また皇国の故事を探索し、古人の事蹟を訪ねた。古人の遺墨を慕い、奇書珍画を蓄蔵し、それらで収納箱は満たされた。時間ができれば、家を出て、名区旧蹤を探り、隠れているものや幽かなものを明らかにする功績は少なくなかった。老いてなお元気で、聡明さも変わらない。近年は松・竹・梅・蘭を窓際に植え、そこに石を置いて、五友と称して朝夕相対して、顔をほころばしている。風流好古の名は遠くまで広まり、訪れる人でいつも家は溢れている。翁は茶を入れ、酒を温めて、詩歌や文章を作ってやり取りをし、それによって解き放たれた人生を送っている。長生きと富、そして健康、好徳があるのは、修養と持って生まれた性質による。(原漢文)(27)

表2　野口道直紀行日記

日記名	紀行年月日	内容
わすれぬさきの覚書	天保9年8月24日	春日井郡玉野への紀行。
智多郡行日記	天保11年3月21日～4月1日	知多郡への紀行。
山口紀行草稿	天保12年9月	春日井郡山口村への紀行。
海西記行	天保13年1月15日，16日	小田切春江を同行した海西郡への紀行。元治元年11月13日付けの序文がある。「此八巻は大事にすへし」との奥書にある。
玉野行	文久元年3月28，29日	同行者は横山隆翁・児嶋正親，高蔵寺村から玉野村の名所・鹿乗ヶ淵へ行く。

細野は野口が植えた松竹梅蘭とそこに置いた石の五つの事物を、『書経』がいう人の五つの幸福（長寿、富裕、健康、徳を好むこと、天命を全うすること）に対照させつつ、野口の八十一歳を祝したのである。野口は故事・歴史上の人物の探索、考証に心身を捧げた。野口の書斎は「好古書屋」といい、これまた彼の歴史探究の精神を示すものだった(28)。これより先、野口の七十歳を祝するために、嘉永七年（一八五四）十月「野口道直七十寿帖」が作成され、これにも細野は「題言」を寄せ、年明けまで連日のように賀宴が開かれ、多数の人が野口宅に集まり、彼の文雅を通じて培われた人間関係を褒め称えた(29)。

『尾張名所図会』の編纂に参画し、細密な挿画にその能力を発揮した小田切春江もまた、編纂を共にしたということもあり、野口に深い関わりを持つ人物だった。野口の死後、上小田井村の問屋孫市（煙草商）は野口のために追薦会を開くことを計画し、小田切に協力を求めたことがあった(30)。追薦会の広告文の題言に文書を寄せた小田切は、「みやびの道の魁たりし梅居翁、壮きよりみ国まなびに心をよせ、倭歌の名どころを見めぐる事なん好めりしかば、吉野の春に杖を曳ては今のうつゝの色香を愛で、清見が関の秋に物して宗祇がむかしの月をしたふ、中頃尾張図会を撰びしより、老木の梅の芳ばしき名はをちこちに知られけるが、八十のとしなみ終にかへらず」と、風流を嗜む歌人、野口の死を惜しんだ(31)。

細野の題言にもあったが、野口は暇を見ては史蹟名勝を訪れて、「隠れているものや幽かなもの」を探り出そうとした。『尾張名所図会』の編集に加わってから、野口は領内見聞をたびたび行った。その調査記録がいくつか残されている[32]。ここではそれらの概要を紹介しておきたい。表2は名古屋市立博物館に所蔵されている「野口家資料」のうち、野口が調査に赴いた地の紀行文である。名所図会の編纂が始まった天保年間以降、野口は領内各地をたびたび訪れたことがわかる。

いずれの調査もごく短期なものであった。残されている紀行のうちもっとも古いものは、天保九年（一八三八）八月の春日井郡玉野村への紀行記『わすれぬさきの覚書』である。この紀行は「尾張名所図会を撰まむとて、深田精一ぬし小田切春江ぬしと来りて索捜しける一巻」と、文久元年（一八六一）の『玉野行』には記されている。その後、天保十一年から十三年にかけての『智多郡行日記』、『山口紀行草稿』、『海西記行』と続く。残された紀行日記が春日井・知多・海西の三郡に限られており、他の郡村への見聞旅行があったのかどうかわからない。しかし野口は紀行日記を大事にし、残そうとしたことは、『海西記行』を後に整理したときの奥書に、「此八巻は大事にすへし」と記したことに表れている[33]。また小田切春江にも領内調査の記録があった。安政五年（一八五八）十月、細野は小田切の廻村記録を閲覧し、「往年尾張志編集御用の時、闔邦の諸村を巡り、地理を検し、古跡を探り、神社の霊宝等を閲す、各村の里正及祠人寺僧より記して出したる数紙を集めて冊子となす、郡を以て分つ、惣計は百冊余に及ぶべし、他に類なき珍書なり[34]」と記しているが、残念ながらそれらの所在は不明である。

四　富永莘陽の『田幡志』

同好会の同人の一員として、野口道直の交友は広かった。表1のリストにはないが、富永正治（莘陽）もその一人であった。嘉永四年(一八五一)十二月三日夜、富永が野口を伴って細野宅を訪れている。これが細野と野口との最初の出会いで、その仲立ちをしたのが富永であった。(35)『尾張志』と『尾張名所図会』は尾張国全体を網羅する地誌であり、郡・町・村を対象とする地誌ではない。尾張藩に限らず、十九世紀日本の地誌はほとんどが領国の単位で編纂され、郡町村誌が出現するのは基本的には維新後を待たなければならない。

しかし、尾張藩領内で町村レベルの地誌が編まれなかったわけではない。たとえば『張州府志』の編纂主任であった松平君山は、編纂の過程で美濃街道清洲宿の実地調査を行って、『清洲志』を書き上げている。(36)清洲は織田信長の居城で、しかも城下町名古屋は清洲から町ごと移転して形成されたことから、君山はとくに清洲の歴史と「清洲越し」後の歴史について著述する必要があった。また同じ時期、著者不明だが愛知郡古渡村の歴史・寺社・古蹟などを記述した『古渡志』が編まれている(未定稿、宝暦十年〈一七六〇〉)。(37)幕末にも小寺玉晁が編纂した『杉村志』がある。(38)その草稿は嘉永六年にはほぼ完成し、細野もこれに協力したという。(39)ここでは細野が『清洲志』と比べて、その内容を高く評価した富永莘陽の『田幡志』を取り上げてみたい。

富永莘陽(文化十三〈一八一六〉~明治十二年〈一八七九〉)は、尾張藩国老石河氏の家臣富永春利の子として生まれ、名古屋城下から東北へ少し離れた春日井郡田幡村に隠棲して、読書や兵学研究に没頭した人物である。(40)名は辰、字は士龍、号は莘陽、経徳堂・兵性堂と称した。富永氏の祖先は伊勢国員弁郡長深《ながふけ》の城主だということで、氏を長深と改め、さらに神墨梅雪と姓名を改めている。佐藤牧山の「神墨梅雪先生碑」によれば、「天資質直耿介(堅く志を守ること)、利のために回らさず、威の為に屈せず、門人知友の外、絶えて相接せず、門を杜じて書を読む」と真摯に学問に向かう姿勢を評した。富永は儒学、史学、仏教、老荘、稗史、雑著などあらゆる書を読んだという。王陽明に傾倒し、「楠公の兵法を善くし、之を田中寅亮に受く、嘗て居室を造り、八陣の法に模す、衆之を異とす、後八陣図衍義

一百巻を著す」と、田中寅亮に教えを受けた軍学者としてその奥義を究めんとした人物だった。(41)

細野はそのいきさつはわからないが、富永と深い交流があった。細野は嘉永六年九月、富永の随筆『糞土牆』（「糞土牆」とは『論語』にある言葉で、腐った土でできた土塀のこと、役に立たないことのたとえ）に題言を寄せた。(42)細野はそこに「博渉群書、初喜正伯安之風、後専談兵、余二十余年来之旧識也」と書いているから、天保初年ごろからの知り合いだった。群書を渉猟し、「伯安」（王陽明）に傾倒したものの、後には兵学を談じたという。また、細野の『諸家雑談』によれば、弘化三年（一八四六）には富永からアヘン戦争の話を聞いている。(43)嘉永三年（一八五〇）には、平田篤胤の『出定笑語』（文化十一年〈一八一四〉成立の仏教批判書）の評判や「軍法は甲越の二家に尽たり」といった軍法の話を聞いている。(44)このように富永、野口、細野の三人は古書籍・名筆などへの同好者として付き合いが深く、(45)また彼らはたびたび名古屋郊外を遊覧しており、地域の歴史地理への関心を強く抱いていた。(46)

富永は田幡村に隠棲していたのだが、政治の動向にまったく無関心であったわけではない。ペリー来航直後、富永は「奇材」の登用、武士土着、農兵の徴発、城郭の改築、硝石の生産、砲術の振興、仏具鋳換えによる銃器への転用、官吏の淘汰、風俗統制、英材教育、社倉の設置、僧侶の還俗による利用など、軍備強化・人材登用・仏教統制を通じた藩政改革の主張を抱いていた。(47)しかし富永は攘夷をすぐに実行できるとは考えておらず、当面は開国通商するほかなく、その間に軍事力強化はもとより、船艦建造による航海策の実施、万国との通商、世界情勢の観察、民力の強化などによって「新日本国」を作りあげることが必要だと主張した。富永は楠木正成の軍学を極めようとした軍学者であり、軍法の点から「西洋之戦法」の採用を必至と見ていた。(48)そしてこうした国家政策の決定に当たっては天皇が宗廟社稷に奉幣し、神慮を伺うべきだと提案した。

「神墨梅雪先生碑」にも、「志節凛然、尤も大義名分を重んず、山中に屏迹すと雖も、世を憂ふるの念、至誠に発す」と、その志のあるところを表し、「長剣円笠、時に山中を往来して、西望慨然として皇威の振はざるを嘆き、而して東顧して或ひは蝦夷の王化に沾《うるお》はざるを惜む」と、天皇の威光が四方に及んでいない現状を憂慮したとある。藩主徳川慶勝にもその才能は聞こえていたが、たびたび出仕を促されたものの辞退したという。

『田幡志』は富永が安政四年（一八五七）に成稿した、自らが隠棲していた田幡村の地誌である。(49) 田幡村は名古屋城の東北、北部を流れる大幸川や庄内川から水を取り入れた「御用水」の北にあった村である。安政三年六月にはほぼ完成したと思われ、(50) 稿本を細野に見せ序文を要請していた。『田幡志』の編集に協力した人は富永の門人で、「受業生補助姓名」として四人の名前が本文最後に記されている。加藤忠恕・戸田滋徳・水野彦俊・鈴木秀真であるが、これらの人物の経歴等は不明である。細野は八月付の序文を書いている。

地志を著すことはたいへん難しい。なぜかというと、山川の状態、城市の沿革、名区旧址、人物事蹟は、心に思っても測ることはできないし、また理で推し量ることもできないからである。かならずその地に足を運び、その後記述することができる。そうでなければ言葉を飾り、それが巧みだといっても、記述は半ば虚妄となる。司馬遷以来の史家はかならず自ら会稽（浙江省紹興の山で夏王朝の祖である禹貢の遺蹟）に上り、禹穴を探り、汶泗（山東省の河）を渉り、梁・楚（いずれも戦国七雄時代の国）の地を過ぎ、その後筆を起こした。皇国の地志は風土記が残闕となって以来、各国の典故文物は不明となり、識者はひそかに嘆いている。天下一統以降、往々風土記を編輯する者がいた。我が尾張には文士が相次いで現れ、編纂された書物も多い。藩命で風土記を撰述したものには、松平君山の張州府志、私の先生である深田正韶の尾張志があり、いずれも永遠に残る書である。しかし、それらが記述することは大なる事柄のみで、微細な事柄をもらさないといっても、それらは編書の中心ではない。他方、家々の私録、人々の手編はかえって詳密である。清洲志や古渡志がそうしたものである。地志はかならず大なる事柄を記述し、また小なる事柄を記述することもある。彼是を照らし考えて、その後完全さを得ることができると、私は思う。私の友人、莘陽隠士が著した田幡志は、村名の起源から始め、神祠仏宇、城墟宅址、人物産物、奇事怪譚に至るまで、記述すべきものはすべて登載した。隠士は田幡に生まれ、成長し、田幡で書を読み、兵学を講じた。門人知己の他、俗客と交わることを喜ばず、風香り晴れた日には長剣を背負い、円笠を被ってゆったりと思いのままに逍遥した。余暇には門を閉じて書を著し、まさに一生を田幡で終えようとしている。この編を成すに当たって、行李を持たず、脚力を要することもなかった。幼いころから見聞して疑いない事柄が採録されている。これまで有志の士でその地に居住して土地の事を記した者に莘陽に如く者はない。難しいことも易しく語り、妄りに記述した事柄もない。まとめて編をなせば、巨細は兼ね備わり、本末も明らかで、後世に残すものとして大なるものである。この書は実にその嚆矢である。（原漢文）(51)

地誌は地域に存在する事物を実地に見聞することによってのみ編纂が可能であるのだが、実際には細大漏らさずそれらを記述することは不可能である。尾張藩が編纂した『張州府志』、『尾張志』の記述に比べて、私的に編纂された地誌はもとより詳密である。田幡に生まれ、隠棲していた富永であったからこそ、村名の起源、神祠仏宇、城墟宅址、人物産物、奇事怪譚に至るまで漏らすことなく記述することができた。『田幡志』の構成、記述された事柄と引用書目・史料を表3に示した。上巻の内容は『張州府志』や『尾張志』、あるいは文政五年に大代官樋口好古が編纂した『尾張徇行記』の項目と特に相違があるわけではない。しかし『田幡志』の特徴は下巻の内容にある。細野が言ったように、村に居住するだけあって、古蹟・人物・雑事は領国全体の地誌には見られない内容が記述されている。

しかも富永は、「臍石」、「河太郎」、「怪火」など村内の奇談・怪異譚などにも筆を割き、詳しく記述していた。富永には『尾張霊異記』という著作もある。(52)それは「邦内近世之奇譚」、人々が身近に見聞した逸話を編集した書であ

表３　『田幡志』の構成と内容・引用書目

構成	上巻	郡村の沿革	春日井郡，山田庄，田幡村
		村高・戸口数	553石９斗５升２合(尊寿院領)，田畑43町３反５畝４歩，家数55軒，人数383人(男202人・女181人)，馬４匹
		神社	多奈波多神社，山神社，豊川大明神祠，天王社，天道宮，八幡宮
		寺院	林泉寺，西来寺，釈迦堂
	下巻	古蹟	古城蹟，蓮花寺墟，狐塚，ナミタ塚，柳海道，釈迦堂之墟，東高寺之墟，見野堂之墟，炮烙町，西塔坊墟，薬師堂ノ墟
		人物	柴田七蔵，柴田七左衛門，原田野竹，幸田□太郎，開田和尚，山椒彦治，立川充村，阿七女，瘤平四郎，老農久右衛門
		雑事	御用水，掘出古金(元禄金)，迷語《ナゾ》，雩《アマゴイ》，健脾丸・両仙丸(田幡村富永氏家伝薬)，臍石，河太郎，怪火，大根・茄子
引用書目	尾張関係	『尾張地名考』(津田正生)，『本国神名帳集説』(天野信景)，『尾張古城志』(同)，『尾張御系譜』，『尾濃古城録』，『正事記』(津田房勝)，『政秀寺記』，『張州府志』(松平君山)，『張州志略』，『桑土録』(富永幸陽)，『宝永古記録』	
	古代書	『和名類聚抄』，『新撰姓氏録』，『古語拾遺』，『万葉集』，『延喜式』	
	宗教書	『倭姫世記』，『類聚神祇本源』，『西来寺々記』，『神名記』，『雑例集』，『呪詛調法記』，『読誦法華用心抄』，『荊叢毒蘂』(白隠和尚)	
	史書	『信長記』，『春日山日記』，『景矩先生物語』(藤原景矩)，『武家叢談』，『武教全書』，『白石手簡』(新井白石)	
	地誌	『河内名所図会』，『越後名寄』，『古城記』	
	随筆	『塩尻』(天野信景)，『既勒随筆』，『玄同放言』，『閑田次筆』，『近来世珍録』，『鉏雨亭随筆』(伊勢国東聚伯頎)，『昔噺』	
	文学書	『惟然坊句集』，『古今相伝抄』	
	中国書	『国史補』，『春秋伝』，『水経』，『荊州記』，『群芳譜』，『海篇』	
	その他	『迂辛略』，『貴札帖』，『裏沔記』，『華夷珍玩考』	
引用史料	上巻	林泉寺	林泉寺梵鐘銘，花源斎泥亀墓
		西来寺	天保７年９月西来寺書上，西来寺梵鐘銘，西来寺開祖百津和尚行由(宝暦12年10月)
	下巻	薬師堂墟	鵜飼氏筆記
		立川充村	立川氏紀事

る。安政二年（一八五五）八月の富永（「兵性堂主人」）の自序があり、『田幡志』とほぼ同じ時期に完成した。『尾張霊異記』はおそらく天保年間に著された『近来世珍録』（著者不詳）という書物からの引用が多い。この書のほかに、加藤磯足編『河の辺の翁物語』（文化二年〈一八〇五〉十一月自序）から引用した話もいくつか含んでいる。(53) 加藤が美濃国北方村で若い人に「ふる歌のとけがたき」ことを教えていたとき、立木助央という村民が京都で聞いたことを書き付けておいたものが『河の辺の翁物語』であった。この書は一七話からなり、亡霊、蛇娘、変性女子、椀貸し伝説、鯉の滝登りの図の話、親の仇を討つ話、野間大坊の血池の話など、怪談・奇談・霊異の話が掲載されている。富永はこの加藤磯足とつながりがあり、彼の影響を受けたと考えられる。そうした点も含め、『田幡志』の記述内容の検討、他の地誌との比較については、今後の課題としておきたい。

むすびに

尾張藩の文化的指導者であった深田正韶の行動や思想、儒者・文人の地誌調査や編纂の手法、あるいは記述内容の比較検討については、本章では今後の課題として残さざるを得なかった。この他にも尾張藩の「幕末文化」を考えていく上で、解明すべき課題がいくつかある。

深田は尾張藩の文化的指導者として評価できるだけではなく、幕府や朝廷とも関係を持った人物であった。深田は公家の日野家から古今伝授を受けた高木秀條に歌学を学んだ。古今伝授とは、鎌倉時代以来朝廷に伝えられ、近世初頭には細川幽斎、八条宮智仁親王、後水尾天皇を経て、烏丸光広など公家へも伝授された正統歌学であった。深田は「歌は日本の礼楽」とし、みずからも「古今伝私説」を著すほど古今和歌集へ傾倒した。(54) この古今伝授は尾張徳川家にも受け継がれていた。第二代藩主徳川光友は灰屋紹益から古今伝授を受けた。灰屋は寛永文化を支えた京都町衆の一人で、後水尾天皇や本阿弥光悦ともつながりがあり、烏丸光広から古今伝授を授けられた(55)。その後、尾張藩家臣の近松彦之進は古今伝授が断絶することを恐れ、徳川吉通に伝授したという(56)。

こうした尾張藩の歌道の伝統において、深田は特筆されるべき存在だった。深田は天保十四年(一八四三)春、第十二代藩主徳川斉荘から和歌の奏進を命じられた。斉荘は側用人横井孫右衛門を通じて、和歌に心がけのある家中や領民・寺社に対しても差し出すように促した。そして編集を深田や植松茂岳など七人の藩士に命じた(57)。さらに注目されるのは、深田の和歌は仙洞御所へも進上されていたことである。天保十一年(一八四〇)は神武天皇即位から数えて二五〇〇年に当たっていた。これを祝った和歌が光格上皇へ進上されたのである(58)。また深田は朝廷や京都で開かれた和歌会の歌を集め、あるいは和歌会へ歌を寄せ、それらを『天保会記』に収載していた(59)。幕末尾張藩では藩主が主催した和歌会はくり返し開催され、深田もそうした和歌会の中心にいた。尾張藩主は徳川将軍家の和歌会ともつながっており、朝廷・幕府・藩で成り立っている和歌文化を支える一人として深田もいたのであり、こうした幕末和歌文化の検討は今後の課題の一つである。

幕末尾張藩の和歌文化は武家だけではなく、町人や農民にも広がりを持っていた。小田切春江は『名区小景』を編集し、弘化四年(一八四七)五月に出版した。これは小田切が一五〇人を超える諸家の詩歌・連歌・俳句を集め、自ら図画を添えて、完成させたものである(60)。儒学者や国学者以外に、尾張藩の洋学者で軍事改革の主導者の上田帯刀、医学館の医師浅井董太郎らがここに入っていることも注目される。しかしこのことに加えて、この『名区小景』に作品を収載された文人に在野の町人・農民が多いことが特徴だろう。こうした在野の文人たちの存在を尾張の「幕末文化」の中にどのように位置づけるかという問題がある。たとえば海東郡万場村の庄屋、小出定吉(聚斎)は深田正韶の弟子で、細野や野口らと交わりを持っていた人物だった。小出は兵法や勧農策にも見識が深く、また元治元年（一八六四）には藩校明倫堂でも周易の講義を行っていた(61)。細野は慶応二年（一八六六）五月、小出の身分引立てを求めた願書を藩庁に提出した(62)。学問はもとより農政上にも功績のあった、「辺土普通之学者」とは違う小出への褒賞を要請したのである。小出以外にも学問や治政、つまり政教に秀でた文人が尾張領内にはいた。

最後に指摘しておきたいのは、尾張藩の「幕末文化」を支えた儒者・文人たちは、多量の古書画・文献などを収蔵していたということである。では、そうした遺産はどのようになったのだろうか。深田が死去したのは嘉永三年（一八五〇）のことだったが、万延元年（一八六〇）春にはその蔵書は古書市場に出ており、小沢長次郎という人物がその遺書の半分を書肆永楽屋和助から購入していた(63)。また翌文久元年三月にも、永楽屋は深田家歴代の蔵本六七編八四冊を売りに出し、これを細野が購入していた(64)。細野もまた数多くの和漢の書物を所蔵しており、それらは『要斎書目』(65)として目録化されており、蔵書の規模がわかる。野口道直も蔵書家として当時よく知られており、細野も死去直後の慶応元年（一八六五）六月野口家を訪問し、書画などが分配されたことを確認していた(66)。このときの細野の抱いた感想は興味深い。

平生愛玩せし書画珍器、已に多く人に頒ち与へたるよしなれど、猶遺れるも多し、梅居、壮年より老年に至る迄、刻意収蓄し、只一己に秘蔵して人にも見せず、況や借す事をや、然るに歿後墳土未乾に、其愛玩する所のもの已に散ず、これを喜んで貪り求むる者も、数尽れば亦他人の手に伝ふべしと思へば、珍玩奇貨もついの益にはならず、寡婦が出し示せる書画幅をこゝに記す、画幅は多く家に蓄ふといへども、他に散しとみゆ、遺れるは珍奇なるはなし

生前の野口は鋭意書籍を集めた。その蔵書の一端は『新続群書類従目録』(67)に示されている。しかし野口は蔵書を秘

蔵して他人に見せたり、貸与することはなかったという。しかし死去直後には分散してしまった。蔵書も「数尽れば亦他人の手に伝ふべし」という細野の感慨をどのように理解すべきだろうか。維新後、細野も参加していた同好会はすでに多くの同志を失っていたが、そうした同志を追悼する追薦会も開かれていた。一八七六年（明治九）四月六日、名古屋袋町延命院で開かれたこの会合では、同好会の有志が古器古物類を携え来会し、席上に陳列して、亡き同志を追悼した。[68] 新しい文明開化の時代が急速に進む中での会合であったが、天保期から数十年間の同好会の活動とその学問的蓄積は、その後どのような形で継承されていっただろうか。それは尾張藩の「幕末文化」の解体がどのように進んだのかを考えることにつながる興味深い課題である。

註

（1）林屋辰三郎「幕末期の文化的指標」同編『幕末文化の研究』岩波書店、一九七八年。

（2）細野要斎『天保会記鈔本』名古屋叢書三編第十三巻、名古屋市教育委員会、一九八七年、三五六～三五七頁。

（3）細野については、市橋鐸『細野要斎年譜』名古屋市文化財叢書第三十二号、一九六三年、山田秋衛「細野要斎小伝」『名古屋叢書』第十九巻、名古屋市教育委員会、一九六〇年所収、による。

（4）以下、深田家および正韶の略歴については、『名古屋市史』人物編第二、川瀬書店、一九三四年、一九五～二〇〇頁、細野要斎「香実深田先生紀徳之碑」（奥村定義『松濤棹筆（抄）』下巻、名古屋叢書三編第十巻、名古屋市教育委員会、一九八四年、三八〇～三八一頁）、細野要斎『感興漫筆』第二十二巻、名古屋市教育委員会、一九六二年、一五七頁による。

（5）尾張藩における垂加神道の系譜は、闇斎―正親町公通―玉木正英―堀尾秋実（尾張人、秀斎）―高木秀條―深田正韶へと継承され、さらに深田から細野要斎へ伝授された（前掲『松濤棹筆（抄）』下巻、三七二～三七三頁）。細野は天保十二年二月、深田の門に入り垂加神道の講義をはじめて聴き、「誓状」二通を授与された。その後弘化二年八月、細野は「神道極意私考」を著して深田へ呈している。さらにこの年十二月には神道奥秘の伝授が終了したとして、霊号の免許を得た。深田は天児屋根命に始まる垂加の道統の「六十伝」に位置していた（『感興漫筆』第十九巻、名古屋市教育委員会、一九六〇年、二八、五九、六一、七三頁）。

(6) 前掲『天保会記鈔本』三六〇〜三六一頁。
(7) 前掲『天保会記鈔本』三八六〜三八七頁。
(8) 前掲『天保会記鈔本』二二六頁。
(9) 『尾張志』国立公文書館所蔵本による。
(10) 前掲『天保会記鈔本』五三〜五四頁。
(11) 前掲『松濤棹筆（抄）』下巻、一〇八〜一〇九頁。
(12) 地誌は官撰であるべきだという原則に加えて、近松は日本における風土記編纂の歴史に触れている。和銅と延長の両度撰進が命じられた古風土記であったが、乱世の中で湮滅し、わずかの残編が残るのみであった。しかし「我尾張のことき八一小冊遺ぬ」と、「尾張風土記」の残存に言及した。近松自身はこの「尾張風土記」の写本を所持しており、幕府が風土記調査を行った際に上程したと書いている。「尾張風土記」は尾張藩内に写本の何本かが伝来している。尾張藩における古風土記への関心は寛永十一年（一六三四）七月、出雲国の日御碕社へ「出雲風土記」を奉納した由緒から生じたと考えられる（前掲『天保会記鈔本』六六〜六七頁）。なお「尾張風土記」写本の問題については後考を期したい。
(13) 『松濤棹筆（抄）』上巻、名古屋叢書三編第九巻、名古屋市教育委員会、一九八四年、一二二〜一二三頁。伊董随庸「海邦名勝志序」（享保七年五月）によれば、伊董は幼少のころから多病で、閑暇には保養し、また古蹟山水を訪れる癖があった。元禄中から正徳に多年各地を巡歴し、その所の濫觴を尋ね、家に帰って記述した。城郭・神社・仏閣・名跡・霊地・山川・人物・土産など各郡ごとに分かち四巻となしたとある（内閣文庫本『尾張名勝志』による）。
(14) 尾張藩の地誌編纂については、羽賀祥二『史蹟論』名古屋大学出版会、一九九八年、三九〜四一頁参照。
(15) 前掲『感興漫筆』第十九巻、九〇頁。細野『葎の滴諸家雑談・家事雑識』名古屋叢書三編第十二巻、名古屋市教育委員会、一九八一年、八六〜八七頁。
(16) 前掲『天保会記鈔本』四一頁。
(17) 蟹江和子「解題」前掲『天保会記鈔本』五〜一四頁。
(18) 『感興漫筆』名古屋叢書第二十一巻、名古屋市教育委員会、一九六一年、一八四〜一九〇頁。
(19) 前掲『名古屋市史』人物編第二、四一三〜四一四頁。渡辺は古書画や古銭の収集家であり、藤原貞幹『通用銭譜』（天保九年

序）を出版した（『感興漫筆』名古屋叢書第二十巻、名古屋市教育委員会、一九六一年、八六頁）。

(20) 前掲『葎の滴諸家雑談・家事雑識』一四一～一四二頁。

(21) 神谷と平手について細野は次のように書いている。「喜左衛門書を好て万巻を蔵す、一室中四面尽く書なり、其中に坐して昼夜奇書を写す、今夜同来会する医家平出順益といふ人あり、此人亦読書を好んで貯蔵多しと云、今月十六日神谷・小寺と共に此人を訪ん事を約す」（前掲『感興漫筆』第二十巻、四四頁）。

(22) 前掲『感興漫筆』第二十二巻、三八四～三八五頁。

(23) 前掲『感興漫筆』第二十巻、二四〇～二四一頁。

(24) 「同好会盛なりし頃の記」『感興漫筆』第二十二巻、三八四～三八五頁。

(25) 深田正韶『野口道直五十宴由緒書』名古屋市博物館所蔵「野口家資料」五五〇―二―二四。

(26) 前掲『感興漫筆』第二十二巻、八二頁。

(27) 前掲『感興漫筆』第二十二巻、八〇～八一頁。

(28) 前掲『感興漫筆』第十九巻、四〇九頁。

(29) 前掲『感興漫筆』第二十巻、一六九～一七一頁。

(30) 前掲『感興漫筆』第二十二巻、九八～九九頁。

(31) 野口がいつ桜の名所の吉野を訪れたのかはわからない。「風流好古」の文人としての野口は、自らの周囲にも桜を植樹しようとした。尾張藩は弘化二年春、枇杷島の庄内川堤に桜樹を植えることを許した。多くの人が植樹を行ったが、深田正韶もわざわざ吉野から桜の苗木を取り寄せて、野口の居宅の裏手にその苗木を植えるよう依頼した。深田はそのとき野口に「花守」になれと戯れに言ったという。その後枇杷島堤はもちろん城北の庄内川堤は桜の名所として、料理茶屋もでき、また物真似などの芸人も集まる繁華の地、多くの人々の遊覧の地となった（前掲『天保会記鈔本』二八二～二八三頁）。

(32) 『わすれぬさきの覚書』名古屋市博物館所蔵「野口家資料」五五〇―二―一二、『智多郡行日記』同上五五〇―二―一三、『山口紀行草稿』同上五五〇―二―一四、『海西記行』同上五五〇―二―一五、『玉野行』同上五五〇―二―二一。

(33) なお「野口家資料」には『尾張名所図会』の四点の草稿が現存している。『尾張名所図会　草稿』（「尾張名所図会　一　海東郡之部」天保十一年七月）、『尾張名所図会　後編草稿二』（天保十四年四月、春日井郡・丹羽郡）、『尾張名所図会　草稿』（「名所図会入句」）、『尾張名所図会　草稿』である（名古屋市博物館所蔵「野口家資料」五五〇―二―二五―一〜一二）。これらの草稿にはかなりの修正の跡が確認でき、編纂過程を知ることが可能である。

(34) 前掲『感興漫筆』第二十一巻、二一頁。

(35) 前掲『葎の滴諸家雑談・家事雑識』一三五頁。

(36) 前掲『史蹟論』一四〇〜一四二頁。

(37) 『古渡志』「名古屋市史編纂資料」一三―二一二・二一三（名古屋市立鶴舞中央図書館所蔵）。この書名は名古屋市史編纂時、写本が作られたさい、『尾張国事雑艸』という原題を改めたものである。

(38) 『杉村志草稿』「名古屋市史編纂資料」一三―一三〇（名古屋市立鶴舞中央図書館所蔵）。

(39) 前掲『感興漫筆』第二十巻、七一頁。この前年の十一月二十一日、細野は東杉村にある小寺玉晁（広路）宅を訪問している。細野はこのときが初見であったらしく、その人となりについて、「広路は和の叢書類に心を用ひ、写蔵する所の書夥し、連城亭随筆・続学舎叢書等あり、板行の寺社縁起類其外小冊なる頒行の物をあつめ、綴り題して堂中杖と云、又片紙といへども板に摺たるものは、菓子箱の題名に至るまで、古今の諸品をあつめてこれを一紙に貼し、綴りて数十冊とす、冊の大小数種あり、又書簡袋をまとめて貼して冊となしたるあり、其心を用ひたる事、数十年の功を積たりとみゆ、好事の一畸人といふべし、戯作類の古版本をも蔵す、其外古写本も数品あり」と記している（同上書第二十巻、二七〜二八頁）。

(40) 富永については、市橋鐸「解説」（名古屋叢書第二十五巻、名古屋市教育委員会、一九六四年、六〜一一頁）による。市橋は佐藤牧山の書いた「神墨梅雪先生碑」を引用しつつ富永略伝を書いた。また名古屋市役所編『名古屋市史』人物編第二、川瀬書店、一九三四年、三四二〜三四三頁を参照。なお、「神墨梅雪先生碑」は『牧山楼文鈔』（辰巳守他編、一八八一年）に所収、早稲田大学古典籍総合データベースによる。

(41) 隠遁者であった富永には著作が少なくない。『尾張古今人物誌』、『尾張霊異記』、『雑史篗註』、『経徳堂誌』、『田幡志』、『糞土牆』、『八陣図衍義』、『昌平珠林』などである（市橋前掲「解説」）。

(42) 前掲『感興漫筆』第二十巻、九一頁。

(43) 前掲『葎の滴諸家雑談・家事雑識』九六頁。

(44) 前掲『葎の滴諸家雑談・家事雑識』一二六、一二八頁。

(45) たとえば嘉永六年二月二十三日、細野は富永宅を訪問し、その後城西の表具屋嘉左衛門の店に同行して、朱子の書の墨刻本などを買得する約束をし、また和歌の歌切など「古墨蹟脱簡」を買っている（前掲『感興漫筆』第二十巻、六〇頁）。

(46) 前掲『感興漫筆』第二十巻、七七〜七八、一二四〜一二七、一七九〜一八〇、一八二〜一八七頁。

(47) 嘉永六年八月「献策」前掲『感興漫筆』第二十巻、九二〜九三頁。

(48) 前掲『感興漫筆』第二十巻、一七一〜一七三頁。

(49) 長深子龍（富永莘陽）『田幡志』（愛知県図書館所蔵）。

(50) 前掲『感興漫筆』第二十巻、二三九頁。

(51) 前掲『感興漫筆』第二十巻、二四九〜二五〇頁。

(52)『尾張霊異記』名古屋叢書第二十五巻、名古屋市教育委員会、一九六四年。

(53)『河の辺の翁物語』名古屋叢書第二十五巻、名古屋市教育委員会、一九六四年。「河の辺の翁」とは加藤のことで、俗称七右衛門、美濃街道の起宿の本陣役を務めていた。本居宣長・同春庭門の歌人で、また『土佐日記』の注釈書『校異首書土佐日記』という書を著している（延享五〈一七四八〉〜文化六年〈一八〇九〉、前掲『名古屋市史』人物編第二、一一二〜一一三頁）。

(54) 前掲『天保会記鈔本』一六〇、一六五〜一六六、二一六〜二一八、二二四〜二二六頁。

(55) 前掲『天保会記鈔本』九七頁。

(56) 前掲『天保会記鈔本』一一六頁。近松彦之進（茂矩、練兵堂）は十八世紀初頭の家臣で吉通に近侍、武道・神道に通じた。吉通の遺訓「円覚院様十五ヶ条」をまとめた（前掲『名古屋市史』人物編第二、七四〜七五頁）。

(57) 前掲『天保会記鈔本』一七三〜一七四頁。

(58) 前掲『天保会記鈔本』二四八〜二五〇頁。深田の朝廷和歌への見解をうかがうものとして、「香実先生和歌伝来」という記事がある。そこでは「御歌所芝山中納言持豊卿、右香実先生、此卿の御門人なり、後江戸に在りて、武者小路徹山殿、実蔭公の孫也、右の伝を受、徹山殿の伝は地下に未だ降らざるもの也、香実先生曰、今古学と称する和歌者流は、違勅の罪遁るべからず、余は堂上家の風を慕ふ也、今の古学家は堂上家風を誹る、香実先生の家に、細川幽斎の伝受物多くあり、初学は新続題林和歌集を用ひてよむべし、此一部あれば何の歌にてもよむべし」とある（前掲『葎の滴諸家雑談・家事雑識』八六頁）。

(59) 前掲『天保会記鈔本』二八九〜二九一、二九三頁。

(60) 前掲『感興漫筆』第十九巻、一〇〇、一〇三〜一〇七頁。浄書したのは、上巻が梶原昭豊、下巻が杉本良承でいずれも『尾張名所図会』の浄書も担当した。
(61) 前掲『感興漫筆』第二十二巻、七一〜七二頁。
(62) 前掲『感興漫筆』第二十二巻、一二一〜一二二頁。
(63) 前掲『感興漫筆』第二十二巻、八三頁。
(64) 前掲『感興漫筆』第二十一巻、二八六〜二八七頁。
(65)『要斎蔵書目』国立国会図書館所蔵（近代デジタルコレクション http://dl.ndl.go.jp/info:ndljp/pid/2540030）。
(66) 前掲『感興漫筆』第二十二巻、九〇〜九一頁。なお野口の蔵書については、高木浩明「刈谷市中央図書館村上文庫所蔵野口道直旧蔵書目録」（『書物・出版と社会変容』十五、二〇一三年）を参照。
(67)『新続群書類従目録』名古屋叢書第二十五巻雑書編（二）、名古屋市教育委員会、一九六四年所収。
(68) 前掲『感興漫筆』第二十二巻、三五四〜三五六頁。

あとがき

羽賀祥二先生は、二〇一八年三月に名古屋大学を定年退職される。先生は、一九七一年に名古屋大学に入学され、大学院に進学した後、一九七九年四月に京都大学人文科学研究所の助手に就任された。一九八八年四月から一九九四年三月まで立命館大学文学部で教鞭を執られた後、同年四月から名古屋大学文学部に助教授として戻ってこられた。一九九八年に教授に昇格され、二〇一〇年からは学部長・学科長を二年間務められた。立命館時代も含めると三〇年間におよぶ教員生活であった。

羽賀先生が退職される二年前、同じ名古屋大学日本史学研究室で中世史がご専門の稲葉伸道教授が定年を迎えるにあたり、記念論集の編集が進められていた。それに続けとばかりに羽賀先生の退職記念論集について、石川寛・関口哲矢・河西秀哉の三人が打ち合わせをはじめたのは二〇一五年の春ごろであった。その後、堀田慎一郎さんに相談に乗っていただき、山田裕輝さんにも手伝ってもらい、五人が呼びかけ人となって準備を進めた。また、稲葉論集の呼びかけ人の一人であった小久保嘉紀さんには、刊行に向けてのノウハウを教えていただいた。羽賀先生へは二〇一五年十一月に論文集を刊行したい旨を伝えた。先生がどのような反応を示されるのか見当が付かなかったので少々緊張したが、お酒が入っていたせいもあったのか、意外とあっさりと、そして少し照れながら「よろしくお願いします」とご了承いただいた。

さっそく先生のご指導を受けた方々に呼びかけたところ、多くの方からご賛同を得ることができた。また宗教史学の分野で親交の深い林淳氏、羽賀先生とともに名古屋で近現代史研究会を立ち上げられた後藤致人氏、立命館時代からの教え子である岸本覚氏にもご寄稿いただいた。

本書の刊行にあたっては、先生の数ある研究テーマのなかから「歴史意識」と「地域社会」をキーワードとして選定し、寄稿を呼びかけた。収録した各論文はその賜物である。集まった論文は、キーワードを各執筆者の専門領域に引きつけて書きおろされた力作ぞろいである。個々の内容は、先生が「序」で的確にまとめていらっしゃるので参照されたい。

その力作に対し、先生は容赦のない駄目出しをおこなっていく。執筆原稿が届く前に打ちあわせの機会をもったとき、先生は「時間がかかっても内容が第一」という趣旨のことをおっしゃっていた。その言葉通り、先生はお忙しい中、各氏の論文をじっくりと読み込み、達筆な字で紙面狭しと縦横無尽にコメントを書き入れられた。コメントを入れることによって、寄稿者と真剣勝負をしていたのだと思う。そればかりではない。直接、研究室で「ご指導」を賜った方も複数人いた。妥協を一切許さない姿勢はご退職まで変わらず、その熱意に押されるかたちで編集業務が加速していったといってよい。

たいへん多くの方々に寄稿いただいた結果、二分冊という形態で発刊することになった。集まった論文を二つのキーワードに従って分けてみると、どちらにも偏らずバランスよく集まっていた。「あなたは『歴史意識』をテーマに書いてください」といった指定はまったくしていないのに、である。羽賀先生の影響力は、こんなところにまで及んでいるのか、と驚嘆する出来事であった。快くご寄稿いただいた皆様には、心よりお礼申し上げる。

出版事情の厳しいなか、本書の刊行を引き受けて下さった吉川弘文館にはとくに感謝したい。なかなか完成原稿が提出されないなか、辛抱強く催促をして編集してくださった担当の永田伸さん、並木隆さん、編集実務をおこなってくださった歴史の森の関昌弘さんにはたいへんご迷惑をおかけした。みなさんのご尽力によって、刊行までこぎ着けることができた。

本書は、日本近現代史研究における「歴史意識」と「地域社会」に関する最新の研究成果になったと自負する。名古屋発の本書がこうした研究の進展に寄与することを期待したい。読者の皆様からの忌憚のない批判をお待ちしている。

最後に、私たちをここまで導いてくださった羽賀祥二先生にお礼を申し上げるとともに、先生の今後のご健康と研究のますますのご発展をお祈りしたい。

二〇一八年三月三日

羽賀祥二先生退職記念論文集刊行会

呼びかけ人一同

執筆者紹介（生年／現職）―執筆順

羽賀祥二（はが　しょうじ）→別掲

林　淳（はやし　まこと）一九五三年／愛知学院大学文学部教授

山田裕輝（やまだ　ひろき）一九八五年／福井市立郷土歴史博物館学芸員

淺野麻衣（あさの　まい）一九八三年／岐阜市立図書館司書

李　主先（イ　ジュソン）一九七四年／中京大学非常勤講師

高木茂樹（たかぎ　しげき）一九六四年／東海高等学校教諭

今村直樹（いまむら　なおき）一九七九年／熊本大学永青文庫研究センター准教授

小正展也（こまさ　のぶや）一九七七年／東京学芸大学専門研究員

真野素行（まの　もとゆき）一九七〇年／名古屋市市政資料館調査協力員

大山僚介（おおやま　りょうすけ）一九八七年／和歌山市産業まちづくり局観光国際部和歌山城整備企画課学芸員

関口哲矢（せきぐち　てつや）一九七四年／大同大学等非常勤講師

編者略歴
一九五三年　岐阜県に生まれる
一九七九年　名古屋大学文学研究科博士後期課程中退
現在　名古屋大学大学院人文学研究科教授
〔主要著書〕
『明治維新と宗教』（筑摩書房、一九九四年）
『史蹟論—十九世紀日本の地域社会と歴史意識—』（名古屋大学出版会、一九九八年）

近代日本の地域と文化

二〇一八年（平成三十）三月二十日　第一刷発行

編　者　羽《は》賀《が》祥《しょう》二《じ》

発行者　吉川道郎

発行所　株式会社　吉川弘文館
郵便番号一一三―〇〇三三
東京都文京区本郷七丁目二番八号
電話〇三―三八一三―九一五一〈代〉
振替口座〇〇一〇〇―五―二四四
http://www.yoshikawa-k.co.jp/

印刷＝亜細亜印刷株式会社
製本＝誠製本株式会社
装幀＝山崎　登

ISBN978-4-642-03875-1

羽賀祥二編

近代日本の歴史意識

本体一一〇〇〇円（税別）

〈本書の内容〉

吉川弘文館